国家社科基金
GUOJIA SHEKE JIJIN HOUQI ZIZHU XIANGMU
后期资助项目

马克思主义文化理论及其当代阐释

路向峰　著

学习出版社

图书在版编目（CIP）数据

马克思主义文化理论及其当代阐释 / 路向峰著 .
北京 ：学习出版社，2025. 7（2025. 12 重印）.
ISBN 978-7-5147-1316-9

Ⅰ. A811.67

中国国家版本馆 CIP 数据核字第 20258N1Z76 号

马克思主义文化理论及其当代阐释

MAKESI ZHUYI WENHUA LILUN JIQI DANGDAI CHANSHI

路向峰 著

责任编辑：李 岩 黄 悦
技术编辑：朱宝娟
封面设计：杨 洪

出版发行：学习出版社
北京市崇外大街11号新成文化大厦B座11层（100062）
010-66063020 010-66061634 010-66061646
网 址：http://www.xuexiph.cn
经 销：新华书店
印 刷：固安县铭成印刷有限公司

开 本：710毫米×1000毫米 1/16
印 张：15
字 数：254千字
版次印次：2025年7月第1版 2025年12月第2次印刷

书 号：ISBN 978-7-5147-1316-9
定 价：53.00元

国家社科基金后期资助项目

出版说明

后期资助项目是国家社科基金设立的一类重要项目，旨在鼓励广大社科研究者潜心治学，支持基础研究多出优秀成果。它是经过严格评审，从接近完成的科研成果中遴选立项的。为扩大后期资助项目的影响，更好地推动学术发展，促进成果转化，全国哲学社会科学工作办公室按照“统一设计、统一标识、统一版式、形成系列”的总体要求，组织出版国家社科基金后期资助项目成果。

全国哲学社会科学工作办公室

前 言

问题是一个时代最为强烈的回音，而文化理论的问题只有在与社会发展实践的交融和互动中才能得以延展和深化。如果理性地思考我们所处的时代，我们就会发现文化以及其理论和实践问题正在成为新时代的大问题。[①]恩格斯曾经深刻地指出，“文化上的每一个进步，都是迈向自由的一步”[②]。人类在文化的创造性活动中实现了自我的两大提升，最终使人成其为人，文化也成为人类种族延续和发展的基因和密码。我们今天对马克思主义文化理论及其当代发展作出阐发，其重点在于讲清楚我们在多大程度上继承和发展了马克思主义文化理论，我们正在进行的文化叙事是否脱离了以唯物史观为基础的马克思主义文化理论的基本原则及其思想内核。事实上，“马克思和恩格斯立足于哲学与文化的相互诠释，既给出了哲学观的文化视野，又深刻地阐释了文化的形而上学基础，从而为研究马克思主义文化理论提供了奠基性的工作”。[③]也许我们应该认真思考雅克·德里达的警示：“不能没有马克思，没有马克思，没有对马克思的记忆，没有马克思的遗产，也就没有将来。”[④]具体到文化问题，表面看似约定俗成的文化概念及其表现形态能否真正呈现文化在社会有机体中作为“软实力”的“硬道理”？对比马克思主义文化理论而言，我们继承了什么？又偏离了什么？我们今天在理论上应该深化的以及在实践中应该推进的又是什么？在对马克思主义文化理论的研究中，多数国内学者更倾向

---

① 参见路向峰、王嘉莹：《走向实践的文化：唯物史观视野中的马克思主义文化理论》，《社会科学研究》2022年第5期。

② 《马克思恩格斯文集》第9卷，北京，人民出版社2009年版，第120页。

③ 何中华：《马克思主义文化理论的历史演进》，《新时代马克思主义论丛》2021年第1期。

④ ［法］雅克·德里达：《马克思的幽灵：债务国家、哀悼活动和新国际》，何一译，北京，中国人民大学出版社1999年版，第21页。

于把关注的焦点放在文化的观念形态上（构成经济、政治、文化“三位一体”的观念形态的文化），对文化的实践形态要么视而不见、听而不闻，要么用“文化软实力”的笼统概念去解读文化所产生的一切现实影响力。简言之，文化有没有实践形态，文化的观念形态和实践形态是一种什么样的关系，如何在观念形态和实践形态的对立统一中理解“文化软实力”的作用以及文化发展的内在规律，都是我们亟待以唯物史观视域为基础回答的文化理论问题。

“虽然马克思和恩格斯没有留下系统完整的文化理论，但是迄至今日，无论是东方还是西方，凡举建构任何一种文化理论，马克思主义永远是必须用浓墨重彩书写的一个重要章节。法兰克福学派的文化产业批判理论、葛兰西的文化霸权理论、英国伯明翰学派的文化研究，莫不起源于马克思主义文化理论的创始人的有关学说。”[①] 时至今日，虽然马克思主义文化理论的时代表征和话语方式都发生了深刻变化，但马克思主义文化理论所开启的文化理解方式以及文化发展演进的实践原则却如詹姆逊所言，是“我们当今用以恢复自身与存在之间关系的认知方式”，它提供了一种“不可超越的意义视界”。[②] 毫无疑问，深入挖掘和阐释马克思主义文化理论无疑是新时代的大问题。我们在今天重新考量马克思主义文化理论的本质内涵及其时代阐释，所要做的就是通过对新时代中国特色社会主义文化发展实践中所关涉的所有文化现象以及出现的文化问题进行哲学上的形而上反思，发现实践中的哲学问题；对马克思主义文化理论在新时代中国的继承、发展和创新的所有理论问题进行理论的实践的反思，以期总结出前者的发展规律和时代意涵，发现哲学问题的实践根基，对时代精神做出文化上的实践观照。本书的呈现将力图达到以下3个目标：一是以实践整合文化资源，还原文化发展的真相；二是以实践消弭文化研究的理论偏差，揭示文化发展的内在规律；三是用实践创新文化的理论原则，重释马克思主义文化理论的实践意蕴。

一个民族最可怕的事情莫过于没有信仰，长此以往会陷入物欲的沉沦和精神上的娱乐至上。在当代中国，要把马克思主义及其文化理论转化为民众的内心信仰，把握不了其哲学方法论只能是隔靴搔痒，阐明不了马克思主义与中华优秀传统文化融合、超越的内在机制只能是“浮云

① 陆扬等：《马克思主义文化理论发展史》，南昌，百花洲文艺出版社2018年版，第9页。

② Fredric Jameson, *Marxism and Historicism*, New Literary History, Vol. I, Autumn, 1979.

遮望眼”。如何纠正来自马克思主义内部的偏颇与误读，如何回应来自非马克思主义的诘难与攻击，如何科学总结马克思主义文化理论在当代中国的发展和创新，如何理解马克思主义文化理论的当代境遇，如何在理论思维、实践思维、哲学思维的高度与马克思主义文化理论所确立的方法论原则保持一致等相关问题组成的问题域，是本书展开的出发点和主要论域。

本书通过对马克思主义经典文本的梳理和挖掘，重新界定马克思主义文化理论及其历史嬗变的基因密码，以期把握马克思主义文化理论研究的方法论，进而追问马克思主义文化理论在当代何以可能以及如何开创马克思主义文化理论中国化时代化新境界的现实问题。首先，本书深入挖掘了马克思主义文化理论的思想内涵、历史逻辑和理论逻辑，时代化和民族化的中国语境，系统呈现了马克思主义文化理论及其中国化时代化的全貌。以文化发生的实践逻辑作为马克思主义文化理论当代阐释的理论出发点，在历史唯物主义视域中系统阐述了作为社会实践基本形态的文化，文化发展的内在矛盾及其实践样态、文化在社会发展动力系统中的作用方式、文化与实践的互动与交融对于马克思主义文化理论创新发展的根源性意义，马克思主义文化理论自我超越的理论和实践空间等重要论题。其次，本书以马克思主义文化理论的方法论原则为指导，探寻了中国特色社会主义文化建设的时代问题，系统探讨了文化与意识形态的当代关系、文化领导权理论的理论内涵与价值向度、坚持马克思主义在意识形态领域指导地位的实践旨向、马克思主义文化理论中国化时代化最新理论成果——习近平文化思想等重大文化理论与现实问题。最终，通过对马克思主义文化理论当代境遇和发展旨向的系统阐明，本书在中西文明对勘的视域中分析比较了马克思主义文化理论的西方境遇与马克思主义文化理论中国化时代化的理论和现实问题。通过对当代中国社会文化发展实践选择和实践特质的哲学分析，把马克思主义文化理论的当代性和中国化理解为：面向实践的生态文化观、彰显制度优势的文化及其自信本质、彰显人民性的文化价值观以及彰显民族性的文化基因4个方面的有机统一体。通过对“前理解结构”理论的阐明，论述中华优秀传统文化与马克思主义相结合的主体选择性与文化基因的契合性；阐释马克思主义基本原理同中华优秀传统文化相结合的“第二个结合”的彼此契合与相互成就；[①] 探寻马克思

① 参见《习近平在文化传承发展座谈会上强调 担负起新的文化使命 努力建设中华民族现代文明》，《人民日报》2023年6月3日。

主义中国化的文化根基和方法论基础；合理地把新时代中国特色社会主义文化发展理解为观念形态文化和实践形态文化的对立统一与互动转化；澄明马克思主义科学实践观视域中文化在社会有机体中的真实功能与实践价值。本书用 10 个章节对马克思主义文化理论展开阐释。

导论　文化：实践地凝结成的社会存在

第一节首先从文化与实践的辩证统一关系入手，挖掘西方哲学传统中从亚里士多德到费尔巴哈把文化理解为人类的实践活动的思想历程，从而引出马克思主义文化理论的实践主线。其次，从马克思主义所确立的实践思维方式的哲学方法论出发，阐发马克思主义文化理论研究中的方法论自觉。最终，得出马克思主义文化理论发展创新的主线依然是马克思主义的核心范畴——实践。

第二节提出文化的发展是作为观念形态的文化结果和作为实践形态的文化过程的辩证统一的结论，对马克思主义文化理论的实践逻辑、马克思主义文化理论何以可能等问题作出形而上的阐发。

第三节提出作为时代精神精华的马克思主义及其文化理论，其理论品质和独特魅力正在于与时代和社会实践的相互结合，从而不断使原本属于马克思主义文化理论的问题得到深化和发展，不断发展当代人类实践中的文化问题并使之转化为马克思主义文化理论中的问题。

第一章　马克思主义文化理论的问题域

第一节提出人与自然的关系是马克思主义文化理论展开的逻辑起点，作为主体创造的精神实践是马克思主义文化理论的核心，作为伟大创造的唯物史观是马克思主义文化理论指向的最终目标。

第二节从基于科学实践观的现实可能性、基于现实的人的理论可能性、基于实践思维的创新可能性 3 个方面界定马克思主义文化理论何以可能的问题。

第三节通过基于文本分析的阐释，从文化的社会存在维度、文化史批判维度、意识形态维度、精神生产维度 4 个基本方面，探寻马克思主义文化理论产生的历史脉络和现实意蕴。从普列汉诺夫、列宁主义对马克思主义文化理论的继承与发展梳理其发展的基本脉络。

第二章　马克思主义文化理论的思想内涵

第一节提出马克思主义从社会有机体的整体性视域中审视和阐释精神生产理论，将物质生产力和精神生产力理解为人类社会发展不可或缺的根本推动力。马克思主义所指称的精神生产就是马克思主义所言说的文化发展的社会效应。

第二节在分析意识形态内涵与本质特征的基础上，阐明马克思主义是如何通过批判资本主义意识形态进而构建马克思主义完整而科学的意识形态体系的，还对马克思主义意识形态理论研究中容易出现的5个方面的偏误作出了澄明。

第三节提出马克思主义把文化合理地理解为实践地凝结成的人的生存方式、植根于人类实践的超越性和创造性、在公众的实践推动中积淀精神动力3个方面，指出基于文化实践的马克思主义文化理论具有自我批判与超越的实践功能。

第三章　马克思主义文化理论的中国语境

第一节提出中国传统文化思维方式的特质：天人合一的整体性思维、得意妄言的直观性思维以及实用理性的价值思维。对中国传统文化3个思维特质的阐明，不但能够为马克思主义中国化的方法论本质提供理论支撑，而且能够为理解中华文明和中华文化在近代以前能够一直延续并长盛不衰的原因提供一把“思维之匙”。

第二节提出决定中华民族文化走向、贯穿于中国传统文化的思维方式以及表征中华文明基因的实践维度才是中国民族文化发展的活力之源。中国传统文化思维方式趋向实践的致思取向也为中华民族思维方式的近代变革提供了理论契机，当然也为我们能够在文化实践的视域中审视马克思主义中国化的深层本质奠定了理论基础。

第三节通过对梁启超、严复等人对近代中国文化革新的实践探索，梳理马克思主义文化理论中国化的实践背景与思想根基，提出马克思主义与中华优秀传统文化相互成就的规律性认识。

第四节提出通过中国共产党卓有成效的革命和建设实践，为在理论上同属实践哲学范畴的马克思主义文化理论和中华优秀传统文化融合与超越的辩证法奠基，进而阐明“第二个结合”提出的理论渊源。

第四章 文化发生的实践逻辑

第一节提出把人文科学研究、文学艺术创作、教育活动、田野调查以及科学实验综合起来，并称为“文化实践”，把文化实践与生产劳动实践、处理社会关系的实践一起并称为社会实践的3种基本形式。这种对文化实践的理解以及对文化实践作为社会实践基本形式的认定，有助于克服以往仅仅把文化归于意识观念和思想方法的局限性，能够充分展示作为文化实践主体的人的创造性本质。

第二节提出观念与实践、守正与创新、时代性与民族性3对基本关系是我们考量马克思主义文化理论辩证本质必须阐明的关系，这3对基本关系使得马克思主义文化理论在保持科学理论原则的基础上能够与时俱进。

第三节指出作为社会动力系统的重要组成部分，文化实践通过两种方式彰显其推动社会历史发展的实践力量：一是文化作为维护社会发展的精神纽带助推社会发展；二是文化通过与经济、政治、社会实践形式相互融合，通过文化的观念变革引领社会变革的思维导向和价值引领。

第五章 文化领导权与马克思主义文化理论的实践向度

第一节提出从人类历史发展的进程来看，任何文化都在一定程度上要成为意识形态，同时意识形态的变化必将对文化的发展和变革产生重要影响。文化与意识形态具有共通性与互动性，意识形态的创新有利于民族文化凝聚力的增强。

第二节通过对葛兰西文化领导权理论的探索与发掘，阐明其主张通过有机知识分子的“阵地战”方式巩固无产阶级文化领导权的实践进路，讲清楚葛兰西文化领导权理论中文化与权力的双重复杂性的文化政治学转向，开掘出其出场语境中蕴含的主流意识形态构建路径和价值向度，澄明文化全球化背景下中国确立文化话语权和文化领导权的重要意义。

第三节提出在人类的社会生活中，意识形态具有最广泛的影响力和行动支配力。坚持马克思主义在意识形态领域的指导地位，并不限于纯意识形态领域，而是包括经济、政治、文化诸多方面的指导作用。物质文明是坚持马克思主义指导地位的原生出发点，政治文明是坚持马克思主义指导地位的关键环节，文化繁荣是坚持马克思主义指导地位的切近路径。

第六章 马克思主义文化理论的当代境遇与发展旨向

第一节提出卢卡奇从马克思主义政治经济学“物化”概念入手，提出了历史发展的总体性思想，把意识形态作为马克思主义及其文化理论的核心问题；葛兰西把文化与政治相互关联，提出了文化领导权理论；法兰克福学派的文化承认理论、文化支配理论专注于通过对资本主义文化制度的批判消解资本主义意识形态的合法性基础；马尔库塞批判资本主义文化消解了人的主体性，导致了单向度的人；后现代主义的伯明翰学派综合社会学、人类学、历史学的研究专长，追寻文化人类学以及文化社会学的新出路。

第二节提出文化的社会治理功能是化解当今社会价值观危机、信仰危机、信任危机的良药，在中华优秀传统文化的实践转换中破解文化治理的当代难题势在必行。

第三节提出在全球化的大背景下，人类命运共同体的文化意蕴日渐显现，中国文化的辩证性、包容多样性、彰显自觉性以及突出导向性等鲜明特质构建了人类精神统一体的坚实内核；植根于中华优秀传统和合文化思想与义利统一思想沃土的人类命运共同体思想，在当代社会思潮的激荡中成长完善，进而在交流、互鉴、传承、创新中彰显文化中蕴含着的人性力量。

第七章 中国文化发展的实践选择与实践特质

第一节提出中国特色社会主义的道路自信因深厚的文化自信作为底蕴而行稳致远，保证我们在前行的路上不至于迷失方向；中国特色社会主义文化发展道路正是坚持了社会主义的明确方向才确保了发展的先进性；新时代中国特色社会主义文化发展所取得的一切成就表明：正是由于坚持了满足人民对于美好生活向往的价值诉求，我们的文化建设才充满了生机和活力。

第二节提出中国文化发展之路既是一条不断激发中华文化的主体性进而融汇成全体中国民众文化主体性的砥砺前行之路，又是一条使文化发展的成果真正由人民共享从而满足人民精神文化需求的为人民服务之路。

第三节提出人类的文化活动所积淀的是各自所属的那个时代、那个地域、那个民族所特有的精神文化气质。中华优秀传统文化是文化自信的源泉，也是中国特色社会主义文化民族性的底蕴所在。在历史与现实的交汇中，中华文化强大的改铸力、包容力与凝聚力融汇成中国特色社会主义文化的中国风格、中国气派、中国道路和中国话语。

第四节提出习近平文化思想在坚持马克思主义历史唯物主义方法论原则基础上对新时代文化思想进行高远审视，展示了习近平总书记深邃的文化理念；习近平文化思想着眼于新时代人民对美好精神文化生活的期待，在坚持辩证唯物主义思维框架下对新时代文化建设的实践创新和理论创新规律进行了深刻总结，彰显了习近平总书记高远的文化情怀；习近平文化思想秉持胸怀天下的文化气度，在对人类命运共同体精神根基的科学把握中，描绘了习近平总书记宽广的文化视野。

第八章　文化发展的哲学自觉与实践超越

第一节提出马克思主义文化理论并未标示着马克思主义对现实文化发展关注的完成，而是为其在新的时代面对和解决新的文化课题，指明了方法论原则和前进方向，进而为发展自身奠定了前提和基础。唯有秉承马克思主义文化理论开放性的思维本质和原则，不断以高度的思维自觉丰富和发展马克思主义文化理论，才能使马克思主义哲学的理论精髓不断同当代结合，进而焕发时代活力。

第二节提出自觉地展开和当代西方文化哲学以及文化理论的对话、碰撞与交流，进而在高度的思维自觉中推进马克思主义文化理论创新发展原本就契合文化实践思维的开放性本质，当然也是我们沿着马克思开辟的哲学道路在当代复兴马克思主义文化思想的时代需求。

结语　重拾文化的实践信念

用马克思主义所确立的实践思维的方法论启示人们关注当代文化的实践转向，关注破解中国人民美好精神生活需求的文化实践“方程式”，启发研究者关注和深化对马克思主义文化理论研究中实践信念和实践向度的研究，使马克思主义文化理论能够在其所确立的开放性的理论空间中为中国和世界文化发展提供精神支撑。

目　录

Contents

导论　文化：实践地凝结成的社会存在

马克思在其被称为“包含着新世界观的天才萌芽的第一个文献”[①]——《关于费尔巴哈的提纲》中指出：“人的本质不是单个人所固有的抽象物，在其现实性上，它是一切社会关系的总和。”因而，由现实的人参与其中的全部“社会生活在本质上是实践的”。[②]人的本质是多种多样的，但能够标示其现实性的是包括文化在内的各种置身于其中的社会关系。在某种程度上，文化是人类存在的现实性标志，人化也是文化的本质性特征。任何时代，如若我们依然关注着自我的精神世界，还在追求着头顶之上星空无限的奥妙，文化问题就会成为而且理应成为那个时代精神的实践观照。[③]从哲学视域观照当代中国的文化发展，根本目的在于关注、思考、回答和解答当代中国文化实践进程中所提出的困惑、问题与祈望。具体而言，我们如何以哲学的方式观照新时代中国人的精神世界和对美好文化生活的需求，如何从文化的视域回答当代中国人生存发展所关涉的人的存在方式、人生存的文化环境、人发展的自由境界，最终提升为“人与文化世界关系的理性价值追求”[④]。

第一节　作为文化本质规定的实践

在西方哲学的传统中无疑存在着一个实践哲学的发展演进体系，从巴门尼德的存在论到亚里士多德的实践的活动，从康德的道德实践再到费尔

① 《马克思恩格斯文集》第4卷，北京，人民出版社2009年版，第266页。

② 《马克思恩格斯文集》第1卷，北京，人民出版社2009年版，第505页。

③ 参见路向峰、王嘉莹：《走向实践的文化：唯物史观视野中的马克思主义文化理论》，《社会科学研究》2022年第5期。

④ 邹广文：《当代文化哲学》，北京，人民出版社2007年版，第1页。

巴哈的人类的感性实践，无不是在用不同方式阐释着对人类实践活动的文化理解。

一、文化与实践的辩证觉解：从亚里士多德到费尔巴哈的追问

在西方哲学史上，实践范畴从古希腊罗马时期思想家们对世界本原的探讨时，已经在哲学家们的范畴体系中占据无可替代的位置。当西方哲学家们用思维和存在的各自一极称谓他们所置身于其中的世界时，实践或联结二者，或就是哲学家们思想最终的归宿。在亚里士多德将人类的活动分为理论的、实践的和创制的 3 种类型的活动之前，西方思想家所言说的实践是无所不包的，而且也不是专属于人类的活动。作为西方实践哲学的创始人，亚里士多德把实践领域和普遍知识领域相分离，把实践指称为人类所特有的活动，他用自己哲学思想里至关重要的“逻各斯”范畴标明了人之实践与动物之本能活动的本质区别。他认为人的实践“是灵魂的遵循或包含着逻各斯的实现活动”。[①] 那么，文化最初是如何在亚里士多德哲学中获得了一种实践的理解呢？亚里士多德通过将人类的活动划分为理论的、实践的和创制的 3 种形态，并在此基础上对人类的知识以及学科门类做出了必要的划分。他认为，理论是一种沉思性的活动，主要包括物理学、数学和科学。他把人类的理论活动归结为最为幸福的活动，原因在于人的理论活动距离神最近。与对自然界规律进行把握的理论活动不同，亚里士多德把关注的目光投向了更接近于人的世俗生活的实践领域，把人的实践活动界定为社会政治、法律以及伦理规定等认识，进而把实践活动所涵括的 3 个领域：经济学、伦理学和政治学，以人的现实行为作为文化的研究对象，来探寻人在现实世界中的选择性和能动性。我们必须指出的是，作为实践活动 3 种类型的认识在亚里士多德看来地位是不尽相同的。政治学层次上最高，但伦理学是在所有的学科中更为基础的实践。换言之，如果说文化一开始就在亚里士多德哲学中获得了实践的理解，那么这种理解在很大程度上是对“善”的追求和理解。亚里士多德强调，人类只有通过文化活动，才能使自己真正过上恰当的和合乎理性的生活。与理论的和实践的生活不同，在他看来，创制主要是指生产和技艺活动，主要相当于今天我们所谈及的物质资料的生产活动。他指出，实践活动与人类对未来世界的

---

① ［古希腊］亚里士多德：《尼各马可伦理学》，廖申白译注，北京，商务印书馆 2003 年版，第 20 页。

祈求相关联，其最终目的在于获得人类自身的自由存在。实践活动的本性是求善，特点是行动。“每种技艺与研究，同样地，人的每种实践与选择，都以某种善为目的。”① “人的善就是灵魂的合德性的实现活动。”②

从亚里士多德对人类活动的“三分法”中，我们不难看出他首先把文化作为一种实践形态提了出来。他认为，人的文化（实践）活动是超脱于人的基本生存需求的，是一种具有超越性、创新性和理想性的活动，不带有任何来自自然的外在的强制力因素，在最终意义上是一种对作为人类活动“最高的善”的寻求。他对文化活动最终目标的规定，启发抑或是厘定了后世关于文化是基于作为创制（物质生产）之上的基本理念。文化就是人成为其自身的目的，彰显的是人类在追求善的进程中意志自由的创造性活动。文化在实践活动中作为人类趋向美德和自由的具有自由意志的活动，最终在追求道德之美的进程中实现自身。

亚里士多德确立的道德实践主线，在德国古典哲学中获得了长足的发展和充分的阐释。康德继承和发展了亚里士多德把实践与道德行为相联系以及把自由同人的实践相关联的思想，把思维和存在统一的可能性归之于道德实践和彼岸世界的道德自由，开启了人类哲学思维方式和人类哲学史的伟大变革。德国古典哲学的开创者康德虽然对于亚里士多德强调伦理因素在人的活动中地位的做法赞许有加，但他并不满意亚里士多德把实践范畴限制在政治学和伦理学领域并归之于“技艺”的做法，康德认为这种貌似凸显人的实践活动地位的做法实质上是仅仅把实践限制在了感性经验领域，从而降低了实践在人的总体活动中的地位。

康德对实践范畴的理解直接影响了其对文化范畴的界定和阐发。康德确立了从对人类理性的批判入手来逆转哲学思维方式的传统，把人类理性区分为理论理性和实践理性两种。其中，理论理性关涉的是自然领域，遵循的是自然法则；实践理性关涉的是自由领域，遵循的是道德法则。他对形而上学批判从表面上看是摧毁了形而上学的“大厦”，而其哲学革命的真正目的却在于说明，以往那种以“科学的科学”自居的独断论的形而上学已经不可能继续存在下去了，这种形而上学的最终归宿只能是毁灭人类理性追求的最高理想。他通过对人类认识的先验基础的考察得出结论，形

① ［古希腊］亚里士多德：《尼各马可伦理学》，廖申白译注，北京，商务印书馆2003年版，第3页。

② ［古希腊］亚里士多德：《尼各马可伦理学》，廖申白译注，北京，商务印书馆2003年版，第20页。

而上学的真正出路不在于寻求那种确定性的科学知识，而是在于由实践理性所确证的道德自由之中。[①]康德借以超越近代哲学思维方式的实践理性及其文化价值向度是我们理解和评价其“哥白尼式的革命”的关键所在。他在《判断力批判》一书中对“人的幸福”和“人的文化”做出了专门区分，认为人的幸福会因为理论的完备和深入而通过大自然馈赠的方式获得，而人的文化则是需要通过利用自然和改造自然而获得。因而文化表现为“一个有理性的存在者一般地（因而以其自由）对随便什么目的的这种适应性的生产过程，就是文化”。因而“只有文化才可以使我们有理由考虑到人类而归之于自然的最后目的（而不是他所特有的在地上的幸福，也根本不只是在外在于他的无理性的自然中建立秩序与一致性的最重要的工具）”[②]。康德把人的文化分为“熟巧的文化”和“训练的文化”两种，进而指出文化的进步在于对非必需之物偏好的不断增加。他强调主体的实践理性在文化发展和创新中起着重要作用，这是对西方文化理论理解方式的重大创新和突破。

作为德国哲学的集大成者，黑格尔在他无所不包的“绝对精神”的基础上提出了“实体即主体”的重要命题，使得本体论、认识论和逻辑学在精神实践的作用下获得统一。他认为，“‘文化’是一种形式上的东西”，“任何一类的东西能够归属于文化的领域，像前面所说的那样，就是属于‘思想的形式’”[③]。换言之，文化是不在黑格尔的理性哲学之中的。黑格尔哲学已经以“颠倒”的形式为马克思的实践思想提供了主要来源，但费尔巴哈显然不满意这种建立在“绝对精神”自我演绎基础上的理性哲学及其对文化的理解。他极力反对黑格尔的思辨哲学思维方式，力图通过人的感性实践把哲学重新从“天国”拉回“人间”，使唯物主义重新回到哲学的宝座上来。他极不满意黑格尔利用“绝对观念”对宗教神学变相的赞扬，而是把神的本质归结为异化了的人的本质，认为不是神创造了人，而是人在活生生的感性实践中创造了神，创造了上帝。以对黑格尔宗教观的批判为开端，费尔巴哈在感性实践思维方式的主导下开始了恢复唯物主义权威的历程，揭露了宗教的真实本质。他指出，宗教不同于哲学，它在本质上依靠的是人们对于神和上帝的信仰，因信得救才是所有宗教共通的本质特

① 参见张志伟主编：《西方哲学史》，北京，中国人民大学出版社 2002 年版，第 561 页。

② ［德］康德：《康德三大批判合集》（下册），邓晓芒译，杨祖陶校，北京，人民出版社 2017 年版，第 465 页。

③ ［德］黑格尔：《历史哲学》，王造时译，上海，上海书店出版社 1999 年版，第 71~72 页。

征。因而，要追根溯源定位宗教的本质，归根结底还是离不开对人类本质的追寻。简言之，宗教的本质就是在人的本质的不断异化中慢慢生成，人的感性实践最终助推着宗教历史的演进。费尔巴哈指出，“人使他自己的本质对象化，然后，又使自己成为这个对象化了的、转化为主体、人格的本质的对象。这就是宗教之秘密”。[①] 他进而提出，异化的人赋予上帝的本质不是单个人的本质，而是人的类本质，因此，上帝根本上是一个类概念。消除宗教异化的方法就是把被宗教剥夺的人的本质还给人，当人与自己的类本质相统一时，宗教就消亡了。总之，他认为，把人的本质归为从事着感性实践的人的类本质，把宗教的本质理解为人本质的异化，黑格尔思辨唯心主义的神学本质就会不攻自破。可以看出，费尔巴哈已经通过将感觉置于理论思维的基础地位的方式，为文化的理解奠定了唯物主义基础。

二、方法论自觉：哲学思维变革视域中的马克思主义文化理论

在马克思之前的西方传统哲学总体上力图通过超越有限、达到极限而接近无限。西方自亚里士多德确立的哲学思维方式中实践维度的发展历程，就是哲学家们不断探寻和追求极限而又不断超越极限的历史，但每一种哲学思维方式的倡导者和推进者所达到的所谓终极结论又都是他们那个时代所允许的极限。因而，在人类社会生活实践的基础上，哲学家们得以不断变革和超越前一时代或是同时代哲学思维方式上的局限，最终推动哲学思维方式不断向前发展。作为在人类哲学史上具有深远影响的伟大思想家，马克思无疑继承了西方哲学传统中的精华部分，使得其哲学理论以及蕴含于其中的哲学思维方式具有坚实的思想基础；同时，马克思之所以能够超越西方哲学史上感性思维和理性思维各自的局限进而开启现代哲学的大门，在于他从以物质生产实践为主导的人类社会实践中找到了揭开人类社会历史发展奥秘的钥匙。因此，我们探寻马克思主义文化理论的本真内涵及其划时代的意义，不能不对马克思所实现的哲学革命进而是哲学思维的革命作出应有的阐明。

任何时代的哲学，既是对哲学发展进程中历史之谜的时代性解答，又是对哲学发展中现实形态的历史性建构。正是建立在人类现实的社会实践

---

① ［德］路德维希·费尔巴哈：《费尔巴哈哲学著作选集》（下卷），荣震华等译，北京，商务印书馆1984年版，第56页。

基础上，这种解答历史之谜与建构现代哲学形态的活动，孕育出了一种新的可能，即提出超越历史和时代局限的哲学问题，从而为哲学思维方式的转换和进一步发展奠定更为宽厚的基础并提供更为强劲的动力。[①]在西方哲学史中，自巴门尼德提出“被思维者和能存在者是同一的”命题之后，思维和存在的统一性问题就成为哲学发展进程中不可回避的问题，无论是理论哲学或是实践哲学，都力图在各自的理论预设内解决这一问题。就西方哲学史中实践哲学的传统而言，早在苏格拉底“认识你自己”的哲学宣言中已经诞生了哲学思维方式中实践维度的萌芽，尽管他并没有找到通过何种途径真正认识自己。亚里士多德在西方哲学史中第一个区分了理论和实践，并试图通过对人的活动的“三分法”解决思维和存在的统一问题，但实践的领域仅仅被限制在伦理学和政治学领域。他没有在自己的哲学形态中真正解决思维和存在的统一问题，却为后世打开了探索哲学思维方式中实践维度的大门，并提供了宝贵的思想资源。在对人的活动的“三分法”中，康德看到了人的实践活动中自由与道德的关联，马克思的实践范畴囊括了亚里士多德所指代的实践的全部内容，是理论、创制与伦理实践的统一体。[②]西方实践哲学呈现由传统到变革进而不断发展的历史过程。

在马克思之前，无论是亚里士多德在政治和伦理活动中对实践的强调，还是康德在对人的实践活动中自由和道德相互关联的探讨，抑或是费尔巴哈建立在人的类本质基础上对人的感性实践的重视，都是在寻找一种使哲学理论目标得以成立的理论主体。这种理论主体往往是以超越人的有限性和生活世界的有限性为前提，实质就是在思维世界中为整个物质世界构造一个决定哲学理论的阿基米德支点。马克思在西方哲学史上的巨大贡献，正是从根本上否定了这种超越的可能性，并在科学实践观基础上创立了实践思维方式。他在唯理论和经验论、理论哲学和实践哲学由于偏向一极而陷入难以克服的困境时，改变了哲学提问方式从而破解这一难题。从这个意义上来看，马克思无疑是现代哲学的开创者。他从人的劳动引出人的物质生产实践，从实践的高度理解人的本质以及人与世界的关系，实现了从直观、抽象的片面思维向具体、全面、整体的实践思维方式的转变，以实践思维方式超越了以往理论哲学和实践哲学思维方式的各自局限，完成了哲学思维方式的革命。马克思主义哲学的实践概念及其贯穿于全部

---

① 参见欧阳康：《哲学研究方法论》，武汉，武汉大学出版社 1998 年版，第 161~162 页。

② 参见丁立群：《“文化实践”：在实践哲学的谱系内——早期文化研究思潮的“文化实践”理论》，《哲学研究》2022 年第 1 期。

哲学理论的科学实践观，绝不仅仅是用来回答认识的基础、来源和真理的标准等认识论问题的新范畴，而是用以理解和说明全部世界观、区别于以往一切哲学的崭新的思维方式，是马克思主义哲学对待一切问题的思维逻辑。作为社会有机体的重要组成部分，文化发展及其内在本质理所当然地与马克思在哲学思维上的伟大变革直接相关。换言之，通过对马克思实现哲学变革的实践思维基本原则的理解，我们可以厘定马克思主义文化理论的基本规律和价值旨向，即是文化作为人类社会实践总体的一部分所彰显的人类精神实践的基本内容。

通览马克思和恩格斯的著作，我们不难发现，马克思和恩格斯很少使用"文化"概念，"文化"通常与"文明""精神生产""意识形态""哲学"等概念互释。[①] 但一个早已被历史和实践确证的事实是虽然马克思和恩格斯没有留下系统完整的文化理论，但是迄至今日，无论是东方还是西方，凡举建构任何一种文化理论，马克思主义永远是必须用浓墨重彩书写的一个重要章节。法兰克福学派的文化产业批判理论、葛兰西的文化霸权理论、英国伯明翰学派的文化研究，莫不起源于马克思主义文化理论的创始人的有关学说。[②] 根据苏联学者弗·让·凯勒的统计，马克思主义经典文献直接使用"文化""文明"概念的仅有13处。[③] 但"这并不意味着他们认可了一种历史观意义上的文化哲学，他们只是警惕地从唯物史观的原则出发，对文化进行了哲学解读"[④]。

循着马克思确立的实践思维的基本原则，我们不难发现，在人类的总体实践中，精神实践是由物质生产实践决定并极大地影响和反作用于后者。物质生产实践和精神生产实践作为人类生产劳动的两种基本形式，从"人猿相揖别"的那一刻就切切实实地彰显着人之为人的实践特质。正是伴随着精神生产力作用的日益凸显，文化"才能摆脱世界而去构造'纯粹的'理论、神学、哲学、道德等等"[⑤]。马克思在其被称为"包含着新世界

① 陆扬：《重读马克思：文化也是社会存在》，《杭州师范大学学报（社会科学版）》2013年第5期。

② 参见陆扬等：《马克思主义文化理论发展史》，南昌，百花洲文艺出版社2018年版，第9页。

③ 中国大百科全书出版社编辑部编：《中国大百科全书》（社会学），北京，中国大百科全书出版社1991年版，第409页。

④ 黄力之、张春美主编：《马克思主义文化哲学与现代性》，上海，上海三联书店2006年版，第24页。

⑤ 《马克思恩格斯文集》第1卷，北京，人民出版社2009年版，第534页。

观的天才萌芽的第一个文献”[①]——《关于费尔巴哈的提纲》中，认为全部“社会生活在本质上是实践的”[②]。实践展开了人类全部的社会生活，同时也创造了人类社会生活发展演进的条件。对物质的、精神的、政治的、社会的现实问题的种种误解，“都能在人的实践中以及对这种实践的理解中得到合理的解决”[③]。那些“发展着自己的物质生产和物质交往的人们，在改变自己的这个现实的同时也改变着自己的思维和思维的产物。不是意识决定生活，而是生活决定意识”[④]。可以看出，用实践的原则抑或是实践的思维来考察人类认识现象，就会合理地得出人类的精神实践最终表现为文化实践的种种样态的基本结论。“在思辨终止的地方，在现实生活面前，正是描述人们实践活动和实际发展过程的真正的实证科学开始的地方。”[⑤]马克思在这里所言说的“真正的实证科学”指代的就是在人类社会实践进程中所产生的人类的种种文化实践形式。人类正是以实践为中心，才创造出多姿多彩的文化世界。在马克思主义创立的唯物主义历史观所实现的哲学革命中，文化实践以其深层次性、本质性和稳定性而具有基础和根本意义。在作为马克思主义重要标志的历史唯物主义视域中，我们看到的是活生生的人类现实世界。文化实践所显示的人类社会生活实践，不同于康德无法企及的“物自体”，亦不是黑格尔能够自我演绎和自我否定的“绝对精神”，更不是费尔巴哈“感性直观”的动物本能，而是彰显人的文化本质的生产力与生产关系、经济基础与上层建筑等和人的文化生活息息相关的实践范畴。由此可见，哲学向文化自身的回归成为马克思实现哲学变革的重要标志和表现形式。自觉把马克思哲学变革的实践本质作为审视马克思主义文化理论的基本原则和出发点，是我们透视作为时代精神精华的哲学的重要方式，也是阐发马克思主义文化理论的基本出发点。

第二节　作为文化发生过程的实践

文化不仅仅作为观念形态的结果而表现为文化资源，更是作为实践形

① 《马克思恩格斯文集》第4卷，北京，人民出版社2009年版，第266页。
② 《马克思恩格斯文集》第1卷，北京，人民出版社2009年版，第505页。
③ 《马克思恩格斯文集》第1卷，北京，人民出版社2009年版，第506页。
④ 《马克思恩格斯文集》第1卷，北京，人民出版社2009年版，第525页。
⑤ 《马克思恩格斯文集》第1卷，北京，人民出版社2009年版，第526页。

态的过程而彰显文化发展的实践动力。因此，我们除了从文化的本质规定审视文化的实践本质以外，更应该把文化理解为现实的实践发生过程，在文化的观念形态和实践形态的辩证统一中理解文化作为软实力发挥的硬道理。[①] 马克思明确指出："思想、观念、意识的生产最初是直接与人们的物质活动，与人们的物质交往，与现实生活的语言交织在一起的。人们的想象、思维、精神交往在这里还是人们物质行动的直接产物。表现在某一民族的政治、法律、道德、宗教、形而上学等的语言中的精神生产也是这样。"[②] 显而易见，马克思、恩格斯已经明确区分了物质生产实践和精神生产实践，精神生产实践即是我们今天所言说的文化实践。[③] 这种思想后来被英国后现代主义理论家齐格蒙特·鲍曼归结为："文化就是将知识和旨趣融为一体的一种人类实践的方式。"[④]

我们探讨马克思主义哲学的实践意识，更多的是要从方法论视域探寻文化发生的实践逻辑以及马克思主义文化观何以科学以及何以可能的形而上问题。马克思在《关于费尔巴哈的提纲》的最后一条指出，"哲学家们只是用不同的方式解释世界，而问题在于改变世界"[⑤]。这是马克思主义哲学实践意识的一种全面而精要的概括。我们必须注意，把马克思主义哲学的实践意识界定为马克思主义哲学变革的根本性标志，并不意味着要以此否定甚至是排斥马克思主义哲学的其他意识形式，如历史意识、辩证意识等。相反，实践意识能够成为马克思主义哲学的主导哲学思维方式并标示马克思主义哲学变革的本质，是与其中所蕴含的其他哲学思维一并存在并共同推进着马克思主义哲学的创新发展。当然也不否认科学思维方式中对实践意识的某种强调（如对科学实验重要性的强调、对科学理论转化为现实生活实践的强调等）。我们提出并深入阐释马克思主义哲学实践意识的重要意义在于，这一哲学思维方式使马克思的哲学世界观发生了不同于以前任何哲学理论形态的根本性改变。马克思主义新世界观的核心乃在于实践，实践意识以及最终积淀为的实践思维方式使得马克思主义在全部哲学

① 参见郝立新、路向峰：《文化实践初探》，《哲学研究》2012 年第 6 期。

② 《马克思恩格斯文集》第 1 卷，北京，人民出版社 2009 年版，第 524 页。

③ 参见路向峰、王嘉莹：《走向实践的文化：唯物史观视野中的马克思主义文化理论》，《社会科学研究》2022 年第 5 期。

④ ［英］齐格蒙特·鲍曼：《作为实践的文化》，郑莉译，北京，北京大学出版社 2009 年版，第 285 页。

⑤ 《马克思恩格斯文集》第 1 卷，北京，人民出版社 2009 年版，第 506 页。

领域内造成了一次彻底的颠覆。[①] 简言之，我们可以通俗地把实践意识理解为马克思借以打开新世界观大门的钥匙。在这一思维原则所确立的哲学方法论的指导下，其基本原则、内在维度和内在规律渗透进马克思主义哲学的所有理论，如此，马克思史无前例地通过“生活”“实践”“工业”，揭示了人和自然界、历史和自然的现实的、历史的统一。英国著名文化学者迈克·费瑟斯通指出：“从某种意义上讲，我们都是文化的生产者，因为我们所从事的实践，不仅是在对前人留予我们、我们在社会生活中须臾不离的文化库进行再生产，而且当它沿着更替不断的代际链这个人类生活重要构成要素传递时，我们也是在对其加以改造和形塑。”[②]

具体而言，自觉地将马克思主义哲学科学的实践思维方式以及实践意识作为文化观研究的方法论，是文化以其特有的方式彰显时代精神精华、合理反映当代人精神文化生活需求的根本保证。因此，马克思主义哲学的实践意识标示其哲学理论的文化旨向可以从以下两个方面理解。

一是坚持从实践的发生逻辑来理解和阐明文化及其内在规律能够在一定程度上克服因为研究视野狭隘的偏误并最终形成对文化的整体理解。文化发生的现实根据和根本动力源自实践，因而我们只有在实践中才能探寻文化的本质。正如马克思所言：“理论的对立本身的解决，只有通过实践的方式，只有借助于人的实践的力量，才是可能的；因此，这种对立的解决绝对不只是认识的任务，而是现实生活的任务。”[③] 只有通过实践，我们才能超越文化中主体和客体的二元对立，进而在实践中把握主客体相统一的现实文化世界。迈克·费瑟斯通担忧地指出：“在消费文化中，文化商品与影像的流动强度越来越大，使得阅读文化变得更加困难，也就是说我们很难在文化符号或影像与它的使用者或者消费者之间落实一种固定的意义和关系。”[④]

二是唯有坚持马克思主义哲学确立的科学实践观，我们对马克思主义文化观的研究才能在把握理论逻辑和实践逻辑的基础上洞悉其时代内涵和未来走向。在西方传统实践哲学话语体系中，从亚里士多德到康德再到费

---

① 参见吴晓明：《哲学之思与社会现实：马克思主义哲学的当代意义》，武汉，武汉大学出版社2010年版，第469页。

② ［英］迈克·费瑟斯通：《消解文化——全球化、后现代主义与认同》，杨渝东译，北京，北京大学出版社2009年版，第4页。

③ ［德］马克思：《1844年经济学哲学手稿》，北京，人民出版社2000年版，第88页。

④ ［英］迈克·费瑟斯通：《消解文化——全球化、后现代主义与认同》，杨渝东译，北京，北京大学出版社2009年版，第6页。

尔巴哈，他们用不同的方式诠释着人类实践活动的文化维度抑或是文化与实践的内在关联。把文化的实践形态纳入社会总体实践的基本类型，进而在实践的基础上理解文化内涵及其演进规律，是马克思恩格斯所创立唯物史观的题中应有之义。[①] 在历史唯物主义的视域中，通过对马克思主义实现哲学变革的实践思维基本原则的澄明，不难窥见马克思主义文化理论的实践本质和价值旨向，即是文化作为人类社会实践总体的一部分所彰显出的人类精神实践的基本内容。对现实的人及其文化实践的合理阐发，正是时代赋予马克思主义文化理论的实践使命，走向实践的文化可以称之为唯物史观的文化表达。

马克思在《关于费尔巴哈的提纲》中指出："人的本质不是单个人所固有的抽象物，在其现实性上，它是一切社会关系的总和。"因而，由现实的人参与其中的全部"社会生活在本质上是实践的"。[②] 在实践哲学的谱系中确证文化作为一种新的实践形态，既是马克思主义哲学文化意义的彰显，又是历史唯物主义的题中应有之义。从唯物史观视域阐明马克思主义文化理论，不仅要把文化作为观念上层建筑加以理解，更应该在文化的实践与实践的文化对立统一中理解文化发展的规律及本质。具体而言，我们如何以实践哲学的方式观照新时代中国人的精神世界和对美好文化生活的需求，如何在历史唯物主义视域中回答当代中国人生存发展所关涉的人的文化存在方式、人生存的文化环境、人发展的文化境界，最终提升为"人与文化世界关系的理性价值追求"[③]。唯物史观视域中的文化范畴一般在两种含义上使用：一是通过其作为结果的观念形态的物质文明和精神文明的总和表征文化的基本内涵；二是通过其发生过程的实践形态在人类的社会实践中确证文化主体自身。尤其是作为过程存在的文化的实践形态，实质上是文化生活方式的历史表达。

马克思在论及哲学的本质时指出，"任何真正的哲学都是自己时代的精神上的精华"。[④] 哲学不再是同其他各特定体系相对的特定体系，而是通过其哲学思维方式对人类社会实践的指导进而影响人们的思想方式和生活方式，变成当代世界的哲学。"问题是一个时代最为强烈的回音，而

① 参见路向峰、王嘉莹：《走向实践的文化：唯物史观视野中的马克思主义文化理论》，《社会科学研究》2022 年第 5 期。

② 《马克思恩格斯文集》第 1 卷，北京，人民出版社 2009 年版，第 505 页。

③ 邹广文：《当代文化哲学》，北京，人民出版社 2007 年版，第 1 页。

④ 《马克思恩格斯全集》第 1 卷，北京，人民出版社 1995 年版，第 220 页。

文化理论的问题只有在与社会发展实践的交融和互动中才能得以延展和深化。”[①] 我们可以从人类实践生活的各个方面对人生存的意义和价值做出反思和关照，但文化的和实践的方式无疑是最深刻也是最为重要的关照方式。也许我们应该铭记马克思的谆谆告诫：人的社会生活在本质上是实践的。实践作为文化创造的动力，一方面通过其作为结果的观念形态的物质文明和精神文明的总和表征着文化的基本内涵；另一方面也通过其作为发生过程的实践形态在人类的社会实践中确证文化主体自身。

第三节　时代创新：作为时代精神精华的文化实践

马克思主义文化理论乃至历史上任何有重大价值的文化形态，都具有一个共同的突出特点：它们都以其构建的实践方法论审视新的社会实践和时代问题，在发现问题中的理论和拓展理论中的问题双向互动中砥砺前行，进而用与时俱进的理论思维面向未来世界。诚如马克思所言，“任何真正的哲学都是自己时代的精神上的精华”[②]，“不仅在内部通过自己的内容，而且在外部通过自己的表现，同自己时代的现实世界接触并相互作用”[③]。作为时代精神精华的马克思主义及其文化理论，其理论品质和独特魅力正在于与时代和社会发展实践相结合而不断与时俱进，不断地使原本属于马克思主义文化理论的问题得到彰显时代特征的阐发和丰富，不断地发现当代人类实践中的文化问题并使之转化为马克思主义文化理论中的理论问题，在文化中的问题和问题中的文化双向互动中推动马克思主义文化理论的当代发展。鉴于此，我们要在理论与现实生活的对话、在文化中的问题和问题中的文化互动中激发马克思主义文化理论在当代中国的理论活力和实践动力，充分发挥人民群众在文化创新和文化创造中的主体性，自觉担负起新时代新的文化使命。

时至今日，马克思主义及其文化理论之所以能够跨越时空在不同地域焕发出旺盛而鲜活的生命力，个中缘由在于其实践思维方式确立的哲学方法论所开创的具有开放性和超越性的科学理论。马克思主义从不拘泥于

---

① 路向峰、王嘉莹：《走向实践的文化：唯物史观视野中的马克思主义文化理论》，《社会科学研究》2022 年第 5 期。

② 《马克思恩格斯全集》第 1 卷，北京，人民出版社 1995 年版，第 220 页。

③ 《马克思恩格斯全集》第 1 卷，北京，人民出版社 1995 年版，第 220 页。

某个固定的结论，亦不拒斥任何优秀民族文化基因的融入与超越。一如恩格斯在阐明马克思主义的本质时所言："我们的理论是发展着的理论，而不是必须背得烂熟并机械地加以重复的教条。"[①] 与时俱进地发展马克思主义文化理论，用发展的理论和不断自我丰富的文化实践思维指导发展的实践，这正是马克思主义文化理论给马克思主义在当代发展与创新所提出的合理观照。我们要沿着马克思开辟的文化实践道路前进，就要不断地在这一思维方式指引下来解答我们时代所提出的问题。唯有变革那种非此即彼的极性思维方式，哲学社会科学研究才能克服闭门造车式的、自我思考式的危机局面，重新回归基于马克思主义文化理论的基本原则和基本规律考量当代中国现实问题，在面向和服务大众的实践中摆脱沉重的危机，从文化自觉走向文化自信，从文化自强走向文化繁荣，坚持马克思主义基本原理同中华优秀传统文化相结合，不断谱写马克思主义中国化时代化的文化新篇章，在构建中华文明的现代形态的历史进程中不断丰富中国人民的精神世界。

当代德国著名哲学家兰德曼认为："人一旦被赋予创造性的文化力量，他就超过了必然性而去运用这种力量，并且完全不靠自然的预见而创造出文化的形式。谁想知道什么是人，那么他也应该，而且首先应该知道什么是文化。"[②] 马克思在《路易·波拿巴的雾月十八日》中指出："人们自己创造自己的历史，但是他们并不是随心所欲地创造，并不是在他们自己选定的条件下创造，而是在直接碰到的、既定的、从过去承继下来的条件下创造。"[③] 习近平总书记对文化和理论创新做出了深刻阐明，认为："只有植根本国、本民族历史文化沃土，马克思主义真理之树才能根深叶茂。"[④] 显而易见，文化创新的前提无疑是对本民族传统文化连续性的深刻把握和对本民族文明成果的承继。在当代中国发展和创新马克思主义文化理论，就是讲清楚、弄明白马克思主义和中华优秀传统文化相结合的可能性和现实性，进而在"更广阔的文化空间中，充分运用中华优秀传统文化的宝贵资源，探索面向未来的理论和制度创新"[⑤]。

---

① 《马克思恩格斯文集》第 10 卷，北京，人民出版社 2009 年版，第 562 页。

② ［德］兰德曼：《哲学人类学》，阎嘉译，贵阳，贵州人民出版社 1988 年版，第 243 页。

③ 《马克思恩格斯文集》第 2 卷，北京，人民出版社 2009 年版，第 470~471 页。

④ 习近平：《高举中国特色社会主义伟大旗帜　为全面建设社会主义现代化国家而团结奋斗——在中国共产党第二十次全国代表大会上的报告》，北京，人民出版社 2022 年版，第 18 页。

⑤ 《习近平在文化传承发展座谈会上强调　担负起新的文化使命　努力建设中华民族现代文明》，《人民日报》2023 年 6 月 3 日。

文化时代创新的关键在于人类把握时代精神精华的方式多种多样，文化实践无疑是把握时代精神精华的重要方式之一。文化作为人类自由自觉的实践过程及其结果的一种确证，深刻表达着人的实践存在的生动性和丰富性。文化作为人类的存在方式之一，在确证着人的现实本质的同时观照着时代精神。通过不断提出、回答和解决人类文化实践的时代问题，把人的存在、人生存的文化环境、文化演进以及人自由而全面发展的文化维度等问题以文化的方式展开，自觉地表达人与人化世界的理性本质和价值追求。文化与实践的密不可分源自人类对自我精神发展的实践要求。一个时代的文明程度越高，它就越是需要文化实践解答人性的时代之谜，越是需要以文化实践把握时代的精神特质。

文化构成了人类全部的精神生活方式，通过对文化特别是马克思所确立的科学文化观的反思和观照，让理性之光照进时代的大地，进而洞悉人类自身存在的时代意义和精神价值。人类现实生活中最突出的根本性问题非文化及其哲学问题莫属，其中最直接的就是人与文化的矛盾关系。对现实的人和文化世界的合理阐发，正是时代赋予文化及其实践形态的根本任务，文化实践的提出源于对现实人类时代精神的哲学表达。诚如马克思所言，人的社会生活在本质上是实践的，实践作为文化创造和发展的源头活水，一方面通过其结果（物质文明和精神文明的总和）表征着文化的基本内涵；另一方面在社会实践过程中确证了文化主体自身。文化源于物质与精神、思维与存在这个哲学基本问题的矛盾运动，彰显着人的自我超越性本质和特征。人作为具有主观能动性的存在，通过自我意识的对象化来确证自身，而文化就是人类自我意识对象化的重要结果。通过文化，人类确证了自己的现实性和力量。

文化实践对时代精神精华的反映具有整体性。通过理性与非理性、逻辑与非逻辑、显性与隐性、价值与非价值等多种方式，形成了人类生存的文化环境、文化样态和文化方式。文化产生于人的交往实践，又是在交往实践以及对实践的不断理解中积淀、传承、丰富、发展。人类的任何实践在某种程度上都可以理解为文化实践，抑或是在文化价值观规制下的实践。文化不仅贯穿于人类社会发展的始终，更是彰显着人类实践的价值和意义。

具体到文化问题而言，表面看似约定俗成的文化概念及其表现形态能否真正呈现文化在社会有机体中作为“软实力”的“硬道理”？对比马克思主义的文化理论，我们继承了什么？又偏离了什么？我们今天在理论上应该深化的又是什么？在以往的文化研究中，人们往往把关注的焦点放在文化的观念形态上（也就是与经济、政治“三位一体”的文化），对文化的实践形态要么视而不见、听而不闻，要么用“文化软实力”去解读一切现实文化问题。文化有没有实践形态？文化的观念形态和实践形态是一种什么样的关系？如何在观念形态和实践形态的对立统一中理解“文化软实力”作用的内在规律以及动力机制？这 3 个问题都是我们亟待在唯物史观的视域中探寻的文化理论问题。

在当代中国特色社会主义文化发展实践中，只有人民群众真正投身于文化建设和文化创造之中，自觉担负起中华民族伟大复兴的文化使命，才能够使中华文化富有创造力、焕发活力和增强凝聚力，以文化实践推动社会发展必须依靠最广大人民群众的参与。同时，人民群众在自身发展过程中形成的对精神文化生活的新期待和新要求也是文化实践发展最根本的内驱力，文化实践发展的成果属于人民群众、由人民群众共享。文化是“生活在一定文化中的人对其文化要有‘自知之明’，明白它的来历、形成的过程，所具有的特色和它的发展的趋向”①。为此，我们必须充分尊重人民群众在文化实践中的首创精神，充分挖掘蕴藏于人民群众之中的创造潜能，开展人民群众喜闻乐见的文化实践形式，搭建丰富多样的公众文化实践平台。文化实践概念的提出原本就是内含对人民群众主体地位的肯定，文化实践和文化繁荣唯有人民群众的全面参与才能够真正地以精神的力量推动当代中国社会的发展。

在历史唯物主义视域中重新审视文化及其表现形态，理应把文化的实践形态合理地理解为人类社会有机体中人类在改造客观物质世界的进程中创造的文化产品和形成精神成果的对象化活动，进而在观念形态文化和实践形态文化的辩证统一中直面新时代中国特色社会主义文化的发展和人民对美好文化生活的需求。在理论上阐明文化实践何以成立，文化实践的内涵为何，文化实践都有哪些表现形式，文化实践中的辩证统一关系如何。在历史唯物主义视域中把文化合理地理解为作为观念形态的结果和作为实践形态的过程的辩证矛盾统一过程，不仅能够以实践整合文化资源，还原文化发展的真相；而且在理论逻辑上能够以实践消弭文化理论偏差，揭示文化发展的内在规律；更能基于实践创新文化的理论原则，重释文化的实践意蕴。唯其如此，我们才能沿着马克思和恩格斯开创的文化道路砥砺前行，不断在问题中的哲学和哲学中的问题互动中推动新时代中国特色社会

① 费孝通：《文化自觉的思想来源与现实意义》，《文史哲》2003 年第 3 期。

主义文化不断地由自发走向自觉，达至自信。

要沿着马克思主义开创的实践思维的哲学方法论不断深化马克思主义文化理论研究，在马克思主义和中华优秀传统文化相互成就的同时，开启社会主义文化创新的新时代实践，在创新的历史空间和实践场域中开启文化领域的思想解放，让马克思主义文化理论创新发展的成果成为我们这个时代的精神精华。习近平总书记在文艺工作座谈会上的讲话中指出："人类社会每一次跃进，人类文明每一次升华，无不伴随着文化的历史性进步。"[①] 在社会实践基础上，文化理论的每一次跃迁，都能在创新人类文明形态的同时，开启社会进步的精神历程。深深打上时代烙印的文化及其标示时代精神的文化实践形态在人类发展演进的不同历史阶段、不同时代不断绽放文明之光，并为解决和调适时代问题和社会矛盾提供精神导引和文化动力。

① 习近平：《在文艺工作座谈会上的讲话》，《人民日报》2015年10月15日。

第一章　马克思主义文化理论的问题域

全球化一如马克思所预言的那样，使整个世界逐渐成为一个有机的统一整体，而这种整体性境遇使得文化问题成为新时代的大问题。我们必须明晰，无论我们进行文化理论研究抑或是进行文化建设都不能脱离马克思主义的科学文化理论。正如雅克·德里达所言："不能没有马克思，没有马克思，没有对马克思的记忆，没有马克思的遗产，也就没有将来。"[①] 在人类文化发展的历史上，马克思和恩格斯首次以唯物史观为基础构建了科学的文化观，实现了人类对于文化理论研究范式的历史性嬗变。那么，马克思主义文化理论如何实现了从诞生到科学的历史性嬗变？马克思主义文化理论的认识论地位和方法论意义何在？马克思主义文化理论何以构成了我们在当代研究和阐释马克思主义文化理论的问题域？

第一节　马克思主义文化理论的展开逻辑

马克思主义文化理论是马克思主义理论体系的有机组成部分，其思想理论散见在马克思和恩格斯各个历史时期的著述之中，前后呈现既一脉相承，又各有特色的内在逻辑关联。马克思主义文化理论与其历史唯物主义科学历史观的形成具有内在一致性，紧紧围绕实践、人、人的解放以及人的价值等核心主题展开。我们既不能从历史分期上把马克思主义文化理论局限于马克思、恩格斯晚年的人类学笔记，又不能把马克思主义文化理论同马克思主义政治经济学思想相互对立，更不能离开马克思主义的有机整体孤立地谈论马克思主义文化理论。马克思主义文化理论是通过以下的逻

---

① ［法］雅克·德里达：《马克思的幽灵：债务国家、哀悼活动和新国际》，何一译，北京，中国人民大学出版社 1999 年版，第 15 页。

辑展开并不断发展的。

一、马克思主义文化理论的逻辑起点：人与自然的关系

众所周知，恩格斯意识到了人与自然之间分化的事实进而对立所引发的诸多矛盾，在《自然辩证法》中系统阐述了马克思主义生态思想。他绝不仅仅是从消极意义上谈论人与自然的界分，而是从文明起源与人类生态学之间的辩证关系呈现了马克思主义文化观。毫无疑问，人与自然的关系是人类一切文化实践展开的逻辑前提。一方面，人类要获得精神财富的富足，前提条件是必须有坚实的物质财富作为基础；另一方面，人类所有的文化创造和文化创新又不得不在实践所关涉的人类社会和自然领域中展开。

从文本学意义上讲，“马克思所观察和阐明的人与自然的关系在本质上是人类社会和自然的关系”[①]。马克思在《关于费尔巴哈的提纲》中指出：“人的本质不是单个人所固有的抽象物，在其现实性上，它是一切社会关系的总和。”[②]在《1844年经济学哲学手稿》中，他指出：“所谓人的肉体生活和精神生活同自然界相联系，不外是说自然界同自身相联系，因为人是自然界的一部分。”[③]从本质意义上看，马克思在这里表明了一种新型的文化生态观。简言之，“通过实践这个必不可少的中介，人与自然之间形成了一种相互塑造的和谐共生关系”。人对自然的“人化”也就是“人更深刻的自然化”。由此看来，“人类文化实践的结果理应越来越贴近自然才是本意”[④]，而不是在相互对立中渐行渐远。在改造自然的进程中，人类拥有的思维主观能动性、实践的超越性、直接现实性才能得以充分地展现。“动物只是按照它所属的那个种的尺度和需要来构造，而人懂得按照任何一个种的尺度来进行生产，并且懂得处处都把内在的尺度运用于对象；因此，人也按照美的规律来构造。”[⑤]

具体而言，马克思认为，人与自然界之间的物质变换，不仅有物质层面的，更有精神层面的。从某种程度上讲，人与人之间的社会关系植根于人与自然关系的基础之上，抑或说，前者的充分展现只有在后者现实发生

① 邹广文：《马克思文化哲学思想的展开逻辑》，《求是学刊》2010年第1期。
② 《马克思恩格斯文集》第1卷，北京，人民出版社2009年版，第505页。
③ ［德］马克思：《1844年经济学哲学手稿》，北京，人民出版社2000年版，第56~57页。
④ 邹广文：《马克思文化哲学思想的展开逻辑》，《求是学刊》2010年第1期。
⑤ ［德］马克思：《1844年经济学哲学手稿》，北京，人民出版社2000年版，第58页。

基础上才有意义。“他不仅使自然物发生形式变化，同时他还在自然物中实现自己的目的，这个目的是他所知道的，是作为规律决定着他的活动的方式和方法的，他必须使他的意志服从这个目的。但是这种服从不是孤立的行为。”[①] 人对自然界的改造进程实际上反映着人与人关系的文化进程，彰显了人的能动性和创造性。总而言之，人的文化本质只有在自然以及对自然的理解和改造中才能得以展现。

二、马克思主义文化理论的核心：作为主体创造的精神实践

在马克思主义的经典著作中并没有提出过“主体文化”的概念，却一直渗透着文化主体的精神，因为“自由的有意识的活动恰恰就是人的类特性”[②]。充分发挥人的文化自觉，把文化创造主体的能动性与文化本身所具有的主体性进行合理而有效的关联是马克思主义文化理论的鲜明特征，马克思认为，在某种程度上彰显人的主体性的实践活动正是文化生成和创新的源头活水。恩格斯进一步指出：“最初的、从动物界分离出来的人，在一切本质方面是和动物本身一样不自由的；但是文化上的每一个进步，都是迈向自由的一步。”[③] 人在对文化的创造中实现了自我的两大提升，最终使人成之为人，成为人类种族延续和发展的基因、密码。人作为主体完成的文化价值创造，最终是为了实现马克思和恩格斯在《共产党宣言》中提出的“每个人的自由发展是一切人的自由发展的条件”[④] 而积累精神财富。简言之，人类正是在自然的改造中彰显了人类的文明本质，在对文化的创造中彰显了人类精神生产的巨大作用，用物质文明、精神文明的成果铺就人类由野蛮到文明的超越和扬弃之路。

伴随着科学技术在生产力要素中作用的不断凸显，使生产效率倍增的同时，使人作为主体的自由性和主体性慢慢消解，最终在资本主义商品拜物教的迷雾中迷失自我。人的物化程度越高，生产效率可能相应也越高，但同时人被物化进而走向人化对立面的负面效应就愈加凸显。马克思认为，只有那种真正走出自然之网，从自在变为自为的人的时候，人的主体性才能真正得以显现。他在批判亚当·斯密把自由理解为无拘无束地可以抛却劳动的安逸状态错误的同时指出，“但是克服这种障碍本身，就是自

① 《马克思恩格斯文集》第5卷，北京，人民出版社2009年版，第208页。
② ［德］马克思：《1844年经济学哲学手稿》，北京，人民出版社2000年版，第57页。
③ 《马克思恩格斯文集》第9卷，北京，人民出版社2009年版，第120页。
④ 《马克思恩格斯文集》第2卷，北京，人民出版社2009年版，第53页。

由的实现，而且进一步说，外在目的失掉了单纯外在必然性的外观，被看作个人自己自我提出的目的，因而被看作自我实现，主体的物化，也就是实在的自由——而这种自由见之于活动恰恰就是劳动”①。

三、马克思主义文化理论的最终目标：完善作为伟大创造的唯物史观

马克思和恩格斯晚年思想在马克思主义理论体系中占据重要地位，一方面马克思和恩格斯完善了早期唯物史观关于人类社会发展形态依次更替的结论，提出了人类社会发展可以跨越一个甚至是几个社会形态的“卡夫丁峡谷”思想；另一方面，马克思超越了之前只关注资本主义社会发展现实的分析，把研究的重点转向了对原始社会的研究，并取得了较为丰硕的成果。如此一来，唯物史观的科学性不仅在社会主义和共产主义必然取代资本主义的历史必然性中得以彰显，更是涵盖了人类社会所有形态，合理地把人类社会理解为从低级到高级依次演进的具有科学规律的历史进程。

通过晚年的文化人类学研究，马克思对自己的唯物史观作了更为科学的验证。一是对于人类社会发展途径的多样性认识有了深入理解。马克思在《马·柯瓦列夫斯基〈公社土地占有制，其解体的原因、过程和结果〉一书摘要》中，马克思反对柯瓦列夫斯基用西欧社会封建化模式去理解印度古代社会，进而提出印度当时的土地制度具有东方专制主义的特殊性，因此，农奴制并不适合印度的生产方式。在《给维·伊·查苏利奇的复信三稿》中，马克思以解答俄国革命者疑惑的方式表达了对原始公社模式可能走向的文明发展模式。② 马克思指出：“并不是所有的原始公社都是按照同一形式建立起来的。相反，从整体上看，它们是一系列社会组织，这些组织的类型、生存的年代彼此都不相同，标志着依次进化的各个阶段。”③ 毫无疑问，人类文化的发展进程与人类社会的发展进程一样具有多样性，因此，文化样态及其发展模式的多样性与社会发展模式一样异彩纷呈。二是通过对历史唯物主义思想的完善和发展，深化对人类文化内在规律的理解。在对摩尔根《古代社会》的研究中，马克思肯定了摩尔根提出的“父系社会”是原始社会晚期出现的人类学现象，并逐渐取代了母系社会。在马克思主义的理论体系中，马克思无疑是从文化的角度找到了理解人类早期社会的钥匙。简言之，马克思和恩格斯经由文化实现了对历史

① 《马克思恩格斯全集》第46卷（下册），北京，人民出版社1980年版，第112页。

② 参见邹广文：《马克思文化哲学思想的展开逻辑》，《求是学刊》2010年第1期。

③ 《马克思恩格斯文集》第3卷，北京，人民出版社2009年版，第584页。

唯物主义思想的最后丰富和发展，以此为基点渐次展开马克思主义文化理论，并最终以精神生产的方式得以积淀。

第二节 马克思主义文化理论何以可能

马克思主义文化理论缘何实现了研究范式的根本变革，马克思主义文化理论缘何能够实现自身的不断创新发展而与时代同步、与实践同频，说到底是马克思主义文化理论何以可能的问题。不同时代的文化观都以相对的合理性书写着文化及其彰显的社会实践的直接现实性，但在当代出现的新文化史观更多的是割裂了文化与社会之间的有机关联，往往把文化湮没在以经济、政治话语为主导的总体性话语体系中。这样貌似对文化及其在社会有机体中的作用重视有加，实质上是遮蔽了文化发展及研究的源头活水，把文化演绎为纯之又纯的概念演绎。马克思主义文化理论之所以在当今依然成为人类精神世界的主导理解范式，是与马克思、恩格斯建立在科学实践观基础上对文化所持有的辩证关系紧密相联的。马克思、恩格斯把文化置于人类感性实践的总体活动之上，使文化在政治、经济、文化、社会、生态所构成的社会有机体中彰显其精神动力。这不仅让马克思主义文化理论具有了不断创新发展的生机与活力，也为马克思主义文化理论的可能性做出了注解。

一、基于科学实践观的现实可能性

马克思主义文化理论科学地揭示了文化在社会发展有机体中的现实基础和发展原则。相较于西方就文化而文化的研究窠臼，马克思将文化从天国拉回了人间，置于现实的物质生产方式之上。就此，文化才开始真正作为一种精神生产形态被确定了下来。马克思主义认为，文化究其本质而言，是作为主体的人的精神创造力量对象化的结果。缘于人类的对象化活动是涵括物质生产和精神生产在内的，作为过程性的精神生产和观念结果的精神生产辩证统一体的文化，在人的主体性的历史生成中得以展现。具体而言，马克思和恩格斯通过研究欧洲国家之间经济发展与文化发展的不平衡性后发现，较之于经济发展水平上的优先顺序：英国、法国、德国，经济上相对落后的德国却在文化领域扮演着“第一小提琴手”的重要角色。文化实践归根结底是对具体社会关系的反映，哪怕这种反映是歪曲的、滞后的抑或是超前的，也是开展文化相关问题研究的先决条件。唯有在历史唯物主义视域中澄明这一点，才能为进一步研究社会心理、价值观、传统文化、制度文化等文化具体形态打下最为坚实的基础。

马克思在标示其天才世界观萌芽的第一个文献——《关于费尔巴哈的提纲》的最后一条指出，“哲学家们只是用不同的方式解释世界，而问题在于改变世界”①。这是马克思主义哲学实践意识的一种全面而精要的概括。我们必须注意的一点是，把马克思主义哲学的实践意识界定为马克思主义哲学变革的根本性标志，这并不意味着我们以此否定甚至是排斥马克思主义哲学的其他意识形式，如历史意识、辩证意识等。相反，实践意识能够成为马克思主义哲学变革的本质，是与其中所蕴含的其他哲学思维一并存在并共同推进着马克思主义哲学的创新发展。当然也不否认科学思维方式中对实践意识的某种强调（如对科学实验重要性的强调、对科学理论转化为现实生活实践的强调等）。我们提出并深入阐释马克思主义文化理论的实践意识的重要意义在于：马克思主义新世界观的核心在于实践，实践意识以及最终积淀成的实践思维方式使得马克思主义在全部哲学领域内造成了一次彻底的颠覆。简言之，我们可以通俗地把实践意识理解为马克思主义借以打开新世界观大门的钥匙。在这一思维原则所确立的哲学方法论指导下，其基本原则、内在维度和内在规律渗透入马克思主义的所有理论，如此，马克思主义才真正史无前例地通过“生活”“实践”“工业”，真正揭示了人和自然界、历史和自然的现实和历史的统一。②

通过考察马克思主义著作文本不难发现，马克思分别在人类文明形态、主体的知识水平和教育程度以及文化史批判的层面使用或论及文化概念，极少直接使用文化范畴，个中原因当然与彼时的历史文化背景息息相关。但我们不得不澄明的一点是，马克思主义的科学实践观中已经隐含着一条通过建立唯物主义历史观来实现一种新文化理论的构建线索。马克思生前虽然没有铺陈其文化理论的基本逻辑架构，这一任务却伴随着20世纪文化问题以及文化矛盾的不断凸显而成为后世马克思主义学者着力推进的主题。对于马克思主义理论中文明范畴、精神生产、意识形态等文化主题的研究在前期得以充分地展开，对于作为唯物主义历史观有机组成部分的马克思主义文化理论的研究则是本书在实践基础上展开的理论逻辑和实

---

① 《马克思恩格斯文集》第1卷，北京，人民出版社2009年版，第506页。

② 参见路向峰、王嘉莹：《走向实践的文化：唯物史观视野中的马克思主义文化理论》，《社会科学研究》2022年第5期。

践逻辑。马克思在《1844 年经济学哲学手稿》中确证了人的本质力量的对象化，在一定意义上揭示了文化的本质。其中提出的人的本质力量对象化是建立在现实人类实践基础上的实践对人之为人的包括文化本质在内的能动建构，从这种意义上讲，文化无疑是实践地生成的，因而具有精神生产的内在本质。可以清晰地看到，文化的创造性和继承性在马克思对人的生成性理解中跃然纸上。

马克思主义在唯物史观的社会有机体中审视文化及其社会形态，因而唯物史观所确立的科学实践观是我们考量马克思主义文化理论以及其确立的方法论原则的哲学依据。在马克思主义的视域中，作为意识形态的文化始终是规制于经济基础以及人们现实的物质生活方式的，因而在经济上和政治上占据统治地位的统治阶级相应地拥有文化领导权和文化话语权。正如马克思在阐述唯物史观基本原则时所指出的那样："统治阶级的思想在每一时代都是占统治地位的思想。这就是说，一个阶级是社会上占统治阶级的物质力量，同时也是社会上占统治地位的精神力量。""占统治地位的思想只不过是占统治地位的物质关系在观念上的表现，不过是以思想的形式表现出来的占统治地位的物质关系；因而，这就是那些使某一个阶级成为统治阶级的关系在观念上的表现，因而这也就是这个阶级的统治的思想。"[①] 马克思、恩格斯在《共产党宣言》中指出，正是人类的普遍交往造成了"历史向世界历史转变"，"物质的生产是如此，精神的生产也是如此。各个民族的精神产品成了公共的财产。民族的片面性和局限性日益成为不可能，于是由许多民族的和地方的文学形成了一种世界的文学"[②]。显而易见，马克思、恩格斯用"世界的文学"所喻指的正是人类精神文化活动的最基本形态，在某种意义上相当于我们今天所言说的"文化全球化"。

马克思主义认为，文化的发展及其现实影响是在社会有机体的总体实践中得以确证的。事实上，如果我们还是惯常地仅仅把文化发展理解为受经济基础决定的观念上层建筑的重要组成部分，文化发生、发展、演进的内在规律和发展动力、作用机制将无从谈起。从卢卡奇历史与阶级意识中对文化发展政治属性的高扬，到哈贝马斯用观念上层建筑和政治上层建筑取代生产关系的尝试，再到安德森对上层建筑参与前资本主义生产方式的结构化理论，无疑是又回到了马克思所批判的德国古典哲学论述的问题域

① 《马克思恩格斯文集》第 1 卷，北京，人民出版社 2009 年版，第 550~551 页。

② 《马克思恩格斯文集》第 2 卷，北京，人民出版社 2009 年版，第 35 页。

中去了。另一种极端是主张将文化走向本体论的尝试，把一切无法破解之难题悉数交予文化。从葛兰西文化领导权所倡导的智力、情感和理想的文化层次理论，到汤普森把经济退化为文化形态中的特殊阶段，再到威廉斯构建关于整体性生活和整体性社会过程归结为文化概念及其演变。毫无疑问，西方马克思主义学者缘于其特殊的出身及背景，通过重新开掘马克思主义经典文本，开辟了一条文化研究的新道路。上述理论对社会实践、理论诉求与马克思主义提出文化概念的初衷背道而驰，背离了“不是在每个时代中寻找某种范畴，而是始终站在现实历史的基础上，不是从观念出发来解释实践，而是从物质实践出发来解释各种观念形态”[①]的历史唯物主义根本原则。

二、基于现实的人的理论可能性

马克思把人界定为有别于费尔巴哈感性直观的趋近动物本能的人，从人的现实社会关系来理解人的现实本质。“思想、观念、意识的生产最初是直接与人们的物质活动，与人们的物质交往，与现实生活的语言交织在一起的。人们的想象、思维、精神交往在这里还是人们物质行动的直接产物。表现在某一民族的政治、法律、道德、宗教、形而上学等的语言中的精神生产也是这样。人们是自己的观念、思想等等的生产者，但这里所说的人们是现实的、从事活动的人们，他们受自己的生产力和与之相适应的交往的一定发展——直到交往的最遥远的形态——所制约。意识［das Bewuβtsein］在任何时候都只能是被意识到了的存在［das bewuβte Sein］，而人们的存在就是他们的现实生活过程。”[②]马克思认为，“费尔巴哈把宗教的本质归结于人的本质。但是，人的本质不是单个人所固有的抽象物，在其现实性上，它是一切社会关系的总和”[③]，“凡是有某种关系存在的地方，这种关系都是为我而存在的”[④]。他进一步指出，“社会生活在本质上是实践的。凡是把理论诱入神秘主义的神秘东西，都能在人的实践中以及对这种实践的理解中得到合理的解决”[⑤]。“整体，当它在头脑中作为思想整体而出现时，是思维着的头脑的产物，这个头脑用它所专有的方式掌握

① 《马克思恩格斯文集》第1卷，北京，人民出版社2009年版，第544页。
② 《马克思恩格斯文集》第1卷，北京，人民出版社2009年版，第524~525页。
③ 《马克思恩格斯文集》第1卷，北京，人民出版社2009年版，第501页。
④ 《马克思恩格斯文集》第1卷，北京，人民出版社2009年版，第533页。
⑤ 《马克思恩格斯文集》第1卷，北京，人民出版社2009年版，第505~506页。

世界，而这种方式是不同于对于世界的艺术精神的，宗教精神的，实践精神的掌握的。”[①] 不难看出，马克思认为，基于现实社会关系而不断确证自我现实本质的人，通过思维的、宗教的和艺术的等多种多样的方式把握世界，进而从真、善、美 3 个不同的维度趋向人类文化的所有可能性。

当代德国著名哲学家兰德曼认为：“人一旦被赋予创造性的文化力量，他就超过了必然性而去运用这种力量，并且完全不靠自然的预见而创造出文化的形式。”[②] 人类把握他生存的那个时代的精神精华的方式多种多样，但文化实践无疑是把握时代精神精华的重要方式之一。文化作为人类自由自觉的实践过程及其结果的一种确证，深刻表达着人的实践存在的生动性和丰富性。文化作为人类的存在方式之一，在确证着人的现实本质的同时观照着时代精神。通过不断提出、回答和解决人类文化实践的时代问题，把人的存在、人生存的文化环境、文化演进以及人自由而全面发展的文化维度等问题以文化的方式展开，自觉地表达着人与人化世界的理性本质和价值追求。文化与实践的密不可分源自人类对于自我精神发展的实践要求。一个时代的文明程度越高，它就越是需要以文化实践解答人性的时代之谜，越是需要以文化实践把握时代的精神特质。[③]

马克思正是通过对现实的人的强调，对人的现实本质的强调，展现了人类实践的多重视角，因而也敞开了文化研究基于实践多样性的丰富可能性。马克思所言说的人不仅仅是处于现实社会关系中的鲜活的个人，而且是处于共同体之中的具有真正自由的人。“只有在共同体中，个人才能获得全面发展其才能的手段，也就是说，只有在共同体中才有可能有个人自由。……在真正的共同体的条件下，各个人在自己的联合中并通过这种联合获得自己的自由。”[④] 马克思进一步指出：“生产力与交往形式的关系就是交往形式与个人的行动或活动的关系。（这种活动的基本形式当然是物质活动，一切其他的活动，如精神活动、政治活动、宗教活动等都取决于它。当然，物质生活的这样或那样的形式，每次都取决于已经发达的需求，而这些需求的产生，也像它们的满足一样，本身是一个历史过程，这种历史过程在羊或狗那里是没有的（这是施蒂纳顽固地提出来反对人的主

---

① 《马克思恩格斯文集》第 8 卷，北京，人民出版社 2009 年版，第 25 页。

② ［德］兰德曼：《哲学人类学》，阎嘉译，贵阳，贵州人民出版社 1988 年版，第 243 页。

③ 参见路向峰、王嘉莹：《走向实践的文化：唯物史观视野中的马克思主义文化理论》，《社会科学研究》2022 年第 5 期。

④ 《马克思恩格斯文集》第 1 卷，北京，人民出版社 2009 年版，第 571 页。

要论据），尽管羊或狗的目前形象无疑是历史过程的产物——诚然，不以它们的意愿为转移。）”①

马克思、恩格斯通过对于共同体中人的现实本质的考察，对社会（共同体）和个人的辩证关系进行了深入透彻的分析，彰显了马克思主义及其文化理论发展的丰富生命力和深远影响力。纵使是明目张胆地反对历史唯物主义，抑或是以这样或那样对马克思主义及其文化理论产生偏误，宏观抑或是微观，都在本质上因循着马克思基于科学实践观所开启的基本维度加以发挥。无论是福柯的微观权力建构，抑或是弗洛伊德的精神分析法，再或者是萨特的辅助中介思想，等等，都是与马克思对现实的人以及现实的人所创造的现实的文化财富在理解上存在巨大偏差的不同表述。事实上，马克思不仅承认个人在社会历史发展中极端重要的作用，而且把个人的文化创造以及文化实践置于社会总体实践的共同体中。因此，从社会有机体所构建的共同体出发，文化不仅具有非常重要的现实性，更重要的是为文化理论的研究注入源头活水，使马克思主义文化理论的研究呈现源于实践丰富性的无限理论可能性。

三、基于实践思维的创新可能性

马克思所确立的科学的实践思维方式不仅实现了马克思主义哲学在哲学理论形态上的“哥白尼式”革命，更是为这种理论不断超越自身进而与实践同步，并继续创新发展提供了可能性。马克思主义的文化理论在本质上是一种基于科学实践观的文化历史观，这种基于实践思维科学性的马克思主义及其文化理论能够有效防御后现代主义历史思潮和历史虚无主义对马克思主义文化理论的诘难和攻击，进而发展和完善自身。较之以文化决定论和经济决定论的两极分立，如何超越文化转向进而实现马克思主义文化理论与时俱进的发展成为新时代的大问题。研究文化的实践特性，抑或说研究文化的实践形态，是在观念形态的文化、结构形态的文化研究式微的当下，马克思主义文化理论创新发展的可能性路径。英国著名文化理论学者鲍曼在其《作为实践的文化》一书中对文化的不同形态做出了较为科学的划分，他认为作为实践的文化（文化的实践特性）彰显出了其特有的理论价值。鲍曼从社会发展的现实出发，指出文化转向中存在的“社会”与“文化”的不兼容，可以在作为历史创造主体的人的实践中得以解

① 《马克思恩格斯文集》第1卷，北京，人民出版社2009年版，第575页。

决。实践的切入，抑或说文化中所蕴含的原本的实践维度，使得社会发展的结构性、客观性、规律性与文化发展的符号性、系统性、主观性在人的现实的实践中具有了结合的可能性。

正如我们前述亚里士多德对人的活动的划分一样，人类实践活动也是分等级、分层次的。我们对实践，特别是马克思确立起哲学方法论的实践思维的理解方式，也决定了对文化的理解方式。马克思主义的实践文化观超越了新文化史观通过符号把文化置于社会发展基础地位的偏误，而将人的感性活动作为这种基础。马克思认为，文化作为人的意识的活动及其产物，之后可能出现在人类物质生产关系之后，并受制于人的物质生活和经济基础。文化的实践特性抑或是实践的文化观必须放置于人类实践的总体中才得以说明。文化实践既不是人类实践的全部，亦不是独立于其他实践之外的存在，而是切切实实文化的发生过程。实践的文化观抑或是文化实践是历史唯物主义方法论在文化领域的应用和拓展，而且是在与后现代主义文化理论的交锋和对话中不断焕发出新的逻辑生长点和理论生命力。

在文化理论的谱系中，文化实践是与物质生产实践、社会政治实践并列的社会基本实践形态。文化实践形态的提出既是马克思主义文化理论对西方实践哲学传统中文化实践向度的承继，更是马克思主义唯物史观的题中应有之义。文化实践不同于亚里士多德“伦理—政治”实践的划分，亦不同于康德对“实践理性”的文化阐释，更不同于黑格尔从“绝对观念”出发把文化归为思想形式，亦超越了费尔巴哈从人类本质界定文化的狭隘视域。在西方哲学史上，实践概念从古希腊罗马时期对世界本原的探讨时已经在哲学家们的范畴体系中占据无可替代的位置。当西方哲学家用思维和存在的各自一极称谓他们所处的时代时，实践或联结二者，或就是哲学家们思想最终的归宿。在亚里士多德将人类的活动分为实践的、创制的和理论的活动之前，西方思想家所言说的实践是无所不包的，而且也不是专属于人类的活动。①

在西方实践哲学的谱系中，马克思秉承了自亚里士多德以来的实践传统，坚持用马克思主义的科学实践观认识和处理文化及其相关问题。通过其“哥白尼式革命”的哲学变革，确立了理解精神生产和文化发展的基本原则，界分了物质生产实践和精神生产实践在人类总体实践中各自的地位

① 参见路向峰、王嘉莹：《走向实践的文化：唯物史观视野中的马克思主义文化理论》，《社会科学研究》2022年第5期。

和作用，如此一来，文化“才能摆脱世界而去构造‘纯粹的’理论、神学、哲学、道德等等”[①]，在人类社会总体实践中发展自身进而融合为社会发展的精神动力。由此我们不难理解，为何无论是对物质的、精神的、政治的、社会的现实问题的种种误解，“都能在人的实践中以及对这种实践的理解中得到合理的解决”[②]。沿着马克思所开创的实践思维方式的基本原则，人类才能够在精神生产实践中开辟出多姿多彩的文化世界。马克思主义文化理论内在的实践性和超越性使得文化创新成为可能，文化发展的内在基因得以延宕，人类文明美美与共的百花园得以在文明交流互鉴中绽放异彩。在实践哲学的谱系中，我们能够更加深入地理解西方马克思主义在何种程度上承继了马克思主义文化理论的实践原则，又在何种程度上创新了马克思主义文化理论微观领域。在马克思实践思维方式的方法论原则中，我们亦能够洞悉马克思主义文化理论对文化观念形态和实践形态的界分是如何超越亚里士多德实践“三分法”、康德在道德领域夸大而又无法真正企及的真正“物自体”、黑格尔自我演绎的绝对精神、费尔巴哈“感性直观”的动物本能而确立社会总体实践中的科学实践观。自觉地把马克思主义哲学变革所确立的实践思维方式的方法论原则作为审视马克思主义文化理论实践创新和理论创新的基本原则和出发点，既是我们考量西方实践哲学传统之需，亦是把握马克思主义文化理论内涵和本质之要。[③]

第三节　马克思主义文化理论的产生与发展

客观地讲，马克思、恩格斯所开创的文化理论迄今为止尚未得到应有的重视和充分的挖掘。尽管放眼现代、后现代人类思想演进的历程，中外思想家中不关注马克思主义及其文化理论的为数不多，但马克思主义到底有没有文化理论，其文化理论是如何形成和发展的，西方马克思主义到底在多大程度上继承了马克思主义文化理论的精髓等诸多问题都迫切需要我们重回马克思、恩格斯的文本，澄明马克思主义文化理论历史演进的同时对上述疑问做出明确的回答。

---

① 《马克思恩格斯文集》第1卷，北京，人民出版社2009年版，第534页。

② 《马克思恩格斯文集》第1卷，北京，人民出版社2009年版，第506页。

③ 参见路向峰、王嘉莹：《走向实践的文化：唯物史观视野中的马克思主义文化理论》，《社会科学研究》2022年第5期。

以第一版《马克思恩格斯全集》为文本对象，50 卷 3000 多万字中“文化”一共出现了 317 次，而且有 29 次是在引述他人的著作时提及的，而且意义一般与“文化修养”“文化水平”“文化斗争”等关联。[①] 马克思、恩格斯一方面从创立的历史唯物主义的基本原则出发，对资本主义意识形态和文化展开批判；另一方面，又秉持了西方自亚里士多德以来实践哲学的文化传统，把文化作为趋近人类解放和自由的精神力量。

一、人类学意义上文化与文明的互释

在与文明互释意义上使用文化范畴是 19 世纪西方思想演进的一个潮流，这一点可以在泰勒所著的《原始文化：神话、哲学、宗教、语言、艺术和习俗发展之研究》的相关描述中窥见一斑，“文化，或文明，就其广泛的民族学意义来说，是包括全部的知识、信仰、艺术、道德、法律、风俗以及作为社会成员的人所掌握和接受的任何其他的才能和习惯的复合体。人类社会中各种不同的文化现象，只要能够用普遍适用的原理来研究，就都可成为适合于人类思想和活动规律的对象”[②]。

在马克思之前，德国古典哲学一般地把文化理解为人类精神生活的全部，并在某种程度上与文明概念互释互通。康德在论及文化及其本质属性时指出：“一个理性的存在者一旦有能力将杂乱无章的目的概括起来，故而也就是作出他的自由选择，那就是‘文化’。因此，单是文化本身就能成为最终目的，就人类而言，我们有理由将它归因于自然。”[③] 不难看出，康德实际上是沿袭了西方哲学对文化的一贯认知，把文化与文明在人类生存的意义上对举，并与人的幸福相关联，指出作为文化重要表现形态的道德是人类之所以成为文明物种的重要原因所在。通过深入细致的阐述，康德得出结论：人类文化特别是道德文化是其克服感性的专横，进而回归理性权威的不二选择。在《历史哲学》中黑格尔论及文化时指出：“一般所谓‘文化’，便是熟悉那些普通性，检出了各种真实的区别，替他们定下了名称，而并没有浸渍在事物内容真正的深处。‘文化’是一种形式上的

① 李厚羿：《文化的实践与实践的文化：马克思文化理论的现代阐释》，北京，中国社会科学出版社 2019 年版，第 36~37 页。

② ［英］爱德华 · 泰勒：《原始文化：神话、哲学、宗教、语言、艺术和习俗发展之研究》，连树声译，桂林，广西师范大学出版社 2005 年版，第 1 页。

③ Immanuel Kant, *Critique of Judgment*, English trans. J. H. Bernard, London: Macmillan Company, 1914, p. 355.

东西，因为它的目的不过要把无论任何内容分析为各个构成部分，而从它们的思想定义和思想形态上来理解它们。”[①] 不难看出，黑格尔对文化的界定是建立在他所标示的“绝对精神”的基础之上对人类精神生活表达的总体形式，当文化与国家相关联时，与文明是同义语。这种把文化与文明互释的从人类学界定文化概念的西方传统，在一定程度上影响了马克思在早期著作中对文化的理解和阐释。马克思在《1844 年经济学哲学手稿》中阐释共产主义的含义时指出，“对整个文化和文明的世界的抽象否定，向贫穷的、需求不高的人——他不仅没有超越私有财产的水平，甚至从来没有达到私有财产的水平——的非自然的简单状态的倒退”[②]。不难看出，马克思在其早期思想中并未明确区分文明与文化，甚至在某种程度上马克思就是在文明意义上使用文化范畴的。不仅如此，他从唯物史观的基本立场出发，得出了未来共产主义社会，人的精神境界极大提高是建立在物质财富极大丰富的前提下的，“因此，从这种关系就可以判断人的整个文化教养程度。”[③]

把文化与文明通用和互释，可以总体上称为文化人类学的界定方式，马克思在其晚年写作的《哥达纲领批判》中将社会性的劳动作为文化创造的源泉，多次表达了这一思想。马克思指出，“‘劳动只有作为社会的劳动’，或者换个说法，‘只有在社会中和通过社会’，‘才能成为财富和文化的源泉’”，“这个观点无可争辩地是正确的，因为孤立的劳动（假定它的物质条件是具备的）即使能创造使用价值，也不能创造财富，又不能创造文化”，“但是另一个论点也是同样无可争辩：‘随着劳动的社会性的发展，以及由此而来的劳动之成为财富和文化的源泉，劳动者方面的贫穷和愚昧、非劳动者方面的财富和文化也发展起来。’”[④] 不难发现，“劳动只有作为社会的劳动，才能创造财富和文化，这在任何社会及文化形态中概莫能外”[⑤]。马克思在摘录摩尔根《古代社会》的话时在认同摩尔根对文明阶段的描述基础上，接受了其文化与文明通释的结论，认为：“人类出于同源，因此具有同一的智力资本，同一的躯体形式，所以，人类经验的成

① ［德］黑格尔：《历史哲学》，王造时译，上海，上海书店出版社 1999 年版，第 71~72 页。
② ［德］马克思：《1844 年经济学哲学手稿》，北京，人民出版社 2000 年版，第 79~80 页。
③ ［德］马克思：《1844 年经济学哲学手稿》，北京，人民出版社 2000 年版，第 80 页。
④ 《马克思恩格斯文集》第 3 卷，北京，人民出版社 2009 年版，第 430 页。
⑤ 陆扬等：《马克思主义文化理论发展史》，南昌，百花洲文艺出版社 2018 年版，第 16 页。

果在相同文化阶段上的一切时代和地区中都是基本相同的。”[①] 在《〈政治经济学批判〉导言》中，马克思再次强调，“应该在这里提到而不该忘记的各点”，“这所谓的文化史全部是宗教史和政治史”[②]。这里马克思所论及的“文化史”以及对“文化史”和“宗教史”“政治史”关联的强调，意在表明要从文明的高度来通观文化的精神层面和文化的物质层面，也就是互释意义上的文化和文明。最终恩格斯提出，“自由就在于根据对自然界的必然性和认识来支配我们自己和外部自然；因此它必然是历史发展的产物。最初的、从动物界分离出来的人，在一切本质方面是和动物本身一样不自由的；但是文化上的每一个进步，都是迈向自由的一步”[③]。恩格斯所总结的正是人类学意义上与文化互释的“文明”。

从人类文明的整体进程中理解文化，充分考量西方思想语境中文化从最初的耕作到人的精神教化的演变与承继，并将文化与文明互释，而不是单单把“文化史”抽象为“宗教史”抑或是“政治史”，进而抽象地把文化的演进描述为文化概念的演绎，这是马克思主义文化理论的题中应有之义。马克思主义著作中澄明的文化概念秉承了西方思想文化中人类学认知的基本传统，与“文明”范畴具有互通、互释的特性，指代的是建立在人类物质生活实践基础上的精神生活及其表现样态。换言之，文化以其丰富的表现样态和实践基础，本身就是社会存在的重要表现，抑或说是社会实践的精神存在。马克思主义文化理论中“文化”与“文明”的互释，并非专指作为观念形态的文化结果，而是强调作为实践形态的文化过程在人类文明演进的社会有机体中所扮演的角色。恩格斯在其名著《家庭、私有制和国家的起源》一文中，沿袭马克思对文化和文明互释的认知结论，同时借鉴摩尔根《古代社会》中对文化分期的基本划分方式，把人类社会发展的时代分为蒙昧时代、野蛮时代和文明时代，指出：“如果我们把凯撒，甚至塔西佗对日耳曼人的记述跟这些成就作一比较，便可看出，野蛮时代高级阶段在生产的发展上已取得多么丰富的成就，那时日耳曼人尚处在这个文化阶段的初期，而荷马时代的希腊人已经准备由这个文化阶段过渡到更高的阶段了。”[④] 显而易见，无论马克思还是恩格斯对文化的认知，与文明互释的文化都是唯物主义历史观最为鲜明的精神实践注脚。一如马克思

① 《马克思恩格斯全集》第 45 卷，北京，人民出版社 1985 年版，第 398 页。
② 《马克思恩格斯文集》第 8 卷，北京，人民出版社 2009 年版，第 33 页。
③ 《马克思恩格斯文集》第 9 卷，北京，人民出版社 2009 年版，第 120 页。
④ 《马克思恩格斯文集》第 4 卷，北京，人民出版社 2009 年版，第 38 页。

在《资本论》中所指出的："资本的文明面之一是，它榨取这种剩余劳动的方式和条件，同以前的奴隶制、农奴制等形式相比，都更有利于生产力的发展，有利于社会关系的发展，有利于更高级的新形态的各种要素的创造。"[①] 毫无疑问，马克思是在历史唯物主义的视域中客观地评价了资本主义及其文明形态的社会进步价值。在马克思的进一步阐述中可以看出，他认为资本主义生产力所创造的社会财富积累将为未来共产主义（社会主义）高级文明形态的出现创造物质条件，进而在摆脱自然王国的束缚后走向自由王国。由此，马克思自然而然地引出了自己的结论："像野蛮人为了满足自己的需要，为了维持和再生产自己的生命，必须与自然搏斗一样，文明人也必须这样做；而且在一切社会形式中，在一切可能的生产方式中，他都必须这样做。"[②]

二、文化史批判中的马克思主义文化理论

马克思在《〈政治经济学批判〉导言》中所强调的，从根本上是为了批判那种仅仅把文化当作观念史演进而忽视社会物质发展史的文化史观。马克思还表示："这是鲁滨逊一类的故事，这类故事决不像文化史家想象的那样，仅仅表示对过度文明的反动和要回到被误解了的自然生活中去。"[③] "文化史家"脱离社会物质生活的底色单纯地断定"鲁滨逊一类的故事"是对现代文明的反动的结论显然是不能令马克思满意和信服的。在文化史批判中彰显的马克思主义理论批判和实践的本质在某种程度上是其通过"哥白尼式"的哲学革命走向实践的和科学的唯物主义的文化路径。

如果我们认真研读与马克思同一时代的文化史著作，我们不难发现马克思建立在科学实践观基础上的文化观所批判的文化史著作，"它们分别是：威廉·瓦克斯穆特的《文化通史》，威廉·德鲁曼的《文化史大纲》以及古斯塔夫·克莱姆的《人类文化通史》"[④]。必须指出，除却对其文化史观点的不认同和批判之外，马克思对这些德国同胞的作家本身并未有任何成见，他所反对的不过是3位作家用宏大叙事和概念推演的方式把文化史当作"全部是宗教史和政治史"，反对的是他们脱离社会实践的"观念的历史叙述"以及对"现实的历史叙述"的无视。因此，马克思

① 《马克思恩格斯文集》第7卷，北京，人民出版社2009年版，第927~928页。
② 《马克思恩格斯文集》第7卷，北京，人民出版社2009年版，第928页。
③ 《马克思恩格斯文集》第8卷，北京，人民出版社2009年版，第5页。
④ 陆扬等：《马克思主义文化理论发展史》，南昌，百花洲文艺出版社2018年版，第28~29页。

强调结合现实历史来书写精神生活史，并以希腊艺术的不可复制性加以说明，指出希腊艺术不可能产生于埃及以及其他任何地方的人类早期文明，因为它所植根的古希腊社会实践基础是无可替代的。“但是，困难不在于理解希腊艺术和史诗同一定社会发展形式结合在一起。困难的是，它们何以仍然能够给我们以艺术享受，而且就某方面说还是一种规范和高不可及的范本。”[①] 由此，马克思进一步提出了对人类文化的反思和警醒：“为什么历史上的人类童年时代，在它发展得最完美的地方，不该作为永不复返的阶段而显示出永久的魅力呢?”[②] 他最终得出结论：“这种艺术倒是这个社会阶段的结果，并且是同这种艺术在其中产生而且只能在其中产生的那些未成熟的社会条件永远不能复返这一点分不开的。”[③]

恩格斯是在对马克思主义理论体系做出全面阐释的《反杜林论》中论及了文化史批判问题。通过对包括杜林在内的资产阶级经济学派的批判，恩格斯在阐释历史唯物主义基本原则的同时对旧唯物主义以及唯心主义的历史观和文化史观进行了彻底的批判，“旧的、还没有被排除掉的唯心主义历史观不知道任何基于物质利益的阶级斗争，而且根本不知道任何物质利益；生产和一切经济关系，在它那里只是被当做‘文化史’的从属因素顺便提一下”[④]。与恩格斯不满唯心史观的思想家把文化与物质生产力本末倒置的批判不同，马克思是从强调意识在文化史演进中的从属作用来彰显唯物史观权威的。他指出，“把社会运动看作受一定规律支配的自然史过程，这些规律不仅不以人的意志、意识和意图为转移，反而决定人的意志、意识和意图……既然意识要素在文化史上只起着这种从属作用，那么不言而喻，以文化本身为对象的批判，比任何事情更不能以意识的某种形式或某种结果为依据。这就是说，作为这种批判的出发点的不能是观念，而只能是外部的现象”[⑤]。

毫无疑问，无论是马克思在《〈政治经济学批判〉导言》中对文化史观批判所展现的唯物主义文化史观，还是恩格斯通过《反杜林论》对唯心主义文化史批判所彰显的唯物史观的文化视域，都在强调要结合观念和实践以及二者的良性互动来书写文化史。因此，“文化的历史不是由源自西

---

① 《马克思恩格斯文集》第 8 卷，北京，人民出版社 2009 年版，第 35 页。

② 《马克思恩格斯文集》第 8 卷，北京，人民出版社 2009 年版，第 36 页。

③ 《马克思恩格斯文集》第 8 卷，北京，人民出版社 2009 年版，第 36 页。

④ 《马克思恩格斯文集》第 9 卷，北京，人民出版社 2009 年版，第 29 页。

⑤ 《马克思恩格斯文集》第 5 卷，北京，人民出版社 2009 年版，第 21 页。

方本体论传统的形而上观念所主宰，给定的历史事实即现实，并不是在同观念的比较对照中确立其文化意义，反之是在历史事实的相互比较对照之中产生了观念，进而言之，产生了特定的生产关系，并且始终在调节和改进这些关系的历史运动，将最终说明观念形态的文化产生。说到底，这也是马克思恩格斯文化史批判给予我们的最终启迪”[①]。

三、普列汉诺夫、列宁主义对马克思主义文化理论的继承与发展

考察马克思主义文化理论在异域传播和发展的历程、演变以及创新，绕不开俄国早期思想家普列汉诺夫。普列汉诺夫对马克思主义文化理论的贡献主要集中在他对托尔斯泰《什么是艺术》一书批判和解构上，因此他对马克思主义文化理论发展的贡献主要是以社会心理研究为切入点，对文学艺术思想和美学思想所做的唯物主义阐发。马克思主义文化理论在俄国以及苏联获得实践以及创新发展的贡献主要集中在列宁的探索上。列宁在探索落后国家跨越资本主义制度“卡夫丁峡谷”的文化选择、社会主义国家治理的文化准备、培养社会主义新人的文化素养以及共产主义文化与马克思主义指导地位等诸多方面对马克思主义文化理论做出了开创性的研究。

苏联学者福明娜在其著作《普列汉诺夫的文学和艺术观》中对普列汉诺夫的文化思想有过较为客观公正的评价，并着重指出了普列汉诺夫对马克思主义文化理论阶级性的强调：“普列汉诺夫，在争取俄国先进文化的全面发展的斗争中起了巨大的作用。他是俄国先进文化优秀代表们的接替人和继承者，他保卫了这个文化的伟大传统。但普列汉诺夫并不仅以保卫文化遗产为限。他还站在马克思主义立场上进一步探讨了美学问题。作为一个马克思主义者，普列汉诺夫在研究俄国民族文化时，揭示了它的阶级特征。”[②] 客观地讲，无论福明娜对普列汉诺夫在马克思主义文化发展史上的定位是否准确，她对普列汉诺夫对文化阶级性揭示的澄明是准确的。普列汉诺夫也正是通过对社会发展唯物主义因素的探讨，锚定了他在马克思主义唯物史观上的地位。

普列汉诺夫是通过对唯物史观地位的捍卫和维护来展现其文化观的，他在《论唯物主义的历史观》中表达了自己对马克思主义文化理论的深刻

① 陆扬等：《马克思主义文化理论发展史》，南昌，百花洲文艺出版社 2018 年版，第 34 页。

② ［苏］福明娜：《普列汉诺夫的文学和艺术观》，张祺译，云兰校，上海，新文艺出版社 1958 年版，第 1 页。

理解："要了解某一国家的科学思想史或艺术史，只知道它的经济是不够的。必须知道如何从经济进而研究社会心理；对于社会心理若没有精细的研究与了解，思想体系的历史的唯物主义解释根本就不可能……社会心理学异常重要。甚至在法律和政治制度的历史中都必须估计到它，而在文学、艺术、哲学等学科的历史中，如果没有它，就一步也动不得。"[①]不难看出，普列汉诺夫把原本涵括在文化之中的社会心理上升到了与经济基础相对应的观念上层建筑的高度，这在一定程度上坚持了历史唯物主义的基本原则，在一定程度上恢复了马克思主义文化理论的唯物主义基础和权威，同时细化了马克思主义关于精神生产的理论，丰富和发展了马克思主义文化理论。

作为世界上第一个社会主义国家的缔造者，列宁对马克思主义文化理论的发展主要是通过社会主义实践探索社会主义文化发展道路进程中实现的。如果马克思、恩格斯主要是通过理论构建铺陈文化理论的基本框架，列宁则是通过对社会主义文化的实践建构发展了马克思主义文化理论。无论是对社会主义国家治理的文化准备，还是共产主义文化对马克思主义指导地位的确立等诸多方面都取得了较大的实践创新。他指出，"无产阶级文化应当是人类在资本主义社会、地主社会和官僚社会压迫下创造出来的全部知识合乎规律的发展。条条大道小路一向通往，而且还会通往无产阶级文化"[②]。在如何建立和巩固社会主义政权的文化基础方面，他指出："必须利用资本主义为反对我们而创造的一切文化珍品。……只有利用资本主义为反对我们而创造的材料，才能建立社会主义；我们应当利用这一切来建立社会主义，巩固社会主义。"[③]"我们所缺少的主要的东西是文化，是管理的本领。……问题'只'在于无产阶级及其先锋队的文化力量。"[④]他不无担忧地表示，"由于有文化的人才不够"，"直到今天我们还没有达到使劳动群众能够参加管理的地步，因为除了法律，还要有文化水平"[⑤]。他还客观地评价了资产阶级理论家的文化作用，指出："这些人习惯于文化工作，他们在资产阶级制度范围内推进了文化工作，就是说，他

① ［俄］普列汉诺夫：《普列汉诺夫哲学著作选集》第2卷，上海，上海三联书店1961年版，第272~273页。

② 《列宁选集》第4卷，北京，人民出版社2012年版，第285页。

③ 《列宁专题文集·论社会主义》，北京，人民出版社2009年版，第392页。

④ 《列宁专题文集·论无产阶级政党》，北京，人民出版社2009年版，第335页。

⑤ 《列宁选集》第3卷，北京，人民出版社2012年版，第770页。

们使资产阶级获得了巨大的物质财富，使无产阶级的所得微不足道。但他们毕竟推进了文化，这是他们的职业。”[①] 列宁还特别指出资产阶级的文化知识分子经过改造可以为社会主义文化建设服务，“这些专家不是剥削者的仆役，而是有文化的工作者。他们在资产阶级社会里为资产阶级服务，全世界的社会主义者都说过，这些人在无产阶级社会里是会为我们服务的。”[②]

在马克思主义文化理论发展史上，列宁所说的文化在一定程度上与对无产阶级和劳动群众的教育紧密相连。为此，列宁还专门给文化下过定义：“马克思主义这一革命无产阶级的意识形态赢得了世界历史性的意义，是因为它并没有抛弃资产阶级时代最为宝贵的成就，相反却吸收和改造了两千多年来人类思想和文化发展中一切有价值的东西。只有在这个基础上，按照这个方向，在无产阶级专政（这是无产阶级反对一切剥削的最后的斗争）的实际经验的鼓舞下继续进行工作，才能认为是发展真正的无产阶级文化。”[③] 他进一步指出：“工人阶级必须找到、制订高于过去所有文化的观点，并贯彻到底，就象自由思想家对待宗教世界的观点一样。那时就能掌握这种文化而不屈从于它，使它成为建设新生活的工具和同旧社会作斗争的武器。”[④] 对于无产阶级作为执政者如何在新生的社会主义国家进行文化创造和创新时，列宁指出：“创造新的无产阶级的阶级文化，就是无产阶级文化协会的基本目标。在科学与艺术的领域把无产阶级的创作力量表现出来与集中起来，则是它的基本实践任务。必须用这些力量来达到无产阶级文化协会给自己提出的目标。创造新的无产阶级的阶级文化并不是传播文化的任务，——这是资产阶级和无产阶级不可调和的敌对意识形态的一个斗争过程。”[⑤]

我们必须指出的是，在马克思主义文化理论发展的历史上，普列汉诺夫和列宁的贡献都是开创性的，他们对文化的历史唯物主义阐释和实践创新是毋庸置疑的，但马克思主义文化理论被作为社会意识限制在生产力与生产关系、经济基础与上层建筑对立统一的框架之中，文化本身所包

① 《列宁选集》第3卷，北京，人民出版社2012年版，第767页。

② 《列宁选集》第3卷，北京，人民出版社2012年版，第768页。

③ 《列宁选集》第4卷，北京，人民出版社2012年版，第299页。

④ 郑异凡编译：《苏联“无产阶级文化派”论争资料》，北京，人民出版社1980年版，第114~115页。

⑤ 郑异凡编译：《苏联“无产阶级文化派”论争资料》，北京，人民出版社1980年版，第18页。

含的实践性以及由此而具有的超越性和创新性被忽视甚至被无视。这一状况直到20世纪60年代才有所改变，这一时期产生了一批具有创新性的马克思主义文化理论著作，如马尔卡良的《文化论纲》、阿尔诺利多夫的《马克思列宁主义文化理论原理》、瓦维林的《历史唯物主义与文化范畴》等著作，开始从文化范畴的实践维度、历史维度、社会维度等多方面阐发马克思主义文化理论，进而打破了仅仅把文化限制在历史唯物主义视域中加以理解的局限。

四、西方马克思主义对马克思主义文化理论的承继与偏误

西方马克思主义对马克思主义文化理论的继承与发展、偏误与误读是研究马克思主义文化理论发展演进无法绕过的一环，当然也是理解马克思主义文化理论基本理论框架以及马克思主义文化理论中国化时代化内涵的重要节点。法国著名哲学家莫里斯·梅洛-庞蒂在《辩证法的历险》一书中提出并专门论述了"'西方的'马克思主义"，意在专门区别于列宁主义对马克思主义文化理论的实践与发展，并将这一思潮追溯到卢卡奇《历史与阶级意识》中的"阶级意识"。英国史学家佩里·安德森在其著作《西方马克思主义探讨》中把包括科尔施、卢卡奇、本雅明、葛兰西、马尔库塞、阿多诺、萨特、戈德曼、阿尔都塞、弗洛伊德、威廉斯、伊格尔顿和詹姆逊等人均列入西方马克思主义学者的范围，并指出西方马克思主义学者虽然研究理论各异，但都有一个共同的主题——文化，抑或说西方马克思主义整体上存在一个"文化转向"。这也是重新考量马克思主义文化理论及其当代发展时必须对西方马克思主义学者的文化理论做出梳理的缘由所在。

卢卡奇通过其思想中的核心范畴"阶级意识"成功阐发了马克思主义文化理论中诸如"总体性""物化"等概念，突出了马克思主义文化理论的批判维度。卢卡奇通过对资本主义物化概念的文化批判，阐释了马克思主义文化理论的核心。他指出："在哲学上对异化的揭示当时正在酝酿之中，很快它就成了那种旨在探讨人在当代资本主义中的状况的文化批判的中心问题。"① 他强烈反对被资产阶级理论家抽象化的"文化价值"，反对那种"对于任何一个把美的文化价值或政治文化价值作为普遍适用于他的

① ［匈］卢卡奇：《历史与阶级意识——关于马克思主义辩证法的研究》，杜章智等译，北京，商务印书馆2009年版，第19页。

集体成员的人来说，就都是适用的”[①]观点。主张无产阶级要以劳动和资本的辩证关系为出发点，将文化置于辩证的总体性中进行认知，“因此，无产阶级意识中反映的东西就是从资本主义发展的辩证矛盾中迸发出来的积极的和新的东西，它绝不是无产阶级杜撰的或是无中生有‘创造’出来的东西，而是总的发展过程的必然结果；但是这东西首先要被提高为无产阶级意识的一部分，要由无产阶级使之成为实践的，它才可能从抽象的可能性变为具体的现实”[②]。卢卡奇进而通过对阶级意识的强调凸显了马克思主义意识形态理论的重要地位，“人们对这个问题的兴趣孕育着冲突，这种兴趣无论如何都在我们这个问题的历史上起着某种重大作用。特别是在社会发生危机的时候，这样的意识形态能够辩证真正的精神力量”[③]。可以看到，卢卡奇对作为马克思主义哲学核心范畴——实践的重视与高扬，认为人类精神生活无论样式多么繁复、多么在表面上远离人的社会生活，都是人类第一实践也就是劳动的产物，否则将无任何意义可言。

葛兰西是西方马克思主义文化理论发展史上举足轻重的关键人物，他在《狱中札记》中提出的“霸权”（hegemony）概念，对于马克思主义文化理论的研究影响深远，葛兰西将文化作为其实践哲学的出发点，作为自己的理论中心点构建其意识形态理论。为了防止他人误解其理论的价值取向，葛兰西特别强调不能把文化当作医治一切病症的灵丹妙药，明确反对泛文化主义的错误思潮。他在《社会主义与文化》一文中指出：“我们需要使自己摆脱这样的习惯，即把文化看成是百科全书式的知识。”[④]由此可见，将文化神化为无所不包的百科全书式的知识是异常危险的，这样会遮蔽文化自身所蕴含的实践维度和价值形态而走向流俗的知识卖弄和文化中心主义。“事实上，文化不仅是作为观念形态的结果而表现为文化资源，更是作为实践形态的过程而表现为文化主体的自我意识和精神自觉。葛兰西关注的重点显然不是前者，而是要把文化作为人超越自然本性作为主体能动性的体现，通过文化人的能动性体现文化的实践性特征，通过文化个

---

① ［匈］卢卡奇：《历史与阶级意识——关于马克思主义辩证法的研究》，杜章智等译，北京，商务印书馆2009年版，第238页。

② ［匈］卢卡奇：《历史与阶级意识——关于马克思主义辩证法的研究》，杜章智等译，北京，商务印书馆2009年版，第309页。

③ ［匈］卢卡奇：《关于社会存在的本体论·上卷——社会存在本体论引论》，白锡堃等译，重庆，重庆出版社1993年版，第6页。

④ ［意］安东尼奥·葛兰西：《葛兰西文选》，李鹏程编，北京，人民出版社2008年版，第4页。

体精神世界的实践丰富和提升，从而超越自然的局限性。”[①]

葛兰西主张从国家领导权中区分出文化领导权和政治领导权，进而认为后者的实现是以前者的实现为前提的。他指出，“一个社会集团的霸权地位表现在以下两个方面，即‘统治’和‘智识与道德的领导权’”。[②]拉克劳、墨菲认为：“葛兰西比同时代的其他理论家更大地扩展了政治重组和领导权的领域。”[③]但他并不仅仅停留于简单的文化层面就文化谈文化，而是从文化和权力的关系，文化的政治化和实践化来思考文化领导权获得的可能性。葛兰西文化领导权理论的建构是建立在他对马克思主义实践本性的理解之上的，他认为在无产阶级的革命实践中原本就包含对基于文化领导权的意识形态话语权争夺，这是对列宁领导权理论没有从政治领域扩展到伦理、理智领域的必要发展和补充。

葛兰西认识到，西欧国家的资产阶级不仅在政治上拥有统治权力，而且在实际上拥有与其经济统治地位以及政治统治地位相一致的文化霸权。“不仅如此，文化霸权的存在还为资产阶级的统治起到了精神堡垒的作用。鉴于此，他认为有必要把以苏联为代表的无产阶级领导权扩展到文化领域。不仅如此，还要把马克思视之为经济基础的市民社会概念进行重新审度，代之以推行无产阶级意识形态的文化载体。”[④]他指出：“对国家的基本认识离不开对市民社会的认识。”[⑤]实际上，“任何一个国家都需要两个方面的领导权：一方面就是为人们所熟知的经由政治和军事手段而实现的政治领导权；另一方面就是通过以知识分子为主体的市民社会的文化和教育而形成的文化领导权。对于前者而言，包括国家和军队在内的暴力机关所形成的强制力保证其直接有效性；而对后者而言，必须通过对无产阶级大众的文化教化和‘思想灌输’以形成统治阶级对现实的人的精神控制和领导，同时为政治领导权提供执政合法性的文化依据。”[⑥]知识分子则是扮演着确立文化霸权的角色，与霸权难解难分的文化、观念、知识和话语

① 路向峰：《论葛兰西文化领导权理论的出场语境与价值向度》，《教学与研究》2016年第8期。

② ［意］安东尼奥·葛兰西：《狱中札记》，曹雷雨等译，北京，中国社会科学出版社2000年版，第38页。

③ ［英］恩斯特·拉克劳、查特尔·墨菲：《领导权与社会主义的策略》，尹树广等译，哈尔滨，黑龙江人民出版社2003年版，第71页。

④ 路向峰：《论葛兰西文化领导权理论的出场语境与价值向度》，《教学与研究》2016年第8期。

⑤ ［意］安东尼奥·葛兰西：《狱中札记》，曹雷雨等译，北京，中国社会科学出版社2000年版，第218页。

⑥ 路向峰：《论葛兰西文化领导权理论的出场语境与价值向度》，《教学与研究》2016年第8期。

等等的产生、传播和阐释都是知识分子完成的。为此，葛兰西指出："每个社会集团，在经济生产的世界中首次担负核心功能时，在组织上创造自身的同时，也创造了给予它同质性和自我意识的一个或数个知识分子阶层，他们的社会功能不仅仅表现在经济领域，同样也表现在社会和政治领域。……一并创造了工业技术员、政治经济学家，以及新文化、新法律体系等等的组织者。"① 葛兰西所指的为资本主义构建文化新秩序的知识分子，也就是后来所熟知的"有机知识分子"。值得注意的是，葛兰西文化霸权理论在鲜明的特色下也隐藏着问题与局限，那就是很难把文化的霸权与文化的强制力真正区分开来，换言之，他没有真正把基于物质主导和政治权利的主流意识形态所形成的文化主导权同一般的文化霸权区别开来。

① Antonio Gramsci, *Selections from the Prison Notebooks*, London: Lawrence and Wishart, 1971, p. 5.

第二章　马克思主义文化理论的思想内涵

马克思主义在对政治经济学解构和文化批判中开启了文化研究的理论新境界和发展新模式。即使是在马克思去世后，资本主义发生了诸多变化而呈现新的特征，但马克思主义及其文化理论所开启的文化理解方式和文化理论原则依旧焕发出新的理论魅力和实践活力。如詹姆逊所言，马克思主义及其文化理论是“我们当今用以恢复自身与存在之间关系的认知方式”，它提供了一种“不可超越的意义视界”[①]。因此，在当代重新厘定和还原马克思主义文化理论的问题域、思想内容、思想原则等重大理论问题，对于回应和解答各种各样的对马克思主义及其文化理论的质疑和诘难十分有益。

第一节　马克思主义的精神生产理论

马克思并没有明确就文化及其理论问题做过专门的阐述，“精神生产”是马克思及其文化理论最为核心的内容，也是马克思表述文化相关问题时出现频率最高的范畴。[②]在西方文化发展史上，较早对精神生产进行阐述的是黑格尔。“黑格尔把艺术、宗教、哲学的创造活动称之为精神生产，进而把精神生产和社会实践关联起来，指出精神生产也是社会实践的一种重要形式，这是一种非常可贵的思想。但我们必须指出的是，黑格尔所言说的精神生产过程，仅仅是精神文化自身的运动，是绝对精神的自我演绎。”[③]对此，马克思、恩格斯指出：“黑格尔本人在《历史哲学》的结尾承认，他‘所考察的仅仅是概念的前进运动’，他在历史方面描述了真

① Fredric Jameson, *Marxism and Historicism*, New Literary History, Vol. I, Autumn, 1979.

② 参见林坚：《马克思主义视野中的文化思想》，《人文杂志》2011 年第 1 期。

③ 李厚羿：《实践新论：一种理解马克思文化思想的路径》，《云南社会科学》2018 年第 2 期。

正的‘神正论’。”[①] 除此之外，资产阶级的古典经济学家亚当·斯密、李嘉图、李斯特等人也非常重视对精神文化活动的研究，他们中的部分思想甚至成为马克思、恩格斯文化理论的思想渊源，抑或说提供了思考文化问题的思维借鉴。但囿于唯心主义和形而上学世界观的规制，马克思之前的思想家们都没有找到精神文化生产的生活（实践）支点，因而也不可能建立起科学的精神文化理论体系。真正从社会有机体的整体性视域中审视和阐释精神文化生产理论的是马克思和恩格斯。

一、马克思主义精神生产理论的形成脉络

马克思主义的精神生产理论是伴随着历史唯物主义思想的产生而逐步成熟和完善的。“早在《1844年经济学哲学手稿》中，马克思就将具有主观能动性的实践与人的本能活动区分开来，这里人类的实践活动是按照‘任何一个种的尺度’和‘美的规律’来创造的生产，是更高层次的精神生产。”[②] 在《神圣家族》中马克思对精神生产的内涵进行了初步探讨，真正在历史唯物主义基础上对精神生产进行系统阐述的是在《德意志意识形态》之中。马克思、恩格斯在《德意志意识形态》一书中通过对“社会分工”概念的充分阐述，论述了“精神劳动”与“物质劳动”相互分离并最终形成一个独立的部门的整体进程。马克思、恩格斯指出：“思想、观念、意识的生产最初是直接与人们的物质活动，与人们的物质交往，与现实生活的语言交织在一起的。人们的想象、思维、精神交往在这里还是人们物质行动的直接产物。表现在某一民族的政治、法律、道德、宗教、形而上学等的语言中的精神生产也是这样。”[③] 可以看出，马克思、恩格斯不仅将精神生产和物质生产相区别，而且正式提出了精神生产的范畴并加以系统阐述。马克思、恩格斯把精神生产视为作为统一整体的社会生产的有机组成部分，看作是建立在物质生产基础之上并经由社会分工分离出来的产物。马克思、恩格斯之前的西方思想家对精神生产也都有论述，但无一例外都没有触及精神生产的最终根源以及原生动力，因而仅仅把精神生产理解为概念的演绎和逻辑的推演。[④] 在后续《共产党宣言》和《资本论》

① 《马克思恩格斯文集》第1卷，北京，人民出版社2009年版，第553页。

② 李厚羿：《文化的实践与实践的文化：马克思文化理论的现代阐释》，北京，中国社会科学出版社2019年版，第97页。

③ 《马克思恩格斯文集》第1卷，北京，人民出版社2009年版，第524页。

④ 参见林坚：《马克思主义视野中的文化思想》，《人文杂志》2011年第1期。

等著作中，马克思主义的创始人在人类社会发展的整体性视域中从共时性和历时性两个维度深入阐发了精神生产在社会发展中的地位和价值。正如马克思所说："因此，历史总是遵照在它之外的某种尺度来编写的；现实的生活生产被看成是某种非历史的东西，而历史的东西则被看成是某种脱离日常生活的东西，某种处在世界之外和超乎世界之上的东西。这样，就把人对自然界的关系从历史中排除出去了，因而造成了自然界和历史之间的对立。因此，这种历史观只能在历史上看到重大政治历史事件，看到宗教的和一般理论的斗争，而且在每次描述某一历史时代的时候，它都不得不赞同这一时代的幻想。"①

唯物史观的创立者马克思和恩格斯认为，文化（精神）生产的基本方式是受物质生活的生产方式所决定和制约的，"不是人们的意识决定人们的存在，相反，是人们的社会存在决定人们的意识。"②马克思主义的历史观"和唯心主义历史观不同，它不是在每个时代中寻找某种范畴，而是始终站在现实历史的基础上，不是从观念出发来解释实践，而是从物质实践出发来解释各种观念形态"③。马克思主义用唯物史观的伟大创造彻底消除了这种幻想，进而为科学理解人类精神文化世界奠定了基本原则。马克思主义认为，精神生产在人类发展的不同阶段表现为不同的形态，而且是一个不断运动和不断自我否定的发展过程。我们不能离开这个基本规律去理解精神生产，否则要么退回到黑格尔"绝对精神"的自我演绎，要么走向极致而导致精神生产指代的泛化和虚化。马克思主义同时指出，精神文化生产虽然产生自物质生产的基础之上，却具有鲜明的自主性和自律性，具有超越物质必然性的特质。因此，"文化上的每一个进步"，就是不断"迈向自由"的过程，而最终结果的实现无疑靠的就是精神生产在发展演进过程中不断地自我否定和超越。

正是由于把文化理解为社会有机体的一部分，马克思、恩格斯得以以整体性思维去思考物质生产和精神生产交相呼应进而呈现的整体性、开放性和超越性的本质。精神生产一旦作为独立的生产部门登上人类历史的舞台，就有了自己鲜明的特质、发展形态和内在逻辑。正如恩格斯所言："历史方面的意识形态家（历史在这里应当是政治、法律、哲学、神学，总之，一切属于社会而不是单纯属于自然界的领域的简单概括）在每

① 《马克思恩格斯文集》第1卷，北京，人民出版社2009年版，第545页。

② 《马克思恩格斯文集》第2卷，北京，人民出版社2009年版，第591页。

③ 《马克思恩格斯文集》第1卷，北京，人民出版社2009年版，第806页。

一科学领域中都有一定的材料，这些材料是从以前的各代人的思维中独立形成的，并且在这些世代相继的人们的头脑中经过了自己的独立的发展道路。”[①] 可以看出，马克思、恩格斯认为，人类的文化原本就不是随心所欲地创造，而是在直接碰到的、既定的、从过去继承下来的条件下创造。每一代人观念形态的精神文化成果都经历了一个精神文化的整合过程，也是一个文化的观念形态和实践形态相互融合和交融的过程。

二、文化实践与精神生产的发展演进

通过梳理马克思主义的精神生产理论可以发现贯穿于其中的一个核心线索，精神生产理论的提出始终没有离开马克思所开创的科学实践观。正是从科学实践观出发，马克思才从社会实践的总体中提取出来了文化（精神）实践。从最早对分工的研究，马克思提出了精神活动与物质活动相对应，指出，“生产力、社会状况和意识——彼此之间可能而且一定会发生矛盾，因为分工不仅使物质活动和精神活动、享受和劳动、生产和消费由各种不同的个人来分担这种情况成为可能，而且成为现实”[②]。那么，马克思是如何实现从精神生产到文化实践这个文化观的跃迁的呢？这个问题正是在当代探寻马克思主义文化理论所必须关注的问题。事实上，伴随着科学技术的飞速发展以及生产方式的不断变革，精神生产与实践的融合程度越来越高，主要呈现以下几个方面的显著变化。

一是对“空间转向”的关注日益成为精神生产的鲜明特征。空间理论自爱因斯坦提出相对论以后与时间理论的关联度日益增强，马克思主义文化理论自 20 世纪 70 年代就开始把空间理论作为重要的论题。在西方马克思主义思想中，尤其以福柯关于空间的权力建构思想最为引人注目。在福柯的思想中，空间问题成为文化符号、价值和意义的研究切入点。正如福柯所指出的，“整段空间的历史都有待书写，空间的历史同时也是权力的历史”[③]。空间领域的开辟是马克思主义文化理论时代化的重要创新之一，通过将文化呈现为时间和空间中展开的精神活动，通过关注文化空间的意义进而将文化理论研究引入互联网领域。空间领域特别是互联网空间文化的繁荣兴盛以文化实践新形态展现了马克思主义精神生产理论所开辟

① 《马克思恩格斯文集》第 10 卷，北京，人民出版社 2009 年版，第 658 页。

② 《马克思恩格斯全集》第 3 卷，北京，人民出版社 1960 年版，第 36 页。

③ Edward W. Soja, *Postmodern Geographies: The Reassertion of Space in Critical Theory*, London: Verso, 1989, p. 21.

的新场域与新内容。马克思指出，“时间实际上是人的积极存在，它不仅是人的生命的尺度，而且是人的发展的空间”①。可以看出，马克思主义不仅注意到了时间和空间之于人的感性实践活动的重要意义，而且为马克思主义精神生产理论指明了可能性的发展空间。

二是对“象征问题”的研究日益凸显和对“文化伦理”的研究开辟精神生产新境界。区别于早期学者们把关注重点放在马克思主义精神生产理论的物质领域，在当代马克思主义精神生产理论的“象征意义”和“符号价值”研究日益凸显。例如，西方著名学者鲍德里亚将“符号价值”作为马克思政治经济学阐发的商品使用价值和交换价值之外的第三种价值，马克思主义精神生产理论本身是涵括意义生产领域的。又如，法国哲学家拉康热衷于关注象征秩序在精神分析理论中的重要作用，认为象征秩序不仅仅是一个语言结构，更具有社会意义，能够进入象征秩序是主体得以构成的条件。必须指出的是，拉康通过将主体和客体颠倒的方式并不能从本质上高扬人的主体性，反而将人的主体性置于虚幻的精神基础上，最终陷入“潜意识”领域和“精神分析”领域而无法自拔。马克思主义传统的精神生产理论关注的重点大多是作为独立的文化现象，现今的精神生产研究多以文化伦理反思的方式参与到经济社会生活实践中来，形成理论层面从精神生产到文化实践的转型。文化伦理主要是揭示经济活动中个体的总体价值和规范，文化伦理力图在经济活动决定社会发展的总体原则中进行价值理性的祛魅。

第二节　马克思主义的意识形态批判理论

一、意识形态的内涵与历史特征

意识形态这一范畴，最早由法国哲学家、政治家德斯杜特·德·特拉西提出并引入西方哲学史。法语中“意识形态”一词的含义指“思想体系、思想意识、观念形态”等。英文中“意识形态”一词用以指代思想观念的集合，被用来界定一种“观念的科学”。马克思主义创始人和经典作家在唯物史观视域中对意识形态界定主要限定于上层建筑中的观念上层

① 《马克思恩格斯全集》第37卷，北京，人民出版社2019年版，第161页。

建筑，起初用来特指德意志民族的观念形态的上层建筑。从唯物史观的角度，可以从3个逻辑理路界定意识形态及其在社会有机体中的地位：物质与意识、经济基础与上层建筑、阶级利益与阶级意识。这些思想集中体现在《德意志意识形态》和《〈政治经济学批判〉导言》的有关论述中。

首先，从最宽泛的意义上讲，意识形态就是指人们的思想意识，是现实生活过程在人们头脑中或者精神上的反映。马克思、恩格斯指出："意识［das Bewuβtsein］在任何时候都只能是被意识到了的存在［das bewuβte Sein］，而人们的存在就是他们的现实生活过程。"[①] 不难发现，他们并没有对"意识"和"意识形态"这两个概念做出严格区分，很大程度上，它们是在相同的语义上使用的。关于意识的物质基础和实践来源，马克思、恩格斯明确表示："因而，意识一开始就是社会的产物，而且只要人们存在着，它就仍然是这种产物。"[②]

其次，意识形态的本质是建立在一定经济基础之上的观念上层建筑。马克思在系统阐释人类社会发展的两对基本矛盾时指出，"人们在自己生活的社会生产中发生一定的、必然的、不以他们的意志为转移的关系，即同他们的物质生产力的一定发展阶段相适合的生产关系。这些生产关系的总和构成社会的经济结构，即有法律的和政治的上层建筑竖立其上并有一定的社会意识形式与之相适应的现实基础。物质生活的生产方式制约着整个社会生活、政治生活和精神生活的过程。不是人们的意识决定人们的存在，相反，是人们的社会存在决定人们的意识"[③]。这段话表明，尽管在物质和意识的关系上，意识形态就是社会意识，"但严格来说，并非所有的社会意识都是意识形态，只有反映并服务于一定经济基础的社会意识才是意识形态"，即意识形态是"物质生活矛盾"，是"生产力和生产关系之间的现存冲突"在人们精神上的反映。[④]

最后，意识形态是特定阶级利益的反映，是带有鲜明阶级性的思想意识。马克思、恩格斯指出："占统治地位的思想不过是占统治地位的物质关系在观念上的表现，不过是以思想的形式表现出来的占统治地位的物质关系；因而，这就是那些使某一个阶级成为统治阶级的关系在观念上的表

---

① 《马克思恩格斯文集》第1卷，北京，人民出版社2009年版，第525页。

② 《马克思恩格斯文集》第1卷，北京，人民出版社2009年版，第533页。

③ 《马克思恩格斯文集》第2卷，北京，人民出版社2009年版，第591页。

④ 参见安启念：《从〈德意志意识形态〉看马克思的唯物史观思想——纪念〈德意志意识形态〉创作170周年》，《天津社会科学》2016年第6期。

现，因而这也就是这个阶级的统治的思想。”[①] 这表明，意识形态不是抽象的、普遍适用于任何一个时代、任何一个阶级的公理或“普世价值”，只是特定阶级利益的反映，其主要作用是为维护统治阶级的利益服务。[②] 也就是说，统治阶级不仅对社会进行着政治和经济统治，而且作为有思维的人，也调节着自己时代的思想生产和分配，进行思想统治。

综上，以马克思主义为指导，我们应在思维与存在、经济基础与上层建筑、阶级利益与阶级意识等逻辑结构中分别把握意识形态概念的内涵。[③] 简言之，意识形态集中反映了统治阶级在道德、宗教、哲学、艺术、法律等观念上层建筑中的主导地位，反映并反作用于一定经济基础和政治生活。换言之，一定的社会形态中的意识形态就是社会形态中统治阶级政治理想、价值标准和行为规范的思想理论基础。

深刻理解意识形态的含义还应把握一点，即意识无论在任何时候都只能是人的意识，世界上根本没有脱离人而独立存在的意识。在此意义上，意识形态主要包括国家、政党和社会 3 个方面，即国家意识形态、政党意识形态、社会思潮。其中，国家意识形态就是国家意志，在非革命时期，国家意识形态具有至高无上的地位，任何政党意识、社会思潮都不能违背宪法、法律；政党意识形态就是政党的基本理论、路线、方针、政策；社会思潮表现为由政治法律思想、道德、艺术、宗教、哲学等相互影响形成的哲学社会科学体系和思想舆论。综合而言，意识形态的核心内容是对一个国家制度合理性、政府公信力、政党信任度、理论正确性等的认知、解释和认同。德国古典哲学的集大成者黑格尔在《精神现象学》中指出，每一个精神的现象就是一个具体的意识形态，而意识形态的总和就是整个精神现象的发展历程。可以说，意识形态是黑格尔整个历史逻辑中最为特殊和典型的表现，每个意识形态背后都隐藏着历史的“理性狡计”。

二、批判话语中意识形态的超越与终结

马克思主义意识形态理论在文化研究的层面对意识形态相关问题进行的开创性使用和阐释，使文化理论获得了相对具体的研究对象和理论目标，影响着后世学者对文化理论研究的基本思路和方式，也使一切的文化

---

① 《马克思恩格斯文集》第 1 卷，北京，人民出版社 2009 年版，第 550~551 页。

② 参见侯惠勤：《“普世价值”与核心价值观的反渗透》，《马克思主义研究》2010 年第 11 期。

③ 参见任志锋、郑永廷：《马克思主义意识形态概念的理解与运用》，《东北师大学报（哲学社会科学版）》2013 年第 4 期。

现象变成“马克思主义理解原则下的意识形态理论的变化而已”[①]。在《德意志意识形态》中，马克思系统阐述了意识形态的相关概念，指出“反对那种认为人们的思想观念可以脱离社会的政治和经济的关系单独发展成型的看法”[②]。马克思早期在《莱茵报》中关于林木盗窃问题的论文初步表达了其对意识形态的理解，在文中他将那些有意维护林木占有者利益的私人意志自由称为“意识形态”。在《德意志意识形态》中，马克思开始系统地论述了意识形态范畴，他在这一阶段把意识形态视为阶级利益的文化表现，甚至具有某种程度的虚假性。他指出：“意识［das Bewuβtsein］在任何时候都只能是被意识到了的存在［das bewuβte Sein］，而人们的存在就是他们的现实生活过程。如果在全部意识形态中人们和他们的关系就像在照相机中一样是倒立成像的，那么这种现象也是从人们生活的历史过程中产生的，正如物体在视网膜上的倒影是直接从人们生活的生理过程中产生的一样。”[③] 通过对虚假意识的揭露，马克思揭示了阶级意识的真正内涵，即“统治阶级的思想在每一时代都是占统治地位的思想。这就是说，一个阶级是社会上占统治地位的物质力量，同时也是社会上占统治地位的精神力量。支配着物质生产资料的阶级，同时也支配着精神生产资料，因此，那些没有精神生产资料的人的思想，一般地是隶属于这个阶级的。占统治地位的思想不过是占统治地位的物质关系在观念上的表现，不过是以思想的形式表现出来的占统治地位的物质关系”[④]。在《〈政治经济学批判〉导言》中，马克思开始把意识形态作为社会有机体的一部分进行理解，最终将意识形态置于实践的总体性原则之中，在实践的文化中找到了意识形态批判与超越的可能性。马克思对意识形态特别是资本主义意识形态的批判不仅仅是指出其内在的虚假性，更是要揭示出整个资本主义意识形态生产过程。简言之，意识形态批判是马克思主义文化理论的重要组成部分，是其文化批判的具体化和现实展开，使文化以其特有的方式参与现实人的生活实践。

在20世纪中后期，西方思想界开始以“终结”作为思想旨向研究各种问题特别是文化相关问题。日裔美籍学者弗朗西斯·福山的观点认为：“经济和政治上的自由主义对国有竞争者的显赫胜利不仅仅意味着冷战的

---

① Chris Barker, *The Sage Dictionary Cultural of Studies*, London: Sage Publications, p. 97.

② ［英］丹尼·卡瓦拉罗：《文化理论关键词》，张卫东等译，南京，江苏人民出版社2006年版，第81页。

③ 《马克思恩格斯文集》第1卷，北京，人民出版社2009年版，第525页。

④ 《马克思恩格斯文集》第1卷，北京，人民出版社2009年版，第550~551页。

结束——这样的历史终结本身就是人类意识形态发展的终点和作为人类最终形式的西方自由民主的普遍化。"[①] 此后许多西方学者持有资本主义民主自由终结了意识形态的观点，最终以丹尼尔·贝尔《意识形态的终结》一书的出版标志着意识形态终结理论成为当代文化理论研究的热点。此后，葛兰西的"文化—意识形态领导权"理论、法兰克福学派对大众文化的批判，以及伯明翰学派对文化研究运动的倡导使意识形态研究出现了被泛化的倾向。根据马克思主义文化理论，意识形态的所谓终结只不过是意识形态在不同时代发生了显著的变化，而不是就此销声匿迹了。

三、马克思主义意识形态批判理论当代性的 5 个基本问题

在新时代坚持和推进党对意识形态工作领导权是中国特色社会主义在新的历史时期的本质要求之一，也是党的建设伟大工程的重要组成部分，当然也是实现中华民族伟大复兴的题中应有之义，具有历史必然性和现实必要性。党在新时代把握意识形态工作领导权，必须牢牢植根于新时代中国特色社会主义伟大实践的沃土，把党对意识形态工作领导权融入新时代中国的经济建设、政治建设、文化建设、社会建设和生态文明建设的伟大实践中来。正如马克思、恩格斯在《德意志意识形态》中所阐明的那样："意识［das Bewuβtsein］在任何时候都只能是被意识到了的存在［das bewuβte Sein］，而人们的存在就是他们的现实生活过程。"[②] 毫无疑问，站在中国共产党百余年征程的新起点上考量党对意识形态工作的领导权，也一定要在新时代中国人民的美好生活实践中去把握。为此，我们必须澄明新时代党把握意识形态工作领导权的五重镜像：不能把意识形态作为包罗万象的"万花筒"，更不能无视历史唯物主义的基本原则随意夸大意识形态的地位、作用和价值；同时，党掌握意识形态工作领导权必须以人民群众对美好精神生活的需求作为出发点和价值导向；深入理解作为科学理论的马克思主义和作为主流意识形态的马克思主义的辩证统一；在伟大斗争中持续推进党对意识形态工作领导权；在对意识形态领导权科学内涵和逻辑的深刻把握中夯实理论根基。

（一）要避免把意识形态作为包罗万象的"万花筒"

马克思明确指出："如果从观念上来考察，那么一定的意识形式的解

---

① Fukayama, *The End of History and Last Man*, New York: The Free Press, 1992, p. 3.

② 《马克思恩格斯文集》第 1 卷，北京，人民出版社 2009 年版，第 525 页。

体足以使整个时代覆灭。"[①] 虽然前文基于马克思主义意识形态理论详尽地阐明了意识形态的相关基本范畴、领导权相关的问题域，以及中国共产党把握意识形态工作领导权的历史经验以及新时代党把握意识形态工作领导权所面临的机遇、挑战和对策。但不得不阐明一个显而易见而又往往被意识形态研究者忽视甚至是走向偏误的问题：撇开历史条件把意识形态的发展过程当作整个历史的发展过程，进而把意识形态和经济基础本末倒置。这一点马克思、恩格斯在《德意志意识形态》中清醒地指出过："哲学家们在不再屈从于分工的个人身上看到了他们名之为'人'的那种理想，他们把我们所阐述的整个发展过程看做'人'的发展过程，从而把'人'强加于迄今每一历史阶段中所存在的个人，并把'人'描述成历史的动力。"[②] 可以看出，离开生活和实践，任何意识形态都会变成纯粹的演绎，更不用说用意识形态去统领社会生活的全部了。恩格斯晚年更是通过悼念马克思的方式重申了这一历史唯物主义的基本原则，"正像达尔文发现有机界的发展规律一样，马克思发现了人类历史的发展规律，即历来为繁芜丛杂的意识形态所掩盖的一个简单的事实：人们首先必须吃、喝、住、穿，然后才能从事政治、科学、艺术、宗教等等"[③]。阐明党对意识形态工作领导权研究容易走进的本末倒置的误区，既是对当代中国意识形态理论研究的一种前见式的自我警醒，亦是对马克思、恩格斯所确立的历史唯物主义的基本原则的重申和敬重。当透过意识形态的重重迷雾确立党对意识形态工作领导权时，一定要在新时代把握住历史发展的"动力"，从而用马克思主义主流意识形态凝聚起中华民族伟大复兴的蓬勃力量。

习近平总书记深刻地指出："经济建设是党的中心工作，意识形态工作是党的一项极端重要的工作。"[④] 从另一方面来说，作为上层建筑的意识形态从根本上受到经济基础的规制，如果不能从根本上通过发展经济改善人民生活，提升人民物质生活的幸福度，意识形态工作领导权就无从谈起。无论任何时代，中国共产党都要牢牢把握意识形态工作领导权，进而确保马克思主义始终成为中国特色社会主义事业的指导思想。如前所述，我们不能因此走向意识形态扩大化，把意识形态塑造为社会发展的万能动

① 《马克思恩格斯全集》第46卷（下册），北京，人民出版社1980年版，第35页。

② 《马克思恩格斯文集》第1卷，北京，人民出版社2009年版，第582页。

③ 《马克思恩格斯全集》第25卷，北京，人民出版社2001年版，第594页。

④ 中共中央文献研究室编：《习近平关于社会主义文化建设论述摘编》，北京，中央文献出版社2017年版，第33~34页。

力进而走向唯意识论。新时代中国特色社会主义主要矛盾虽有所改变，工作的重心亦有所变动，但社会存在决定社会意识的历史唯物主义基本规律不会因此而发生改变。我们也不可能脱离新时代中国社会发展的生产力水平去空谈意识形态工作领导权，党对意识形态工作领导权是通过社会有机体中意识形态所发挥的综合作用来体现的。在历史唯物主义视域中，要从横向的维度把握意识形态工作的空间构成，把现实社会理解为经济基础和上层建筑在空间场域中的辩证统一，把二者的矛盾运动理解为历史发展的动力因素。意识形态是上层建筑中的观念上层建筑，其不仅受到经济基础的决定，还受到政治上层建筑的制约。党对意识形态工作领导权不仅仅表现为一种外在的文化领导权，更是通过在社会有机体中充分发挥党对意识形态工作的领导作用，进而为物质生活实践、社会政治实践提供思想保障。

（二）不能脱离群众对美好精神文化生活的需求

列宁指出，“把政治鼓动扩大到必要程度的基本条件之一，就是组织全面的政治揭露。不进行这样的揭露，就不能培养群众的政治意识和革命积极性。因此，这一类活动是整个国际社会民主党的最重要的职能之一”。只有这样，无产阶级及其政党才能“巩固了自己的地位，扩大了自己的影响”。[①]列宁对待群众革命意识的态度给予了深刻启示，中国共产党对意识形态工作领导权决不能脱离人民群众的精神生活，否则就会成为无源之水，无本之木。我们党对意识形态工作领导权主要体现在工人阶级和人民大众能够从意识形态的价值导引中廓清价值生活的方向，坚定精神生活的信仰，进而构筑起民族复兴的蓬勃动力和力量源泉。

进入20世纪以来，西方右翼知识分子无数次地宣告过意识形态的终结，但历史的事实和社会生活鲜活的实践表明，意识形态不仅没有消失，反而是作为我们生活的一部分，甚至可以说是最为重要的一部分在社会有机体中发挥着现实影响。正如西方马克思主义者路易·阿尔都塞在《保卫马克思》中所感叹的，意识形态“是一切社会总体的有机组成部分，种种事实表明，没有这些特殊的社会形态，没有意识形态的种种表象体系，人类社会就不能生存下去”[②]。意识形态在现代社会中的功能，犹如空气之于人之生存，绝非可有可无的东西。在列宁看来，“无产阶级政党建立的目

① 《列宁全集》第6卷，北京，人民出版社1986年版，第66页。

② ［法］路易·阿尔都塞：《保卫马克思》，顾良译，北京，商务印书馆1984年版，第201页。

的就是为了同资产阶级意识形态作斗争”[①]，“为了捍卫和实现一种明确的世界观，即马克思主义的世界观”[②]，“不应当立足于抽象的、纯粹理论的、始终不变的宣传，而应当具体地、立足于当前实际上所进行的、对广大群众教育最大最有效的阶级斗争”。[③]因此，必须通过生动的现实生活以及意识形态斗争，启发和教育人民群众，以鲜活的实例引导广大人民群众，并在革命斗争中不断改造自我的思想意识。[④]简言之，只有意识形态工作回应了人民群众的精神文化需求，表现为人民群众喜闻乐见的接受方式，党对意识形态工作领导权才能真正落到实处，发挥实效。

自马克思主义诞生以来，意识形态发展演变的历史告诉我们，无论在任何时代都应该把满足人民群众的精神需求作为党把握意识形态工作领导权的出发点和立足点。新时代党在把握意识形态工作中的领导权不仅要用通俗易懂和人民群众听得懂、愿意听的话语传播马克思主义主流意识形态，更要在意识形态工作中满足破解人民群众的精神需求和政治诉求，使习近平新时代中国特色社会主义思想深入人心，使马克思主义科学理论绽放出更加灿烂的真理光芒。当今世界，政治多极化、经济全球化、文化多元化趋势正在加速，这对坚持党对意识形态工作领导权带来了诸多新问题和新挑战。作为人的本质力量确证的方式之一，意识形态凝结着人们文化政治生活的历史记忆，呈现着人们日常生活的实际样态。回应人民群众在社会生活中的意识形态诉求，反映新时代中国新的利益关系和价值观念的文化逻辑，构建符合新时代实践需求的马克思主义主流意识形态，提升人民群众对主流意识形态的认知度和满足感，最终推进人们获得社会发展红利的文化归属感和生活幸福感，就是新时代党把握意识形态工作领导权的根本出发点。

（三）要在科学理论和意识形态的辩证统一中把握马克思主义

坚持党对意识形态工作领导权最根本的就是要确保用马克思主义的科学理论凝聚起中国特色社会主义这艘巨轮前行的精神力量。在国内学术界以及部分有关部门存在一种将作为主流意识形态的马克思主义仅仅看作一种意识形态，而不是作为一种关于历史发展的科学的不良倾向。中国共产党百余年的发展历程表明，坚持了马克思主义在意识形态领域的指导地

---

① 张秀琴：《列宁与葛兰西意识形态论比较研究》，《北京行政学院学报》2009 年第 3 期。

② 《列宁全集》第 19 卷，北京，人民出版社 1989 年版，第 309 页。

③ 《列宁全集》第 17 卷，北京，人民出版社 1988 年版，第 393~394 页。

④ 参见张秀琴：《列宁与葛兰西意识形态论比较研究》，《北京行政学院学报》2009 年第 3 期。

位，意识形态工作就不会偏航，意识形态工作领导权也会因此而更加稳固。如果把马克思主义仅仅看作一种意识形态，由此而来的社会主义也就成为一种伦理价值取向，而不被理解为一种建立在特定的经济基础之上的社会制度和社会形态。这种认识不仅没有达到马克思对德意志意识形态批判的高度，更是复归到民主社会主义所秉持的用康德哲学修正马克思主义的窠臼。在新时代的今天，依然有人重提这种观点，甚至以此来批判科学社会主义的理论学说。究其实质，这种观点是通过人为制造马克思主义与社会主义之间的对立，分化和削弱马克思主义在意识形态领域的指导地位，以此达到放弃马克思主义在经济领域、政治领域指导地位的不可告人的目的。这种观点如果不是怀有任何恶意的话，一定是对历史唯物主义思想的愚昧无知，进而陷入唯心主义观念论的泥沼无法自拔。也许我们应该铭记马克思在《哲学的贫困》中的警示："正如经济学家是资产阶级的学术代表一样，社会主义者和共产主义者是无产阶级的理论家。"① 亦如恩格斯在《英国工人阶级状况》中所强调的："现在也还有不少人，站在不偏不倚的高高在上的立场向工人鼓吹一种凌驾于一切阶级对立和阶级斗争之上的社会主义，这些人如果不是还需要多多学习的新手，就是工人的最凶恶的敌人，是披着羊皮的豺狼。"②

人类社会历史上从来不缺乏对未来社会的美好憧憬和价值追求，而马克思主义的科学之处在于，它旗帜鲜明地从人类社会生活的现实基础追寻人类社会生活的未来。马克思主义科学的意识形态理论是在社会主义历经500余年由空想走向科学、由科学转变为革命实践的历史进程中确证的。在十月革命的隆隆炮声中，中国共产党人所秉持的社会理想成为社会主义建设的现实，社会主义由空想变为现实也确证了马克思主义在社会主义意识形态领域指导地位的现实性与可能性。以俄国十月革命为肇始，社会主义革命的成功证明了马克思主义本身所具有的科学性和其鲜明的阶级性具有内在的统一性，原因在于这种科学的理论不仅反映了社会实践，而且也代表着人类社会历史发展的未来和人类解放的前景。意识形态建设的主阵地理应被置于国家治理的层面，马克思主义在意识形态领域的指导地位亦是要在党对意识形态工作的领导权中加以确认和巩固。③ 回顾列宁在对待意识形态工作领导权问题时的基本态度："整个宣传工作应该建立在

① 《马克思恩格斯文集》第1卷，北京，人民出版社2009年版，第616页。

② 《马克思恩格斯文集》第1卷，北京，人民出版社2009年版，第371页。

③ 参见张秀琴：《列宁与葛兰西意识形态论比较研究》，《北京行政学院学报》2009年第3期。

经济建设的政治经验之上。”[①]

（四）要敢于推进意识形态领域的伟大斗争

习近平总书记在庆祝中国共产党成立100周年大会上的讲话中指出：“敢于斗争、敢于胜利，是中国共产党不可战胜的强大精神力量。”[②]马克思主义认为，任何事物都是矛盾的对立统一体，人类社会更是在复杂的矛盾运动中前进和发展的。某种程度上，作为矛盾表现形式的斗争是事物发展和实践创新的推动力，斗争精神原本就是马克思主义的题中应有之义。“敢于斗争、敢于胜利”是中国共产党能够不断开拓创新的政治智慧和政治勇气，也是百余年来党掌握意识形态工作领导权的密码和法宝。中国特色社会主义进入新时代，国内国际环境都发生了深刻而复杂的变化，党对意识形态工作领导权也面临着新的机遇和挑战。如何在新的伟大实践中探寻新时代强化党对意识形态工作领导权的创新路径，如何在伟大斗争中筑牢党对意识形态工作领导权成为新时代的大问题。唯有不断提高在意识形态领域伟大斗争的能力，才能不断应对社会发展实践中出现的新变化、新发展、新挑战，进而不断强化党对意识形态工作领导权。在伟大斗争中增强党对意识形态工作领导权就要在实践中找准斗争方向、明确斗争任务、增强斗争本领、把握斗争规律。

习近平总书记曾经多次在不同场合强调，新时代意识形态领域的斗争日益复杂多变，国家安全面临诸多新的挑战和威胁。他指出，“意识形态工作是党的一项极端重要的工作”，“宣传思想工作就是要巩固马克思主义在意识形态领域的指导地位，巩固全党全国人民团结奋斗的共同思想基础”。[③]因此，必须科学评估以及正确对待意识形态领域斗争的长期性、艰巨性和复杂性，必须与时俱进地创新斗争艺术，进而用科学的工作方法和科学的理论指导在意识形态领域工作中开展系统性、深入性、创造性的伟大斗争。习近平总书记在党的十九大报告中指出：“必须推进马克思主义中国化时代化大众化，建设具有强大凝聚力和引领力的社会主义意识形态，使全体人民在理想信念、价值理念、道德观念上紧紧团结在一起。”[④]中国特色社会主义进入新时代，面对新的变化、新的发展、新的机遇和新的挑战，习近平

① 《列宁全集》第39卷，北京，人民出版社1986年版，第407页。

② 习近平：《在庆祝中国共产党成立100周年大会上的讲话》，《求是》2021年第14期。

③ 《习近平谈治国理政》，北京，外文出版社2014年版，第153页。

④ 习近平：《决胜全面建成小康社会　夺取新时代中国特色社会主义伟大胜利——在中国共产党第十九次全国代表大会上的报告》，北京，人民出版社2017年版，第41页。

总书记在党的十九大报告中提出的伟大斗争的理念为正确对待新时代党对意识形态工作领导权指明了方向。

“明者因时而变，知者随事而制。”在中国共产党走过的百余年历程中，与时俱进创新党对意识形态工作领导权的方式方法，不断地在斗争意识中抓牢意识形态工作领导权是一条非常重要的经验。根据时代的变革抓好方式方法创新、理念创新、手段创新以及基层工作创新，积极探寻打好意识形态攻坚战的伟大斗争，推进党对意识形态工作领导权斗争经验的总结和提升。在中国共产党领导意识形态工作百余年的历史经验中，重要的一条就是：要积极勇敢地面对意识形态领域的各种挑战，在斗争发展中巩固对意识形态工作的领导权。面对世界百年未有之大变局，面对意识形态领域存在的惊涛骇浪，唯有发扬敢于斗争、敢于胜利的精神，进行积极有效的斗争，才能够化危为机，在斗争中解决发展的难题。马克思在《哥达纲领批判》中分析了新旧社会形态更替后意识形态面临的现状，“它不是在它自身基础上已经发展了的，恰好相反，是刚刚从资本主义社会中产生出来的，因此它在各方面，在经济、道德和精神方面都还带着它脱胎出来的那个旧社会的痕迹”①。无论是对于社会发展中残留的旧社会意识形态，还是在社会发展进程中不断衍生出来的敌对意识形态，要善于旗帜鲜明地举起斗争的旗帜，敢于斗争、善于斗争、勇于斗争。习近平总书记强调，“广大干部特别是年轻干部要经受严格的思想淬炼、政治历练、实践锻炼，发扬斗争精神，增强斗争本领，为实现‘两个一百年’奋斗目标、实现中华民族伟大复兴的中国梦而顽强奋斗”②。在《共产党宣言》中，马克思、恩格斯断言：“至今一切社会的历史都是阶级斗争的历史。”③

简言之，中国共产党百余年奋斗的历史，是一部中国共产党团结带领全国各族人民与时俱进发展和创新马克思主义的历史，也是一部在实践中不断提升斗争艺术、坚持不懈进行意识形态领域伟大斗争的历史。

（五）要持续推进主流意识形态话语创新

自党的十一届三中全会以来，我国经济社会发生了令人瞩目的深刻变革，我国意识形态领域也发生着深刻变化和全面转型。特别是进入新时代以来，意识形态作为上层建筑的重要组成部分，正在发生着调整、变革甚

① 《马克思恩格斯文集》第3卷，北京，人民出版社2009年版，第434页。

② 《习近平在中央党校（国家行政学院）中青年干部培训班开班式上发表重要讲话强调　发扬斗争精神增强斗争本领　为实现“两个一百年”奋斗目标而顽强奋斗》，《人民日报》2019年9月4日。

③ 《马克思恩格斯文集》第2卷，北京，人民出版社2009年版，第31页。

至是重塑。[①] 深刻把握马克思主义中国化的最新理论成果，将马克思主义中国化的新飞跃——习近平新时代中国特色社会主义思想上升到为国家立心、为民族立魂的工作高度，牢牢掌握党对意识形态工作领导权，建设具有强大凝聚力和引领力的社会主义意识形态是历史发展的必然要求。要破解意识形态领域党的领导弱化问题，最为关键的一点就是要在坚持破立并举、激浊扬清的前提下，不断开创社会主义主流意识形态建设的新局面，不断巩固和发展基于马克思主义的社会主义话语权，不断丰富和发展马克思主义，通过理论创新筑牢马克思主义在意识形态领域指导地位的理论根基。适应新时代党对意识形态工作领导权创新发展的需要，在话语主题创新、话语主体素养创新以及话语载体创新形成的综合创新系统中实现党在新时代把握意识形态工作领导权的新飞跃。

第一，实现主流意识形态话语主题创新。要在坚守思想“内核”和调整理论“外围”中创新意识形态工作领导权的话语主题。作为一个博大精深的理论体系，马克思主义的世界观、方法论和基本原理是马克思主义的理论“内核”，运用这些“内核”分析和解决来自国内和国外林林总总的意识形态问题，这是马克思主义的理论“外围”。理论“外围”随着时代背景、地域差异、发展状态等实际话语情境的更新而千差万别。从理论创新的视角审视马克思主义中国化的深层本质，可以简单地归结为坚守马克思主义科学理论的“内核”与民族化时代化的创新发展辩证统一的进程。换言之，中国共产党在中国革命和建设的实践中坚守马克思主义理论“内核”（“守正”）的前提下对其理论“外围”进行调整（“创新”）的过程。为此，我们党要不断推进理论创新，增强理论的阐释力。恩格斯在《致弗洛伦斯·凯利－威士涅威茨基夫人》的信中强调：“我们的理论不是教条，而是对包含着一连串互相衔接的阶段的发展过程的阐明。”[②] “这就要求在市民社会领域发动一场持久而动态的旨在普遍取代常识和旧世界观的文化运动——文化也是意识形态的重要载体。”[③] 要“具体地研究一下使意识形态世界保持在一个特定国家的运动中的文化组织的形式，并考查一下它们在实践中怎样发挥作用”。[④] 只有在实践中不断创新主流意识形态

① 参见唐爱军：《意识形态转型的理论阐释——基于当代中国语境的考察》，《教学与研究》2015年第7期。

② 《马克思恩格斯文集》第10卷，北京，人民出版社2009年版，第560页。

③ 张秀琴：《列宁与葛兰西意识形态论比较研究》，《北京行政学院学报》2009年第3期。

④ 李鹏程：《葛兰西文选》，北京，人民出版社2008年版，第24页。

的表达方式和宣传方式，用群众听得懂、愿意听、希望学的话语表达出来，党的主流意识形态才能真正成为人民群众的内心信仰，马克思主义的阐释力、影响力、说服力和穿透力才能得以彰显。显而易见，这一目标不是轻轻松松就能实现的，需要党员领导干部和理论工作者用心研读马克思主义的经典文本，进一步提升马克思主义理论及其中国化不同成果的自身对话能力，革新马克思主义意识形态理论的话语表达方式，从而实现马克思主义理论的时代价值，把马克思主义与当前流行的话语表达方式结合起来，运用贴切的、实际的、鲜活的话语来阐释意识形态理论，增强马克思主义意识形态理论的凝聚力和吸引力。

第二，实现主流意识形态话语主体创新。作为主流意识形态的马克思主义，其话语的生产者、传播者与接受者，只有在彼此有效互动和素养整体提升的情况下，才能构建出和谐的话语主体关系。一是加强马克思主义意识形态工作队伍的建设，打造意识形态话语生产者与传播者这个“中流砥柱”。“宣传思想干部要不断掌握新知识、熟悉新领域、开拓新视野，增强本领能力，加强调查研究，不断增强脚力、眼力、脑力、笔力，努力打造一支政治过硬、本领高强、求实创新、能打胜仗的宣传思想工作队伍。”[①] 二是实现意识形态工作者与人民群众之间的良性互动。意识形态工作要用人民群众喜闻乐见的方式，坚持贴近实际、贴近生活和贴近群众的原则，使党的意识形态创新理论“飞入寻常百姓家”；认真接受和分析群众的意见和建议，关注他们的核心关切，解决他们的现实问题，从而增强主流意识形态的感染力和影响力。三是辩证看待网民中的“重点人群”和“意见领袖”，积极吸纳他们有利于社会主义意识形态的言论，及时纠正他们与社会主义意识形态不和谐的声音，引导他们朝着健康的方向发展；培育网络评论员队伍，提高网络参与主体的整体素养，扩大主流意识形态的社会基础和包容度，进而实现主流意识形态话语权的建构。

第三，实现主流意识形态话语载体创新。一是大力推进话语理念创新。当前意识形态工作的渠道、平台、载体、对象都发生了显著变化，如果依旧抱着旧时思维，跟不上时代潮流，不研判新形势、新问题，就会削弱意识形态的吸引力、影响力，需要进一步厘清思路，解放思想，突破传统思维，突破利益藩篱，从条条框框中解放出来，以自我革命的勇气和毅力，刀刃向内、自我挑战、自我施压，清除各种陈规陋习，提高意识形态

① 习近平：《论党的宣传思想工作》，北京，中央文献出版社 2020 年版，第 342 页。

工作的亲和力、科学性。二是高度重视话语内容创新。习近平总书记强调："内容创新、形式创新、手段创新都重要，但内容创新是根本的。"[①]也就是人们常说的"内容为王"。意识形态工作要保持吸引力、影响力，肩负起正能量的作用，需要在内容品质、内容表达、内容呈现上下功夫。必须使意识形态工作内容更好适应时代要求、更加契合受众需要，以内容优势获得群众。三是推动传统媒体和新型媒体相融合。进入数字媒体时代，网络媒体因其拥有庞大的网络用户，已经成为当前最大的社会信息交流媒介。如何在新的国际国内形势下打赢网络意识形态攻坚战，是新时代确保党对意识形态工作领导权至关重要的核心点，不仅事关意识形态安全，更关系到社会稳定和国家发展。因此，必须创新舆论方法，在多种思想认识中发挥引领作用。

第三节　文化的实践与实践的文化

在历史唯物主义视域中把文化合理地理解为作为观念形态的结果和作为实践形态的过程的辩证矛盾统一过程，不仅能够以实践整合文化资源，还原文化发展的真相；而且在理论逻辑上能够以实践消弭文化理论偏差，揭示文化发展的内在规律；更能够用实践创新文化的理论原则，重释文化的实践意蕴。澄明社会活动的实践性、超越性、创造性和价值性对于文化实践根源性的意义，能够从整体阐明唯物史观的现代境遇和其面临的文化转向，理解文化实践的合理性及其历史书写样态。

一、实践地凝结成的人的生存方式

文化可谓人类现实活动的精神印记，在某种程度上德国哲学家奥斯瓦尔德·斯宾格勒道出了文化的这种巨大影响，他认为历史是"一群伟大文化组成的戏剧"。换言之，文化是人与生俱来的实践地凝结成的生存方式。从文化的词源学意义上来讲，Culture（拉丁文为 Cultura）原本即为"耕耘"和"播种"之意，在西方语境里逐渐演化为培养、教化和修养之意。在汉字语言系统中，"文"原系指纹理，"化"则代表着变易、生成。二者

① 习近平：《坚持军报姓党坚持强军为本坚持创新为要　为实现中国梦强军梦提供思想舆论支持》，《人民日报》2015 年 12 月 27 日。

合二为一的使用最早见诸《易・贲卦・彖传》："文明以止，人文也。观乎天文，以察时变；观乎人文，以化成天下。"显而易见，古汉语里文化意指"以文教化"，与西方语境中文化演进的意思异曲同工。

文化无论在何种语境中都离不开人的现实生活实践，进而其内在具有属人性、超越性和群体性的特征。文化首先是人化，无论是从耕耘、种植演化出来的人的性情陶冶和品德修养，还是从天人之际的人伦关系演化出的习惯、传统、价值、规范，都是与"人的实践"息息相关的。文化首先就是人类的实践活动的对象化，区别于物质生产实践和社会政治实践，文化实践从一开始就彰显着人与自然的对立统一。文化作为人的实践活动的精神向度，是人类超越源自物种的自然本能而彰显"人之为人"的本质特征，文化源自实践的超越性而具有的创造性跃然纸上。"人类赋予文化以多样性的原因。文化因人而异，因时而异，但人在创造文化的同时，也创造了自己。"[①] 就人的类本质而言，正如马克思所言，在其现实性上是一切社会关系的总和。作为人类实践活动的产物，文化的整体性特征也比较突出。体现在文化实践中的整体性是在人类演进的漫长历史中积淀下来的被群体认同的行为模式和文化思维方式，缘此，文化模式源于人类实践活动的多样性而异彩纷呈。用美国思想家恩伯的话来讲，就是"因为，一种被认为是文化的思想和行为必须被一处居民或一群人所共同享有；即使不被共同享有，如果大多数人认为合理，也可以被视为文化的观念和行为"[②]。简言之，人是文化的创造者，也是文化的创造物。借用马克思的表述方式，人类在文化生成的过程中既是文化的"剧作者"，也是文化的"剧中人"。文化自身具有的稳定性与文化具有的自我超越性使文化得以生生不息。文化经由其实践形态不断丰富人的精神生活方式，同时又经由其观念形态不断积淀为人类生存的文明资源，这种内在的张力自觉地推动着文化的发展和演进。

二、植根于人类实践的超越性和创造性

法国思想家布莱士・帕斯卡尔在谈及文化之于人类的伟大意义时指出："人不过是一根苇草，是自然界最脆弱的东西；但他是一根能思想的

① ［德］M・蓝德曼：《哲学人类学》，彭富春译，戴晖校，北京，工人出版社1988年版，第264页。

② ［美］C. 恩伯、M. 恩伯：《文化的变异——现代文化人类学通论》，杜杉杉译，沈阳，辽宁人民出版社1988年版，第29页。

苇草。”[①]一如荀况所问：“力不若牛，走不若马，而牛马为用，何也?”人类之所以能够从动物界中跃升出来成为会思考的苇草，文化功不可没，文化以其超越性和创造性使人类成为地球上唯一具有思维的生灵。马克思认为，这种超越性表现为“一个种的整体特性、种的类特性就在于生命活动的性质，而自由的有意识的活动恰恰就是人的类特性。”[②]因此与其他动物不同，“人却懂得按照任何一个种的尺度来进行生产，并且懂得处处都把固有的尺度运用于对象；因此，人也按照美的规律来构造”[③]。

文化是实践的历史积淀和对象化，同时文化构成实践活动的内在机制，文化与实践原本就具有天然的一致性。因此，理应把文化实践作为实践的基本形态与物质生产实践、社会政治实践共同作为社会实践有机体的组成部分。就实践自身而言，它作为人之存在的方式，理所当然也是人类作为文化的实践存在方式。人所置身于其中的自然界、人类社会、思维世界都在实践结构中积淀为文化的生成视界。由此不难看出，所谓文化所具有的超越性和创造性实质上是基于人的实践活动的超越性和创造性。基于实践创造性和超越性的文化实践形态以其创造的文化资源为人类的现实世界打上文化的印记。无论是以物质形态表现的物质文明，还是以政治形态表现的政治文明，抑或是以生态形态表现的生态文明都是缘于人类文化实践的创造性而积淀为人类文明的总体成果。如此一来，人所生存的生活世界亦即文化世界的属人本质只能从文化实践活动的超越性和创造性来理解。

三、在公众的实践推动中积淀精神动力

公众是文化实践的真正主体，文化实践推动社会发展的真正活力蕴藏于人民群众之中。马克思曾经深刻地指出，“历史活动是群众的活动，随着历史活动的深入，必将是群众队伍的扩大”[④]。毛泽东也表达了同样的观点：“人民，只有人民，才是创造世界历史的动力。”[⑤]事实的确如此，人民群众不仅是历史的创造主体，也是历史发展的根本推动者。而在当代中国特色社会主义文化发展实践中，只有公众真正投身于文化建设和文化创

① ［法］帕斯卡尔:《思想录》，何兆武译，北京，商务印书馆 1985 年版，第 157 页。

② 《马克思恩格斯文集》第 1 卷，北京，人民出版社 2009 年版，第 162 页。

③ 《马克思恩格斯文集》第 1 卷，北京，人民出版社 2009 年版，第 163 页。

④ 《马克思恩格斯文集》第 1 卷，北京，人民出版社 2009 年版，第 287 页。

⑤ 《毛泽东选集》第 3 卷，北京，人民出版社 1991 年版，第 1031 页。

造之中，才能够使中华文化富有创造力、焕发活力和增强凝聚力，文化实践推动社会发展必须依靠最广大人民群众的参与。同时，人民群众在自身发展过程中形成的对精神文化生活的新期待和新要求也是文化实践发展的最为根本的内驱力，文化实践发展的成果是属于人民群众和由人民群众共享的。为此，我们必须充分尊重民众在文化实践中的首创精神，充分挖掘蕴藏于民众之中的创造潜能，开展群众喜闻乐见的文化实践形式，搭建丰富多样的公众文化实践平台。文化实践概念的提出原本就是内含对人民群众主体地位的肯定于其中的，文化实践和文化繁荣唯有公众的全面参与才能够真正以精神的力量推动当代中国社会的发展。①

① 参见路向峰:《深刻理解“第二个结合”的文化内涵》,《中国社会科学报》2023年6月15日。

第三章　马克思主义文化理论的中国语境

在当代中国马克思主义发展的进程中，人们普遍把马克思主义中国化当作一种自然而然的前提和现实来使用和阐释这一进程中的理论和现实问题，鲜有人关注马克思主义中国化可能性的文化根基和思维进路。然而，缺乏对马克思主义中国化内生机制、理论可能和现实契机的理解和阐明，任何诠释必然会流于表面。一个民族的思维方式特别是文化思维方式是决定该民族如何发育、怎样发展以及民族文化未来走向的核心因素。从洋务运动到戊戌变法，从辛亥革命到五四运动，主导 5000 多年文明史的中国传统文化思维方式以及陈旧的民族文化观念第一次在国家内忧外患之时面临真正的挑战。在“中国向何处去”的历史大背景下，文化改良主义、文化复古主义、文化实用主义等思潮纷纷登场，而最终熔铸民族思维实现中国传统文化思维方式近代变革的却是马克思主义哲学及其实践思维方式。实践思维方式能够融合与超越中国传统思维方式进而积淀为中国现代文化的深层本质，不仅在于二者同属实践哲学的发展理路，而且在于它是一种契合中国共产党人革命和建设实践追求，在社会发展的实践中扬弃中国传统文化思维方式局限，进而融汇于中国的现代化进程之中的历史选择。[①] 对中国传统文化思维方式基本特征、文化根基、实践向度的阐明有助于定位中国特色社会主义文化发展的历史前提和当代境遇，能够为理解马克思主义中国化的深层本质提供基本遵循，有助于为激发中华文化的发展活力提供有益启示和借鉴。

① 参见路向峰：《深刻理解“第二个结合”的文化内涵》，《中国社会科学报》2023 年 6 月 15 日。

第一节 理解中国传统文化的三个思维向度

任何思维方式都是社会实践方式以及社会文化在人们思想深处的积淀，一个民族的思维方式则是民族文化的深层本质和“遗传基因”。中国传统文化思维方式中的精华部分作为中华文化的内在本质和重要组成部分通过各个历史时期的社会实践活动内化于国人的思想意识和行为规范之中，积淀为中华民族一脉相承的精神脉络。任何思维方式的发展与变革必然地植根于社会实践方式的变化和发展，在中国由传统到现代的历史转变进程中，社会结构和社会实践方式发生了巨大的变化，随之而来的是，中国传统文化思维方式的局限性也日渐凸显。在新的时代课题和社会变革的大背景下，中国传统文化思维方式既面临着变革和发展的良好机遇，也经历着西方文化及其思维方式的冲击和挑战。

现代物理学耗散结构论的创始人普里高津曾对中国传统文化思维方式有比较全面和客观的评价，他认为中国5000余年的文明史为学者们的学术思想奠定了整体性和包容性的鲜明特征，他甚至提出现代科学的发展更是证明了中国文化思维方式所蕴含的整体性和包容性特征的正当性。进而引出中国传统文化思维方式的特质：天人合一的整体性思维、得意妄言的直观性思维以及实用理性的价值思维。把握贯穿于中国传统文化思维方式3个基本特征中的实践性特质，不但能够为马克思主义中国化的方法论本质提供理论支撑，而且能够为理解中华文明和中华文化为何能够一直延续并长盛不衰的原因提供一把“思维之匙”。

一是天人合一的整体性思维。与西方文化思维方式发端时建立在主客二分的基础上进而呈现对自然（本体）的崇拜不同，中国文化思维方式承继了天人合一的传统文化基因，中华先民崇拜的对象不是自然而是具有天人感应功能的原始的英雄和后世的祖宗。这种以天人合一为标志的整体性思维方式最早起源于原始的巫术，当先民们面对无力战胜自然的无奈时，他们选择把幻想寄希望于两者的身上。《周易》中天人合一的宇宙观最初表达了中国传统文化思维的整体性特征，“圣人有以见天下之动，而观其会通，以行其典礼”[①]的命题即是反对人为地割裂事物之间的联系，主张在有机的、整体的视域中把握人所面对的客观世界。中国历史上的各个学派对以天人合一为主要特征的整体性思维方式发挥有加，儒家学派中孟子对孔子的知天命思想进行了系统发挥，提出，“尽其心者，知其性也。知其性，则知天矣”[②]。他进而还提出了达到天人合一境界的方法论原则，“诚者，天之道也；思诚者，人之道也”[③]。可以看出，儒家学派的天人合一的整体性思维是以人为主体的人化自然的合二为一。同样是强调天人合一，道家学派在整体性思维中的重点却是倾向于把人自然化，老子提出，“道生一，一生二，二生三，三生万物。万物负阴而抱阳，冲气以为和”[④]。天地万物，包括人在内都是由道而生，道使得天地人合而为一。后世的思想家对这种天人合一的整体性思维发挥有加，汉代董仲舒主张“天人之际，合而为一”，宋代程颢则直呼“天人本无二，不必言合”。此外，必须指出的一点是，无论在中国哪个学派的思想中，天人合一所彰显的整体性思维中的人都不是消极被动和自然而然地享受这种主客体的统一，而是积极参与其中的。天人合一的目的是人能够“制天命而用之”，无论是儒家的天、地、人“三才”，还是道家的道、天、地、人的“四大”，人的地位都是居于首位的。突出人的主体地位以及人在天人合一中的主导作用是整体性文化思维方式的精华所在。可以看到，这种占据主体地位的思维方式涵括了对人作为实践主体以及人的主体作用的肯定在其中，只不过这种维度是通过天人合一的整体思维表现出来的而已。

二是得意妄言的直观性思维。一般来讲，直觉思维依靠直觉、顿悟、灵感等非理性元素来把握事物的本质，是对认识对象整体性和综合性的直观把握。在先秦诸家中，道家学派对直觉思维的论述最为完备，老子在《道德经》开篇即提出，“道，可道，非常道；名，可名，非常名”[⑤]。作为老子哲学核心范畴且联通天人诞生万物的“道”，原来只能靠直觉来把握，换言之，能够说出来、看得见、听得着的“道”绝对不是真正的“道”。这种直觉思维后来发展成为庄子的“知者不言，言者不知”，主张

---

① （魏）王弼注、（唐）孔颖达疏：《周易正义》，载李学勤主编：《十三经注疏·周易正义》，北京，北京大学出版社 1999 年版，第 293 页。

② 杨伯峻译注：《孟子译注》，北京，中华书局 1960 年版，第 301 页。

③ 杨伯峻译注：《孟子译注》，北京，中华书局 1960 年版，第 173 页。

④ 朱谦之撰：《老子校译》，北京，中华书局 1984 年版，第 174 页。

⑤ 朱谦之撰：《老子校译》，北京，中华书局 1984 年版，第 3 页。

把“道”从语言的局限中解放出来。与道家学派不同，儒家学派的直觉思维方式主要体现在“反身而诚”认知理路上，这里的“诚”即是“天道”，而这种“天道”只能依靠内省的方式通过感觉、体验和领悟来把握。在此之后，中国佛教中的禅宗把直观思维方式中的顿悟发挥到了极致，提出了以“不立文字”为特征的顿悟法。当然“程朱理学”“陆王心学”都对直观思维方式发挥有加。中国传统文化中的直观思维方式强调知、情、意的浑然一体，突出非理性认识在人的认识过程中的关键作用。毋庸讳言，直观性思维方式在中国社会发展的早期的确有力促进了思想认识的统一，但又不得不承认这种直观思维方式是与中国落后的社会生产方式紧密联系在一起的。对于人类认识的整体来说，直观思维在任何时候都是必不可少的，但如果这种思维方式在一个相当长的历史时期都在左右着一个民族的文化思维，那么这种思维方式无疑是落后的和需要变革的，近代中国思想变革以及社会发展的现实充分地证实了这一点。从表面上看，这种得意妄言的直观性思维不需要人的社会实践作为基础，直觉和顿悟似乎自身就可以推动自身发展，然而任何秉持这一文化思维的思想家又都无法否认其所依靠的感觉、体验和领悟离开了人的实践活动是无法单独成立的。得意妄言的直观性是以一种潜在的方式凸显的中国传统文化思维方式中的实践维度。

三是实用理性的价值思维。中国传统文化思维方式实用理性的价值取向由于契合了历代统治者的思想需求以及民众的日常伦理需求，因而对中国社会发展现实以及传统文化影响最为久远。注重思维方式以及文化成果经世致用的价值取向一直是中国传统文化思维方式最显著的特征。在康德哲学中，实践理性是联通思维和存在的重要范畴，他把认识理性和实践理性明确区分，但他的实践理性是排除感性和情感作用的。在中国传统文化中，认识必须以主体的实践需要为归依，以主体的实践效用为目标。换言之，由于社会实践方式和生产方式的限制，先哲们对于自然的关注主要不是在于其知识性的诉求，而是为了满足其日常生活需求和统治阶级的实际需要。重视实用理性的思维价值取向在孔子那个时期已经肇始，孔子提出，“不知命，无以为君子也；不知礼，无以立也；不知言，无以知人也”[①]。他认为，掌握了知识以后，更重要的在于人之处事以及培养高尚的人格。荀子也提出，“不闻不若闻之，闻之不若见之，见之不若知之，知

① 张燕婴译注：《论语》，北京，中华书局2006年版，第307页。

之不若行之。……知之而不行，虽敦必困”[①]。王守仁的“致良知”也是要把知行看作一个东西，提倡知行合一。其实中国传统文化这种经世致用的思维价值取向从我们的实用文化中可窥一斑，《易经》是为了满足先民们对大自然的畏惧和认识之需，《道德经》是为了古代社会礼仪教化之用，《孙子兵法》是为了富国强兵之由，等等。

第二节　中国传统文化思维的实践表征及其局限

天人合一的整体性、得意妄言的直观性以及实用理性的价值取向作为中国传统文化思维方式的基本特征，究竟仅仅是其外在表征还是能够作为其文化思维方式的精髓而存在？这是我们探讨中国近代文化思维方式变革不能回避的一个重大问题。判断一种文化思维方式能否成为文化思维进而成为民族思维的精华部分有两个内在标准：一是体现它那个时代社会实践方式的鲜明特点，二是彰显民族文化及思维方式发展的整体趋势。以此标准来衡量，上述 3 个特征无疑是达不到作为中国传统文化思维方式的精髓的标准。我们认为，决定中华民族文化走向、贯穿于中国传统文化思维方式以及表征中华文明基因的实践维度才是中国民族文化发展的活力之源。中国传统文化思维方式的致思取向使得中国传统文化在总体上属于实践哲学范畴，而且这种致思取向也为中华民族思维方式的近代变革提供了理论契机，当然也为在文化实践的视域中审视马克思主义中国化的深层本质奠定了理论基础。

中国传统文化思维方式中的“实用”和“实践”主要不是在认识论意义上使用的，而是多指人生观或价值观上的实践，或许描述为“践履”更为贴切。这种“践履”以主体的自我体验为根本，以经验的积累为基础。这种重视实用，不尚玄谈的实用理性价值取向由于为解决人伦道德诸问题提供了一套行之有效的理论和方法，故而在中国传统文化思维方式中始终占据支配地位而影响深远。中国传统文化的践履性思维使中国的传统文化具有了极强的同化力和改铸力，但无可否认的是，对实际效用的极端强调也限制了理性思维发展的空间。中国传统文化思维方式中的践履思维，从人生观和价值观的角度肯定了思维方式要经世致用这一基本的思维价值

① 熊公哲译注：《荀子》，重庆，重庆出版社 2008 年版，第 143~144 页。

取向，确定了中国传统文化思维方式的价值判断标准是能否“实用”“践履”“实践”以解决先民生活中的现实问题。

用通俗的言语表达“中国传统文化的践履思维方式也即是在人的思维活动、改造自然的活动以及社会活动中强调实践的重要性，强调行的重要性的一种文化思维方式”[①]。张岱年先生在谈及中国文化的本质特征时曾明确指出：“中国哲学中有许多名词与理论，都有其实践的意义；离开实践，便无意义。想了解其意义，必须在实践上做工夫，在生活中用心体察。”[②]中国古代的先哲们尽管学派不同，观点迥异，但在对“践履（行）”的强调上，无论在儒家、道家、墨家还是法家、佛家都是一以贯之的，他们一向反对抽象的思辨，主张哲学研究应该与人的精神境界的提升以及人的道德修养紧密相连。中国传统文化中的践履思维取向更多的是通过对知行的难易、先后、轻重、分合等问题的论述间接表达的。宋代以前，并无“实践”一词的直接表述，而是以“行”“践履”等词汇来表征。必须指出的是，中国传统文化囊括的“实践”范畴多是从道德伦理层面出发的，所以说用伦理实践或者是道德践履描述中国实践文化更为合适。中国传统文化中实践哲学倾向是通过对人以及人的实践（行、践履）的重视来表现的，人以及由人组成的社会始终是中国传统文化直观性、整体性以及实用性指向的最核心部分。

在孔子之前，中国的先哲们就预见性地指出人乃是万物之灵。“四书五经”无不是用不同的方式强调了人在天人之际中的核心地位。至今仍对社会产生一定影响的“天人合一”的文化理念，其思想的核心同样是在强调人是二者合而为一的“本”之所在。孔子明确表示，“道不远人，人之为道而远人，不可以为道”[③]，用通俗的话来讲，“道”存在于人们的现实生活之中，假如说有人为了追求“道”而远离了人以及其现实生活，那就不能成为真正的“道”了。孔子进一步提出，“未能事人，焉能事鬼”，摆明了儒家学派在认定人及其世俗的生活在其学说中地位的基本立场。被孟子视为“诸侯三宝”的土地、人民和政事中，人民是最重要的，所以他告诫统治者“民为贵，社稷次之，君为轻”[④]。荀子也指出“知道察，知

① 白炜：《践履思维：中国传统哲学独特的思维方式》，《社会科学家》2010年第8期。
② 张岱年：《中国哲学大纲》，北京，中国社会科学出版社1982年版，序论第6页。
③ 王国轩译注：《中庸》，北京，中华书局2006年版，第73页。
④ 杨伯峻译注：《孟子译注》，北京，中华书局1960年版，第328页。

道行，体道者也”[①]。到了宋代，“贵行，重践履”的思想表达得更为明确，这一时代的思想家们多从知行关系中对实践思维加以发挥。朱熹强调“理在物先”，进而作出“不知不能行，能知必能行”的“知先行后”的结论。王守仁则直接用“致良知”的学说倡导知行合一，他明确指出，“真知即所以为行，不行不足谓之知”[②]。但必须指出，中国传统哲学践履思维所体现出的知行关系、天人关系绝对不可以用西方哲学关于认识和实践的关系来套用，中国传统文化中的践履思维方式的最终目的是强调其伦理意义，即伦理实践抑或是道德实践的重要性和价值取向。直至近代中国社会结构和社会实践方式发生巨变之前，中国传统文化中重视践履的思想倾向一直得以延续。这种偏向于从伦理实践视域来统摄文化及其发展的实践哲学发展理路深深地影响了中国民族思维方式发展的基本路向，其思想中重视实践的基本倾向成为中国民族文化思维方式中的精髓部分延续至今。

注重道德伦理实践的中国传统文化思维方式涵括两个基本维度：一是主客体在伦理价值取向上的绝对统一，二是各种形而上学的范畴被经验化和具体化。联系起来看，主客体的绝对统一是在经验的道德实践中完成的。在这种前提之下，认识活动也就是道德实践活动。在这一过程中，人的主观能动性看似被提高到一个显著的位置上，但实质上这种能动性既非认识论意义上的能动性亦非创造的能动性，而是道德禀赋和道德实践方面人所具有的能动性。[③]这种能动性实质上是把任何理论性的东西都融入现实的道德生活，其结果是使中国人的抽象思维能力受到了极大的限制。注重道德伦理实践的文化思维方式对中国人民的思维方式和文化传统的形成产生了广泛而持久的影响，在马克思主义中作为生产力形式出现的科学技术在这种思维方式的笼罩下只能成为把自然现象、社会现实以及人的道德实践活动联系起来，并作为借以说明“天人感应”的佐证。通过一种反身求诚的内在道德修养模式以及天人合一的道德实践模式，人与客观世界融为一体，对象由此丧失了客观独立性，从而也就不再是认识的对象，而是一种因人的行为而任意转移的道德保证。人无须关注外部世界，只需要进行道德修养和遵从道德律令就能够知人、知地、知天。但显而易见的是，抽掉了客观性基础和认识论底蕴的科学当然是无从发展的。既然一切的自然和人都基于共同的伦理实践原则，那么一切的客观观察和实验多是无用

① 安小兰译注：《荀子》，北京，中华书局2016年版，第235页。
② （明）王守仁：《王阳明全集》，吴光等编校，上海，上海古籍出版社2011年版，第47页。
③ 参见赵林：《协调与超越——中国思维方式探讨》，武汉，武汉大学出版社2005年版，第73页。

和多余的东西，可以随手抛弃。所以在这种文化思维方式的长期笼罩下，中国的四大发明更多的是用来占卜帝王将相的吉凶善恶，而没有成为助推封建社会经济发展的重要杠杆。所以，李约瑟不无感慨地说，近500年间并非中国的科技退步了，而是西方科学技术发生了巨大革命和翻天覆地的变化。

第三节 中国传统文化的实践变革

中国传统文化思维方式有我们一直引以为豪的实践哲学倾向以及以种种方式对人及其实践活动的重视，但无可否认的是这种积淀于民族思维和文化中的哲学思维方式在近代面临着内部和外部的双重挑战。面对时代提出的严峻课题，近代思想家们在反思，先贤流传下来的传统文化思维方式的短板到底在哪里？伴随着中国社会实践的现实发展，我国民族思维无疑在不断更新和变革着自己的内容和表现形式，但依然难以追上整个世界在近代发展的步伐，这种局面的形成与民族思维以及先贤的哲学思维方式在近代中国所面临的时代局限难以摆脱干系。当中国传统文化思维方式已经不能为民族思维的变革提供充足的内在驱动力时，它必然会暴露出其时代局限性，并为思维方式的变革提供契机。

任何真正的哲学都是其时代精神的精华。既然中华文化所面临的时代主题和时代背景发生了巨变，那么传统文化思维方式必须对时代变革的课题作出相应的变化和回应，尽管这些回应和变化在中国大多数时候是以被动的方式发生的。同样是对人的活动中实践的重视和强调，马克思和西方哲学得出的是对人的主体性的真正高扬，而在家国同构的伦理价值取向的束缚下，中国思想家得出的是忠、孝、仁、悌的封建伦理道德准则。显而易见，这种文化思维与政治思维浑然一体的模式成为我国封建社会后期经济社会和哲学社会科学的发展的严重羁绊。不突破封建宗法制下中国传统思维方式的理论框架，就不可能使人的思维本性得以释放。事实证明，当把思维方式的根源真正还原给社会实践，把科学思维方式的根源真正还原给实验时，我国民族思维便开启了变革传统思维和自我图强的历程。伦理实践思维方式中囊括的天人合一的致思取向表面凸显了主客体的天然一致性，实质上这种看似整体性的思维方式把人的主体能动性消解在伦理秩序以及伦理实践的藩篱之中，其结果是人越发挥主体能动性去维护和认知伦理规范和秩序，就越会使这种所谓的能动性僵化。鉴于此，把国人应有的全面主体性还原给现实生活实践和理论诉求是变革传统文化思维方式的另一个重要视角。

哲学与文化的发展离不开不同民族、不同国家之间的交流、碰撞，历史已经证明并将反复证明，动机和缘由各异的哲学与文化的交流、传播，在促进人类文化繁荣的同时亦成为撬动人类社会发展的重要杠杆。[①]季羡林明确指出："文化交流是推动人类社会前进的主要动力之一。"事实上，近代中国也确实面临着民族思维与文化思维方式变革的严峻时代主题。以伦理实践思维方式为核心的中国传统文化思维方式在维持了中国古代社会政治相对稳定的同时，也在思想、行为等各个方面禁锢了国人的思维变革的冲动。循规蹈矩的思路历程、被动挨打的社会局面、粗俗落后的科技水平无不启示着近代中国的知识分子挺身而出担当起思维变革的先锋，他们的思路历程彰显了近代中国学者思维方式变革的演变理路。梁启超在改良主义的过程中对西方文化思维方式富有成效的思想启蒙使国人开始进一步反思自己的民族思维的危机；严复对西方思想宝库中进化论、认识论和逻辑学的译介与传播开启了文化思维方式近代变革的先河，为中国传统文化思维方式的变革与发展指明了方向，奠定了一定的思想和理论基础。事实证明，资产阶级没有能够完成改造中国传统文化思维方式的伟大任务，他们的变革是要用西方的近代文化思维方式简单地取代中国传统文化思维方式，抑或是用中体西用的方式实现嫁接式的思想改造，显然不能成功。他们的探索更多的意义在于启发了国民的思想解放意识，并未以真正适合中国社会发展的思想观念和文化思维方式为近代中国社会变革奠定文化底蕴和思维根基。

梁启超把新思维方式的产生视为近代西方社会近百年来进步的真正原因，并以此来号召国人的思想解放和社会变革。他指出，"凡一国之进步，必以学术思想为之母"[②]，"思想自由之门开，而新天地始出现矣"[③]。以此呼吁国人摆脱思想上的枷锁和羁绊，积极参与到改革社会实践的活动中来。他把培根誉为近代西方文明的开山鼻祖，对于培根的经验归纳方法论原则赞许有加，认为正是循着培根开创的经验思维方式，西方科学与社会才开始真正繁荣。那么，彼时面临空前民族危机和文化危机的中华民族

① 参见路向峰：《深刻理解"第二个结合"的文化内涵》，《中国社会科学报》2023年6月15日。

② 梁启超：《饮冰室合集》第4集，北京，中华书局1989年版，第59页。

③ 梁启超：《饮冰室合集》第4集，北京，中华书局1989年版，第44页。

所需的也正是要破除传统的经学思维和直观保守的思想的禁锢，向西方学习科学思维特别是经验思维，借以开启民智，提升国力。否则，“物竞天择，优胜劣汰，苟不自新，何以获存？新自有道，必自学始”[①]。显而易见的是，这些振聋发聩的论述对于处于救亡图存中茫然四顾寻求真理的国人来讲，其思想的启迪以及行为的推动作用无疑是巨大的。梁启超还向世人指出了近代中国思想变革的路径，必先是从器物上感觉不足而引进西方的科学技术和科学思维，其次是由此引发对制度陈旧的批判而要进行变法维新，最后才是从文化根本上感觉不足，而诉诸改变国人的思维。如果抛却梁启超的时代局限，他对近代中国文化思维方式转变的分析无疑是深刻的。最应该指出的是，梁启超在其后期思想中论及了他对马克思主义和社会主义的看法，认为马克思主义的社会主义思想对未来社会的构想与中国的大同社会学说是内在一致的。令人惋惜的是，他由此得出的结论却是中国进行社会革命和思想革命，不一定需要马克思的哲学方法，中国传统的文化思维方式中的精华部分亦可以实现这一功能。无论如何，梁启超注意到并指出了马克思主义及其哲学思维在变革中国传统文化思维方式以及进行社会革命中的重要作用。

在中日甲午战争以后，中华民族的危机空前严重。一部分进步知识分子开始反思民族危机的思维方式根源，严复便是其中卓有影响的一个。他在吸取西方哲学和我国古代文化思维的基础之上构建了自己的进化论的唯物主义哲学，开创了融合中西哲学资源以及哲学思维方式的先河，[②]成为近代中国文化思维方式变革的里程碑式的人物。《天演论》是严复把达尔文的生物进化论应用于中国社会变革现实的理论著述，他十分赞许斯宾塞对达尔文进化论的社会达尔文主义改造，进而提出达尔文生物学界的进化论亦适用于人类社会。因此，严复警告国人不能坐以待毙，而应发愤图强从而操控命运。对中国来讲，则要顺应“天演”的规律进行变法维新，进而走向富强。他不无忧虑地指出，“西人之于学也，贵独获创知，而述古循辙者不甚重”，而“中士之学必求于古训”[③]这样一种教条主义思维方式。必须指出的是，严复对《天演论》的译介和发挥虽然本质上来讲是一种线性进化历史观，但其对中国思想界以及普通民众的启蒙作用是十分巨大的。它不仅激发了国人救亡图存的爱国热情，而且在客观上推动了维新变

---

① 梁启超：《梁启超选集》（下卷），易鑫鼎编，北京，中国文联出版社 2006 年版，第 791 页。

② 黄见德：《西方哲学东渐史》（上卷），北京，人民出版社 2006 年版，第 258 页。

③ ［英］赫胥黎：《天演论》，严复译，北京，商务印书馆 1981 年版，第 57 页。

法运动的发展。更为重要的是，它为当时追求真理的人们提供了一种观察事物、指导生活和进行斗争的思维方式参考。《穆勒名学》的译介是严复力图推动国人文化思维改变的又一大尝试，他不满意中国传统文化思维方式的那种内心体验式的直观，在该著作中介绍了西方近代以自然科学为基础的实验科学的思维方式和逻辑学（主要是归纳）的方法论，意在推动国人在观念形态和思维方式上实现转变。毋庸讳言，严复的这种思想传播活动的确为当时的国人提供了一个相对科学的认识论和方法论原则，使他们能够以此为武器冲破数千年来唯伦理实践思维方式是尊的思维牢笼，在客观上，为国人后来接受马克思主义及其实践思维方式奠定了一个较为坚实的思想基础。

第四节　马克思主义文化与中国传统文化融合与超越的现实性与可能性

马克思主义与中国传统文化各自在其发端、发展的过程中所面临和所要解答的问题都由不同路径趋向了对实践的关注；中国近代革命和社会变革的实践为中国人选择先进的理论提供了现实契机，因此，马克思主义文化思维方式与中国传统文化思维方式的融合具有了现实的动力机制。中华优秀传统文化同辩证唯物主义和历史唯物主义在世界观、方法论上是共通的，这为马克思主义及其文化理论在中国的传播、发展、创新奠定了理论根基。习近平总书记指出："马克思主义传入中国后，科学社会主义的主张受到中国人民热烈欢迎，并最终扎根中国大地、开花结果，决不是偶然的，而是同我国传承了几千年的优秀历史文化和广大人民日用而不觉的价值观念融通的。马克思对我国古代农民起义提出的具有社会主义因素的革命口号有过敏锐的观察。他说，'中国社会主义之于欧洲社会主义，也许就像中国哲学与黑格尔哲学一样'。"[①] 马克思主义与中华优秀传统文化融合与超越的文化根基在这里清晰可见。换言之，中国共产党在坚持和发展马克思主义的过程中，将马克思主义基本原理植根在中华民族优秀历史文化传统的沃土之中，让马克思主义这棵参天大树在中国历史文化的基础上

① 习近平：《坚持和完善中国特色社会主义制度推进国家治理体系和治理能力现代化》，《求是》2020 年第 1 期。

根深叶茂，马克思主义中国化时代化的实践为马克思主义提供了不竭的思想文化动力；同时，中国化时代化的马克思主义也深刻地改变了中国，拓宽了中国人民的文化视野，提升了中国人民的思想境界，涵养了中国人民的文化信仰。①

中西方两种文明缘于其文化演进的历史进程和地理空间场域的自然差别呈现明显的思维界分。从这一点出发审视马克思主义文化实践与中国传统文化思维，的确是沿着不同的思维路径走向了各自文化繁荣发展的巅峰，就其思维模式而言，中国传统文化思维方式和马克思主义文化思维方式也是处于东西两种文明场域中的风格迥异的思维形式，其各自的思维模式与其自身社会发展的实践进程始终保持着高度的一致性。从西方文化思维方式确立的思维向度来审视马克思主义哲学及其实现哲学哥白尼式变革的文化思维方式，我们就会发现马克思主义哲学之所以能够以其实践思维方式成为开启西方现代文化思维之门的文化形态，最为根本的原因在于马克思以实践思维方式确立了马克思主义观世界的文化模式，从而超越了黑格尔唯心主义哲学文化思维方式和费尔巴哈人本学哲学文化思维方式各自的局限，在人们的生产和生活实践中找到用历史唯物主义理解人类历史的钥匙，从而把自己的哲学定义为不仅要解释世界，而且要改变世界。②中国传统文化思维方式也是在天人合一的文化理念下强调道德践履，但这种道德实践思维模式更多是停留在价值层面，并以此来规范中国人的内在价值理念和外在行为规范，当然这与马克思的生活实践观念根本不是同一级次的范畴，二者的界分是明显的，这体现出思维方式内在的相对稳定性。

如果前述在逻辑上为真，那么马克思主义及其蕴含的文化思维方式与中国传统文化的思维方式似乎没有融合的可能性，更不用谈用马克思的实践思维方式改造中国传统文化思维方式了。但如果用理论哲学和实践哲学来统摄哲学发展的理路的话，这个问题及其融合与超越的逻辑又会迎刃而解。从理论哲学和实践哲学界分与融合的视角考量马克思主义与中国传统文化融合与超越的相关主题受到王南湜相关著作的启发，把有史以来的哲学发展总体上区分为实践哲学和理论哲学两大发展理路。③那么循着这一思路可以发现，自古希腊以来的西方传统文化及其哲学理论形态基本可

① 参见韩震：《中国化时代化马克思主义行的文化根基》，《江苏社会科学》2023 年第 1 期。

② 参见路向峰：《马克思主义中国化的哲学方法论审视》，《东岳论丛》2015 年第 7 期。

③ 参见王南湜：《追寻哲学的精神：走向实践哲学之路》，北京，北京师范大学出版社 2006 年版，第 430 页。

以归为理论哲学，通过对本体抑或是主体的凸显彰显不同时期理论哲学的本质特征。而中国哲学从远古时期开始就在天人合一的实践思维中找到了通向未来的现实道路，虽然这种道路未必会一直通达未来。那么换一个视角，马克思主义哲学依靠何种魔力实现了西方哲学史上哥白尼式的变革？众所周知，贯穿于马克思主义哲学始终的是科学的实践观，毫无疑问马克思主义哲学是实践哲学，而且正是这种真正把人民群众的物质生产实践纳入历史视野的哲学理论形态和哲学文化思维才开启了现代西方哲学的大门。问题的答案在这里已经显现，中国传统文化思维和马克思主义哲学思维同属实践哲学的理论，都用不同方式经由不同道路找到了通达未来的实践道路。马克思实践思维方式在现实生活中找到了开启人类全部历史的钥匙，而中国传统文化思维方式的发展尽管几经波折也从未改变天人合一的实践理路。显而易见，同属实践哲学的中国传统文化思维方式和马克思主义哲学所蕴含的实践思维方式在理论上的融通则不存在任何障碍。当然，马克思主义作为一种文化形态传入中国并在近代中国面临多重选择的情况下，超越地域的限制而成为改铸中国传统文化思维的“良药”，二者在文化思维上的亲和性和理论上的共通性不言而喻。当然，中国传统文化思维所蕴含的实践向度属于古代实践哲学的延伸和拓展，而马克思主义哲学所蕴含的实践思维方式则是变革现实世界的现实哲学。换言之，理论上的融通性和思维方式上的亲和性需要现实的契机得以实现。

以实践思维方式标示其本质的马克思主义对于中国来讲在地域上属于一种外来文化和外来思维模式，它在中国进行传播、运用和发展的过程，其实质也就是与中国传统思维方式以及文化相互融合的过程，其实质是马克思主义的民族化和中国传统文化的现代化的双向融合与超越。[①]但这种融合和超越需要历史和时代的发展所提供的现实路径，中国共产党对马克思主义的选择、接受和建设正是提供了马克思实践思维方式的中国化现实路径。

中国传统文化思维方式是以鸦片战争到五四运动这一时期为分界点的。在此之前，严复吸取达尔文进化论的思想精华，提出“物竞天择”的社会进化论，以此批判传统思维中的“天不变道亦不变”封建伦理思维方式，龚自珍则以唯意志论批判中国传统思想中的天命论，这些都对毛泽东的早期哲学思维的形成造成重大影响。实质上，自鸦片战争到五四

① 参见路向峰：《马克思主义中国化的哲学方法论审视》，《东岳论丛》2015 年第 7 期。

运动的思想解放运动，为马克思实践思维方式以及马克思主义中国化开辟了思想的通路并带来了现实的契机。十月革命一声炮响，为中国送来了马克思列宁主义。马克思主义在中国的传播和宣传给予正在困惑于“中国向何处去”的毛泽东以希望。马克思主义以及标示其本质的实践思维方式的影响使之兼具融通马克思的实践思维方式和中国传统文化中蕴含的伦理实践思维方式的历史契机和理论基础，马克思实践思维方式中国化的历程由此开始。

马克思主义中国化无疑具有多方面内涵，但实践思维方式与中国传统文化思维中精华部分的结合无疑是马克思主义中国化的重要内涵之一。置身于中国革命历程之中的毛泽东，受到中国传统文化思维方式的影响，运用马克思主义武装起来的毛泽东理所当然地接受了马克思实践思维方式作为中国革命的指导原则，这样，两种思维方式找到了融通的现实契机，实践思维方式的中国化因为毛泽东的出现而具有了中国气派与中国风格，从此开启了中国传统文化思维方式变革的现代历程。中国共产党人把马克思实践思维方式与中国传统文化思维方式在特殊的历史现实性和历史选择性中不断融合，把马克思主义哲学的立场、观点和方法（统称为哲学思维方式）与中国革命、建设阶段的时代课题、时代精神相结合，真正实现了马克思实践思维方式中国化并不断创新、发展的历史进程。

马克思主义中国化有其深刻的方法论基础和文化根基，我们不能仅仅从历史抑或是理论结论上对其作形而下的理解。中国传统文化所蕴含的伦理实践思维方式与马克思实践思维方式所具有的天然亲和性为马克思主义中国化提供了哲学方法论基础；而汲取了中华优秀传统文化精华的马克思主义又不断地以中国老百姓所喜闻乐见的具有中国作风和中国气派的理论成果推动着中华民族思维的当代转换。马克思主义和中华优秀传统文化分野与融合的辩证法是审视马克思主义中国化深层本质的两个基本维度，也是理解中华文明与中国特色社会主义文化继承与变革的辩证法的基本出发点。对保守主义的“中体西用”和激进主义的“全盘西化”任何一端的偏执都会把马克思实践思维方式的中国化以及中国思维方式的当代变革引向“死胡同”。唯有在实践中自觉运用马克思主义哲学的实践思维方式，积极地在理论上和实践中开展双重批判与双重建构，才能不断推动中国传统文化思维当代化的进程。唯有坚持马克思实践思维方式与中国传统文化思维方式的融通和超越的辩证原则，才能在新时代国人的现实生活实践中确证自我的文化主体性，在文化实践中不断开创人类文明新形态。

在当代中国马克思主义的发展进程中，马克思主义中国化常常被人们当作一种不言而喻的前提与现实，用以阐释这一进程中的理论和现实问题，而对于其可能性所依托的文化根基与思维路径，却鲜少有人深入探究。然而，倘若缺乏对马克思主义中国化内生机制、理论可行性及现实契机的深刻理解与清晰阐释，任何相关解读都必然停留在表层。一个民族的思维方式，尤其是文化思维方式，是决定该民族生存发展模式、演进路径以及民族文化未来走向的核心要素。从洋务运动到戊戌变法，从辛亥革命到五四运动，主导中国5000余年文明史的传统文化思维方式与陈旧的民族文化观念，在国家深陷内忧外患的危急时刻，首次面临真正意义上的挑战。在"中国向何处去"这一历史命题的宏大背景下，文化改良主义、文化复古主义、文化实用主义等诸多思潮轮番登场。但最终，成功重塑民族思维、推动中国传统文化思维方式实现近代转型的，正是马克思主义哲学及其实践思维方式。

现实生活永远是理论发展的沃土。[①] 马克思深刻地指出："在思辨终止的地方，在现实生活面前，正是描述人们实践活动和实际发展过程的真正的实证科学开始的地方。关于意识的空话将终止，它们一定会被真正的知识所代替。……这些前提在这里是根本不可能提供出来的，而只能从对每个时代的个人的现实生活过程和活动的研究中产生。"[②] 马克思主义中国化不仅仅是马克思主义的理论传入中国并不断在党的领导下的实践创造过程，更是两种文化思维方式在现实生活的土壤中超越彼此的理论局限以及表达形式的差异而不断自我超越的过程。马克思实践思维方式与中国传统文化思维方式从整体上看同属于实践哲学的范畴，因而在理论上存在融通的可能性；马克思主义哲学与中国哲学各自在其发端、发展的过程中所面临和所要解答的问题都由不同路径趋向了对实践的关注；中国近代革命和社会变革的实践为中国人选择先进的理论提供了现实契机，因此，马克思实践思维方式与中国传统哲学思维方式的融合具有了现实的动力机制。

任何一个民族的思维方式变革都呈现为一个历史的具体进程，特别是积淀为民族精神基因的文化思维方式更是如此。伴随着该民族和国家物质生产实践的变革，民族思维和民族文化模式都会发生或急或缓的变化并以此推进人类文明不断向前演进。缘于社会物质实践自身所蕴含的多样性，

---

① 参见阎孟伟：《马克思的实践哲学及其理论形态》，《哲学研究》2012年第3期。

② 《马克思恩格斯文集》第1卷，北京，人民出版社2009年版，第526页。

一个民族的文化思维方式必然发生以自我为主导抑或是以外来文化思维方式为主导的革命性变革。这一变革进程与该民族和其他民族进行物质生产交往的实践在根本上是一致的。最终的结果呈现为世界范围内文明形态、文化思维方式以及哲学思维方式得以不断交流、融合，进而在超越和自我超越中焕发新的生机与活力。因此，对于民族思维形成的社会实践基础来讲，它无疑是民族的和内在的；从整个人类历史不断走向世界历史的整体趋势来看，任何民族的思维又无疑是世界的。无论是对历史悠久、从未中断的中华文明以及源远流长的中国传统文化思维，还是发端于古希腊并在近代德国实现革命性变革并开启现代哲学大门的马克思实践思维方式都是如此。马克思主义不断中国化的过程就是西方传统文化思维方式以及实践思维方式在中国革命以及建设的历史进程中不断融合、协调、超越的中国传统文化思维方式的历史进程。只有立足于近代中国以及现代中国和当代中国社会发展的现实，立足中国走向现代化的历史进程，在协调与超越的辩证法中，才能真正理解马克思主义中国化的深层本质以及中国传统文化思维方式现代化的本质和内涵。①

① 参见路向峰：《马克思主义中国化的哲学方法论审视》，《东岳论丛》2015年第7期。

第四章　文化发生的实践逻辑

问题是一个时代最为强烈的回音，而文化理论的问题只有在与社会发展实践的交融和互动中才能得以延展和深化。如果理性地思考我们所处的时代，我们就会发现文化以及其理论和实践问题正在成为新时代的大问题。[①] 就实践维度而言，美国靠“三片”（好莱坞影片、高端芯片、薯片）把美国文化的影响扩展到全世界，日本、韩国依靠动漫产业引领风骚，中国的武术文化和戏曲文化走出国门影响世界，都在彰显着文化的实践形态以及其与文化的观念形态对立统一所产生的巨大精神文化动力。把文化的实践形态（以下统称为“文化实践”）合理地理解为人类社会有机体中人类改造客观物质世界的进程中创造的文化产品和形成精神成果的对象化活动，进而在观念形态文化和实践形态文化的辩证统一中直面新时代中国特色社会主义文化的发展和人民对美好文化生活的需求，在理论上阐明文化实践何以成立，文化实践的内涵为何，文化实践都有哪些表现形式，文化实践中的辩证统一关系如何。唯其如此，才能沿着马克思、恩格斯开创的文化道路砥砺前行，不断在问题中的哲学和哲学中的问题互动中推动新时代中国特色社会主义文化不断地由自发走向自觉，达至自信。

第一节　作为社会实践基本形式的文化

从字面意义上来讲，文化实践关涉两个基本概念——“文化”和“实践”。显而易见，要认识、理解和接受文化实践的相关表述，就必须首先确认文化实践在何种意义上是成立的。换言之，在唯物史观视域中如何理

① 参见路向峰、王嘉莹：《走向实践的文化：唯物史观视野中的马克思主义文化理论》，《社会科学研究》2022 年第 5 期。

解和界定文化范畴，以及在马克思主义的科学实践中如何界定实践的基本形式都是要阐明的基本问题。在此基础上，才能合理地把文化理解为作为结果的观念形态的文化和作为过程的实践形态的文化在对立统一中发展演进。也唯有如此，才能从纷繁芜杂的文化现象中抽象出文化实践的科学内涵，并且与时俱进地发展马克思主义的实践理论。这种努力既是在为作为"软实力"的文化如何发挥"硬道理"正名，亦是在为被一度遮蔽了的马克思哲学变革的实践本质祛魅。

一直以来我们都在两种意义上使用文化概念：在第一种意义上文化作为"人化"的代称，象征着人与猿相揖别的实践表征，成为人类存在的精神标识和实践符号，"是一本打开了的关于人的本质力量的书"①；在第二种意义上是在社会发展的有机体中与经济基础相互对应，与政治上层建筑相互支撑的由科学、艺术、道德、宗教、习俗等组成的观念形态的上层建筑②。不难发现，人们对文化的两种惯常理解中，一种强调了文化作为人类实践的有机组成部分把人从动物中区分出来，另一种则是以作为结果的观念形态彰显着人类的精神力量改造自然界和人类社会的结果。显而易见，文化显然是不能脱离实践而单独存在的，抑或说文化实践一直影响着人类的实践活动，而我们却仅仅把文化的第二层含义固化在人类的思维认知中。

深入考察就可以得知，作为观念形态的文化和作为实践形态的文化不仅不冲突，而且还是任何文化发展所内在具有的形成其发展动力的辩证矛盾统一体，融汇于人类现实的社会实践之中。即使是作为文化观念形态存在的哲学、科学、艺术、道德、宗教、习俗等无一不表征着人类文化实践的作用领域和特性。③作为过程的实践形态的文化如果不能积聚为特定历史时期和地域观念形态的文化，也就不能够让普通民众以文明的方式传承文化资源的精华。由此可见，无论在何种意义上定义文化，都不可能把文化和实践割裂开来。离开了作为过程的实践形态的文化，人类精神世界的奥秘便无法追寻。脱离了实践的文化抑或说不能面对实践的文化，最终会成为概念间的空泛演绎，当然也背离了文化发展的内在矛盾和规律。

今天重释甚至是重构文化实践的概念并不是在极性思维的窠臼中走向

---

① ［德］马克思：《1844年经济学哲学手稿》，北京，人民出版社2000年版，第88页。

② 参见颜晓峰：《文化与创新》，《淮阴师范学院学报》2002年第1期。

③ 参见路向峰：《文化实践的理论地位和当代价值》，《北京理工大学学报（社会科学版）》2013年第1期。

文化的实践本体论，而是要在某种程度上复归马克思主义文化理论的本真内涵。先来分析一下人们为何会惯常把文化作为一种观念形态的存在？换言之，为何会在相当长的时间内都把物质生产实践、社会政治实践和科学实验作为人类实践的基本形态。以上两种认知都是预设了理论和实践具有天然的、内在的一致性这种逻辑前提于其中。这种逻辑前提抹杀了马克思主义哲学以实践思维方式在哲学史上所实现的“哥白尼式革命”，这种非此即彼的极性思维深深禁锢了马克思主义哲学的发展。[①] 如果关注西方马克思主义的代表人物葛兰西的理论，可以发现当今对马克思实践观的理解在某种程度上还没有达到葛兰西的高度。作为被西方学界誉为上层建筑理论家的葛兰西较早论述了文化实践的相关问题，他认为实践作为一种“绝对创造性活动”[②]，“是与文化以及人的现实的历史活动联系在一起的”[③]。葛兰西看到了仅仅把文化视为观念形态对无产阶级领导权所造成的危害，指出要在政治领导权之外构建无产阶级的文化领导权。不难看出，葛兰西已经揭示了马克思主义文化理论中不能缺位的实践，抑或说发现了文化实践在社会发展中的重要作用。[④]

人们通常把物质生产实践、社会政治实践和科学实验作为人类社会实践的基本形态。当然我们从未否认这种划分在学理意义上的正确性，但现实的生活实践却告知我们在社会实践的总体中，文化实践也占有一席之地。按照马克思所描述的人类社会发展由低级到高级依次演进的总体进程，作为生产力物质内容的物质生产实践在社会实践总体中的影响相对减少，而满足人们精神文化需求的文化实践和精神生产的比重则日渐上升，地位不断凸显。[⑤] 文化实践作为精神生产的主体部分切切实实地用“软实力”讲述着“硬道理”，那么就不能对文化实践能否成为社会实践的基本形态的问题视而不见。反过来讲，任何一种文化体系和文化形态如果脱离了人类实践的沃土，就会在历史的长河中灰飞烟灭。相反，那些演进至今的文化形态无一不是顺应人类实践需要的文化体系以某种形式得以保存，从而显示出其合理性。

① 参见何萍：《文化哲学：认识与评价》，武汉，武汉大学出版社 2010 年版，第 363 页。

② ［意］安东尼奥·葛兰西：《狱中札记》，葆煦译，北京，人民出版社 1983 年版，第 28 页。

③ 郝立新、路向峰：《文化实践初探》，《哲学研究》2012 年第 6 期。

④ 参见路向峰：《论葛兰西文化领导权理论的出场语境与价值向度》，《教学与研究》2016 年第 8 期。

⑤ 参见路向峰：《文化实践的理论地位和当代价值》，《北京理工大学学报（社会科学版）》2013 年第 1 期。

如果从马克思主义科学实践观所内含的异质性出发，就不难确认人类实践总体的多样化表征是内含文化实践于其中的（把人文科学研究、文学艺术创作、教育活动、田野调查以及科学实验综合起来，并称为“文化实践”，并把文化实践与生产劳动实践、处理社会关系的实践一起并称为社会实践的三种基本形式）。在论及文化及其发展的相关问题时，不阐明文化实践之于人类社会实践总体的基础性地位，就无法真正阐明文化发展演进的内在规律，亦无法廓清文化发展演进的内在动力。遵循马克思科学实践观的导引，在历史唯物主义的视域中确认文化实践作为人类社会实践的基础性地位，不仅有助于我们理解经济、政治、文化相互交融的辩证统一关系，更有助于我们在新时代探寻文化发展的内在规律性，从而由文化自觉达至自信。[①] 毛泽东认为：“人的社会实践，不限于生产活动一种形式，还有多种其他的形式，阶级斗争，政治生活，科学和艺术的活动，总之社会实际生活的一切领域都是社会的人所参加的。”[②] 这里“科学和艺术的活动”，指的就是人类的“文化实践”活动。在新中国革命和建设的实践中，毛泽东更是把文化实践提升为“物质可以变精神和精神可以变物质”的实践辩证法。

作为人的实践存在的文化确证，文化的实践属性是毋庸置疑的，因此理所当然地可以从人的实践存在来理解文化在社会实践总体中的地位。人的实践存在一般来讲可以从两个基本维度得以确证：一方面人类通过对自然界的改造和利用从而彰显自我的物种实践本能，可以称为生物性实践存在；另一方面人类通过所组成的人类社会进行具有社会历史性的社会实践活动，这种实践活动把人的文化社会属性彰显得淋漓尽致，可以称为人的文化实践性存在。人的生物性实践存在与人的物质利益需求直接相关，实现的是人类繁衍的第一种生产；而人的文化实践性存在是以确证人类所特有的意识为根本标志的，实现的是人类从动物中提升出来的精神生产，使人能够在历史长河中以文化的实践存在形式成其为人，进而在社会历史的发展中成为人类实践的“遗传密码”。在人的生物性实践存在中生产以使用价值为主要内容的人类物质财富，获取产品的直接形式和效用是其最终目的；相反，这种在人的类本质支配下所进行的动物本能的生产只有在作

① 参见路向峰、王嘉莹：《走向实践的文化：唯物史观视野中的马克思主义文化理论》，《社会科学研究》2022 年第 5 期。

② 《毛泽东选集》第 1 卷，北京，人民出版社 1991 年版，第 283 页。

为人的文化存在确证的文化实践中才能得到提升和阐明。[①] 正如马克思所言："动物只是按照它所属的那个种的尺度和需要来构造，而人却懂得按照任何一个种的尺度来进行生产，并且懂得处处都把固有的尺度运用于对象；因此，人也按照美的规律来构造。"[②] 最终，人类依靠文化实践超越了抱团取暖式的生命共同体和合伙开店式的利益共同体，开辟出一条联结世界的"精神丝绸之路"。[③] 这种彰显人之为人的、把人的本质和意义沉淀于物质和精神产品之中的、表征着人的生命价值和趋向自由的文化本质的实践形态，称为文化实践。

第二节　文化的实践样态与辩证本质

在论述了文化实践可以作为而且必须作为人类实践总体的基本形式后，另外一个必须回答的问题是文化实践以何种样态出现，通过什么样的内在矛盾推动自身发展？这两个问题的回答既是对文化实践作为人类社会实践基本形式的深化，亦是要阐明文化作为"软实力"如何发挥"硬道理"的必要之举。

"文化实践是人类改造世界过程中创造文化产品和形成精神成果的对象化活动。"[④] 那么问题在于，是不是所有跟文化相关的实践活动都可以归之为文化的实践形态抑或是文化实践呢？这就涉及文化发展所内含的一对基本矛盾的对立统一问题。正如前文所述，我们惯常把文化作为观念形态的结果而理解为文化资源，这种理解方式恰恰掩盖了文化发展的内生动力。从文化发展演进的整体进程来看，这一进程既是作为过程的推动文化自身的实践活动（如文化生产、文化消费、文化产品交换等），又包括了作为结果呈现的观念形态的文化（如文化资源、文明传统等）。即使是作为结果存在的观念形态的文化，其发端、发展、演进的进程一刻也离不开文化的实践形态。可以看到，观念形态的文化通常被当作了文化本身，而对文化本身内含的辩证矛盾视而不见。文化的外在表现不仅仅是作

① 参见路向峰：《文化实践的理论地位和当代价值》，《北京理工大学学报（社会科学版）》2013年第1期。

② 《马克思恩格斯文集》第1卷，北京，人民出版社2009年版，第163页。

③ 参见路向峰：《人类命运共同体的文化向度》，《学习论坛》2020年第6期。

④ 郝立新、路向峰：《文化实践初探》，《哲学研究》2012年第6期。

为观念形态的文学作品、书籍报刊、伦理文化、科学文化，更是与之相辅相成的文学艺术创作、教育活动、文化产业、道德践履、田野调查、科学实验、文化消费、文化交往等彰显文化的实践对象化活动特征的文化实践活动。

一是观念与实践的关系。文化发展的整体进程与社会总体实践的进程是基本一致的，但同样作为社会实践的基本形式，文化实践与物质生产实践、社会政治实践之间又有一定的滞后存在。换言之，文化实践及其作为结果的观念形态通常与其他两种实践之间存在不平衡和不同步的“常态”。而这种不同步往往作为约定俗成的结论来使用，对产生这种不平衡性的原因要么视而不见，要么“轻描淡写”。殊不知，这种不平衡性根源于文化发展演进的历史进程中文化的观念形态和实践形态之间所固有的不平衡性和对立统一性。抑或说，这种植根于文化本身的内在矛盾正是考察文化实践与物质生产实践、社会政治实践之间不平衡性的出发点。一直以来，对文化的观念形态的倚重和偏误使得无法追寻文化在社会有机体中发挥“硬实力”的内在规律和内在动力。文化的发展是一条联结古今、通达未来的精神脉络，如何把文化观念形态的现实影响力和文化实践形态的内在驱动力有机结合起来，推动中国特色社会主义文化由自觉走向自信，由外延走向内涵是文化在新时代发展必须处理好的现实矛盾关系。

就新时代中国特色社会主义文化发展而言，既要在文化实践中秉持正确的文化价值理念，又要使得这种文化价值理念经得起时代和人民的检验，当然更要符合文化发展的内在规律；文化实践要善于突破旧的文化观念的束缚，在文化守正中不断创新，在文化实践中不断总结实践经验，让文化实践在综合国力的竞争中发挥应有的作用；一定要廓清观念形态的文化与实践形态的文化相互转化的规律和条件。正如习近平总书记所提出的对中华优秀传统文化的创造性转化和创新性发展，用文化实践涤荡文化观念中腐朽和过时的元素，用文化实践筛选文化观念中真正能够积淀为民族文化精华的部分。“任何时代文化观念中都包含其前文化系统中的积极和消极因素，而这些观念性的因素要在新的文化观念中得以继承和发扬，必须通过文化实践的具体形式实现从观念到实践的转换，即使是当代的文化观念也要在文化实践中得以沉淀、检验和发展。”①

二是守正与创新的关系。伴随着人类由地域史不断走向世界历史的总

① 郝立新:《文化建设过程的辩证矛盾》,《光明日报》2011 年 12 月 16 日。

体进程，经济全球化把对文化的当代性批判由一国扩展至全世界。如何处理文化现代化进程中守正与创新的关系成为任何一个民族不得不面对的时代主题与历史使命。文化伴随其实践形态的创新发展当然是植根于文化传统之中的，是在守正与超越、批判与自我批判中逶迤前行的。原因在于，文化本身就是一个经由实践而发生的具有历史连续性和内容承继性的过程。文化在实践中的一切创新皆是对文化基因的延展和发挥。人类就是在文化的延续中逐渐进化的，民族文化和世界文化形态的不断积累与持续构成了人类演进的基本精神线索。作为社会"遗传密码"的文化传统和文化基因衬托起任何文化实践活动的光芒。就文化创造的主体而言，作为超越性存在的人本身所蕴含的超越性实践力量使得文化实践本身也具有超越性的内在本质。人的实践活动中蕴含的可能性与现实性，助推了人的文化需要的创新发展，进而文化实践成为一个开放的和复杂的实践体系。

三是时代性与民族性的关系。就文化发展的观念形态而言，它必然以某一文化系统（如儒家文化）抑或是某一民族文化样态而拥有其现实存在，当然这也是文化多样性的内在表征。反过来说，就人类发展的实践总体而言，各个民族及其各个阶段的文化实践中所积淀的主体成分又必然体现着人类文化发展的总趋势和总特征，从而显示出普遍的时代性。① 任何文化系统和文化形态必然是属于它那个时代的，因而具有普遍性，同时会因为各个民族发展的实践选择而形式各异，这是文化发展进程中的普遍性与特殊性的辩证统一问题。任何文化实践必然要解答它那个时代提出的问题，因而具有时代性，这种时代性使得文化实践能够以文化基因的方式形成历史积淀。同样，任何文化实践都离不开其赖以生存的自然地理环境，并因此而获得民族文化之间的差异化特征，全球文化因此而异彩纷呈。就矛盾的普遍性和特殊性而言，同一时代的文化实践面临大致相同的精神需求，不同民族在同一时代的文化实践又因为地域差异而彰显民族特色。同一时代的文化实践主体在价值取向、精神需求上表现出大致相同的文化旨趣，而在共同时代的文化实践活动中源于民族利益需求、制度设计等原因的分化和认同差异诞生出不同文化样态。必须指出的是，文化实践中时代性和民族性的对立统一问题是任何文化系统所内在具有的矛盾。一如庞朴所言，"由于文化有时代性，所以有文化的现代化问题；由于文化有民族

① 参见路向峰：《文化实践的理论地位和当代价值》，《北京理工大学学报（社会科学版）》2013年第1期。

性，于是有文化的传统问题。由于任一种文化都既有时代性又有民族性，所以任一文化的现代化，都是自己传统的现代化；任一现代化的文化都是饱含着它自己的传统在内”[①]。具有鲜明时代特色的文化实践都必须奠基在其民族性的实践基础上才能具备走向国际舞台文化共通性。简言之，只有真正彰显了民族文化特色的文化形态才是世界文化时代特征的有机组成部分。[②]

第三节 作为社会发展实践动力的文化

马克思虽未直接表述过文化实践的范畴，但在其构建的历史唯物主义体系中，他用社会有机体思想彰显了文化作为精神生产力的重要作用。马克思在《德意志意识形态》中指出：“只有在共同体中，个人才能获得全面发展其才能的手段，也就是说，只有在共同体中才可能有个人自由。……在真正的共同体的条件下，各个人在自己的联合中并通过这种联合获得自己的自由。”[③]马克思虽未言明物质自由和精神自由在社会有机体中究竟以何种方式起作用以及各自起到的推动作用孰轻孰重，但毫无疑问，在自由人联合体实现的进程中，精神生产发挥了重要作用。马克思在其创立的历史唯物主义中明确表示，矗立在作为人类社会发展最根本动力的物质生产实践所构筑的经济基础之上的是政治上层建筑，以及包含宗教、艺术、哲学、道德和政治法律思想的观念上层建筑所构成的内在文化结构。人类社会发展演进的历史表明，任何一个国家和民族都无法忽视作为精神生产主体部分的文化实践在社会有机体动力系统中的巨大作用。

如若仅仅从作为观念上层建筑的意识形态来理解文化实践的社会历史作用的话，会遮蔽文化实践推动社会发展的动力形式及其内在演进的内在规律性。有别于葛兰西等西方马克思主义者从意识形态入手高扬文化及其实践形态，我们认为不如沿着马克思开创的科学实践观，从认识论、本体论和方法论三者的有机统一中理解文化实践在人类社会发展中的动力作用。沿着马克思科学实践观形成和演进的逻辑理路，不仅能更清晰地推导

① 庞朴：《稂莠集》，上海，上海人民出版社 1988 年版，第 60 页。

② 参见路向峰：《文化实践的理论地位和当代价值》，《北京理工大学学报（社会科学版）》2013 年第 1 期。

③ 《马克思恩格斯文集》第 1 卷，北京，人民出版社 2009 年版，第 571 页。

出文化实践在整个人类社会实践总体中发生、发展的历史，更能还原文化是如何伴随着分工、阶级分化以及异化与物质实践活动相分离的。总而言之，文化既是以观念的形态“宗教的、艺术的、理论的”把握世界积淀为文化成果，更是一种作为过程的、实践的把握世界的方式。换言之，离开了马克思科学的实践概念，就无法真正地认识文化在社会有机体中的作用方式以及作用大小。因此，重释文化实践及其动力作用就是为了以实践整合文化资源，还原文化发展的真相；以实践消弭文化理论偏差，揭示文化发展的内在规律；用实践创新文化的理论原则，重释文化的实践意蕴。

在由经济、政治、文化所构成的社会生产力的矛盾动力系统中，各个动力源既相互独立而凸显矛盾的对立性，同时又彼此融合而彰显矛盾的统一性。以文化为例，在文化实践影响社会历史发展的总体进程中，总是通过物质文化、政治文化等形态彰显彼此的内在统一性。西方发达国家20世纪70年代普遍制定了各自的文化发展战略，最终这种实践成果由美国学者约瑟夫·奈在90年代提升概括为“文化软实力”。[①] 约瑟夫·奈在阐明文化在社会总体发展中的重要地位方面无疑是成功的，但政治家的身份又使得他对文化软实力的内在作用规律和机制视而不见，抑或说未能澄明“文化软实力”如何发挥“硬道理”。党的十六大就把文化战略纳入社会发展的总体战略之中，而不再仅仅局限于物质文明和精神文明的两手抓。党的十七届六中全会以制度方式确立了中国特色社会主义文化大繁荣大发展的总体方针，并把文化振兴作为党和政府在新时代的重要战略目标。

毫无疑问，世界各国和思想家都不会否认文化作为社会发展重要动力的结论，但对于观念形态的文化资源如何转化为现实的文化影响力要么避而不谈，要么讳莫如深。而重释文化实践的理论内涵和实践意义就是要阐明文化发展的内在规律和动力系统，澄明文化只有在观念形态和实践形态的对立统一中才能得以前行，才能以精神的力量驱动社会发展，真正成为推动社会发展的软实力。因此，把文化实践理解为中国社会发展的重要动力以及探究其推动中国社会发展的实践形式是对中国特色社会主义文化发展道路探究所得出的有益结论。

---

① 参见路向峰：《文化实践的理论地位和当代价值》，《北京理工大学学报（社会科学版）》2013年第1期。

马克思明确指出："思想、观念、意识的生产最初是直接与人们的物质活动，与人们的物质交往，与现实生活的语言交织在一起的。人们的想象、思维、精神交往在这里还是人们物质行动的直接产物。表现在某一民族的政治、法律、道德、宗教、形而上学等的语言中的精神生产也是这样。"[①] 可以看出，尽管历史唯物主义的思想尚未完善，但马克思、恩格斯已经澄明了物质生产实践和精神生产实践两种基本类型，当然也一直在实践层面界定精神生产和文化实践。不仅如此，马克思、恩格斯还以历史唯物主义的眼光看到了物质财富丰裕后，必将是由文化实践所创造的精神财富主导人们追求的目标。抑或说，人们对文化实践及其实践成果的追求必然极大地促进社会生产力向更高的层次发展。伴随着对资本主义社会的进一步研究，马克思在《1857—1858 年经济学手稿》中指出，"科学这种既是观念的财富同时又是实际的财富的发展，只不过是人的生产力的发展即财富的发展所表现的一个方面，一种形式"[②]。显而易见，马克思从一开始就把科学和文化实践作为同一类型的实践加以界定，不仅如此，马克思还特别指出，文化实践可以成为社会财富的主要创造形式进而积聚社会财富。恩格斯在其晚年的历史唯物主义通信中，对马克思主义文化实践思想以及作为观念上层建筑的文化在历史合力中的作用做出了较为细致的阐明，他在《致瓦尔特·博尔吉乌斯》中明确指出："政治、法、哲学、宗教、文学、艺术等等的发展是以经济发展为基础的。但是，它们又都互相作用并对经济基础发生作用。这并不是说，只有经济状况才是原因，才是积极的，其余一切都不过是消极的结果，而是说，这是在归根到底不断为自己开辟道路的经济必然性的基础上的相互作用。"[③]

毛泽东对文化实践在社会实践总体中的动力作用给出了中国化的表达，他在《新民主主义论》中指出："一定的文化（当作观念形态的文化）是一定社会的政治和经济的反映，又给予伟大影响和作用于一定社会的政治和经济；而经济是基础，政治则是经济的集中的表现。这是我们对于文化和政治、经济的关系及政治和经济的关系的基本观点。"[④] 由此可以看出文化实践在社会动力系统中的重要地位，以及科学技术、意识形态、价值体系以及精神信仰等文化实践形式通过经济、政治及相关的社会关系

① 《马克思恩格斯文集》第 1 卷，北京，人民出版社 2009 年版，第 524 页。
② 《马克思恩格斯全集》第 30 卷，北京，人民出版社 1995 年版，第 539 页。
③ 《马克思恩格斯文集》第 10 卷，北京，人民出版社 2009 年版，第 668 页。
④ 《毛泽东选集》第 2 卷，北京，人民出版社 1991 年版，第 663~664 页。

的协同作用所表现出来的推动社会发展的动力机制。

作为社会发展动力系统重要组成部分的文化实践通过以下两种方式在一定的历史时期对人类社会发展彰显精神推动力。

一是作为精神纽带，文化实践通过维护社会发展的精神脉络助推社会发展。在人类社会成长的初期，由于生产力水平和社会实践能力的低下，人类必须结成抱团取暖式的生命共同体，进而通过劳动结成利益共同体，方能在人与自然的角逐中求得生存和发展。在这一过程中，原始的文化实践形式诸如宗教、神话、图腾文化就成为维系社会关系的重要纽带。马克思晚年通过对原始氏族社会理论的深入研究，指出："自由、平等、博爱，虽然从来没有明确表达出来，却是氏族的根本原则，而氏族又是社会制度和管理制度的单位，是组织起来的印第安人社会的基础。"① 显而易见，马克思这里所指称的"自由、平等、博爱"事实上就是原始社会文化观念的代称，马克思认为它们虽然是精神性因素，却对氏族制度的发展以及原始社会的演进起到了极大的推动作用和基础性作用。② 而在现代社会，正如英国后现代主义理论家齐格蒙特·鲍曼所言："文化就是将知识和旨趣融为一体的一种人类实践的方式。"③ 他进而把文化划分为 3 个基本类型：作为概念的文化、作为结构的文化以及作为实践的文化。④

二是任何社会形态中存在的文化实践必然以某种方式与经济、政治、社会等实践形式相互融合，进而通过文化观念的实践变革引领社会变革的思维导向和价值方向。马克思和恩格斯早在《共产党宣言》中对文化实践的这种作用方式有着精确恰当的论述："当基督教思想在 18 世纪被启蒙思想击败的时候，封建社会正在同当时革命的资产阶级进行殊死的斗争。信仰自由和宗教自由的思想，不过表明自由竞争在信仰领域里占统治地位罢了。"⑤ 显而易见，文化实践的发生过程和社会历史实践的发生过程是同一过程的两个不同方面。具体到近代中国的社会变革，可以重新考量新文化运动在摧毁旧的思想观念体系和引领民主、科学思潮方面所起到的革命性变革作用。这一文化实践运动，开启了中国走向现代的精神之门。必须指

---

① ［德］马克思：《马克思古代社会史笔记》，北京，人民出版社 1996 年版，第 211 页。

② 参见路向峰：《文化实践的理论地位和当代价值》，《北京理工大学学报（社会科学版）》2013 年第 1 期。

③ ［英］齐格蒙特·鲍曼：《作为实践的文化》，郑莉译，北京，北京大学出版社 2009 年版，第 285 页。

④ 参见郝立新、路向峰：《文化实践初探》，《哲学研究》2012 年第 6 期。

⑤ 《马克思恩格斯文集》第 2 卷，北京，人民出版社 2009 年版，第 51 页。

出的是，文化实践成为社会生产力动力系统的有机组成部分，离不开文化创造主体的现实实践活动。换言之，文化实践的动力作用只有经由人民的文化活动才能真正得以彰显。正是如此，马克思把哲学当作批判的武器，把无产阶级看作武器的批判，虽然批判的武器不能代替武器的批判，“但是理论一经掌握群众，也会变成物质力量”[①]。

① 《马克思恩格斯文集》第1卷，北京，人民出版社2009年版，第11页。

第五章　文化领导权与马克思主义文化理论的实践向度

全球化进程的不断推进使得文化在人们社会生活中的地位日益凸显，而人们的文化意识也越发觉醒，文化与意识形态的关系问题成为意识形态建设过程中无法避开的一个重要话题。可以在社会有机体中理解文化与意识形态的共通性与互动性，从西方政治文化思潮、信息网络技术的冲击以及社会转型的影响理解二者所面临的挑战，从社会主义主流意识形态创新、民族文化凝聚力建设、大众文化的引导与管理维护社会主义主流意识形态的安全。马克思主义文化理论在当代所展现的所有实践向度中，由西方马克思主义理论家所倡导的文化领导权理论无疑是马克思主义文化理论在当代重要的历史叙述和现实叙述方式。

第一节　文化与意识形态的当代关系及其实践阐明

面向中国现实问题，实现物质文明、政治文明、文化繁荣“三位一体”的有机统一是在意识形态领域坚持马克思主义指导地位的实践基础。物质文明在体制选择和现实生产力的矛盾对接中对坚持马克思主义指导地位的影响是根本性和原生性的；政治文明在制度设计和政治生态上体现着执政党的核心价值取向，其实现程度是坚持马克思主义指导地位的关键所在；文化是意识形态最为主要的现实载体，中华文化整体软实力的提升和马克思大众化的推进是确保马克思主义意识形态指导地位的文化路径所在。

伴随着民族历史向世界历史发展以及经济全球化、信息网络化的不断推进，文化软实力在一国综合竞争力的地位不断凸显，与此相应，文化发展以及与之紧密相连的意识形态安全也日渐成为世界各国社会发展进程中不得不面对的重要问题。全球化以及信息化对于发展中国家是一把“双刃剑”，在促进它们社会进步以及经济发展的同时，随之而来的还有发达资本主义国家裹挟于其中的文化霸权和意识形态侵略。因此，厘清新形势下国家文化发展和意识形态安全的内在联系，明确全球化背景下文化发展和意识形态安全所面临的挑战，进而对我国文化繁荣过程中如何维护主流意识形态安全的策略做出探讨，成为我国当前意识形态建设中所必须关注的时代主题。

一、理论透视：文化与意识形态的辩证关系

从历史发展的整个过程来看，任何文化都在一定程度上要成为意识形态，同时，意识形态的变化也必将对文化的发展和变革产生重要影响。西方马克思主义的代表人物之一葛兰西就鲜明地提出要把文化上的即意识形态的领导权和政治上的领导权并列起来加以关注，而且认为无产阶级在前者中的领导权比后者更为根本。可见，在现存的任何社会有机体中都不可能无视文化与意识形态之间的有机联系。

（一）共通性：文化与意识形态关联的基础

文化和意识形态当然存在显而易见的不同，二者是在不同层次上对社会有机体划分的结果。相较而言，意识形态更具有抽象性，在阶级社会中它是社会意识的主要组成部分，是与社会存在相对应的范畴；文化则是人们社会实践活动的基本形式之一，与政治、经济一起共同构成任何一个具体社会形态的有机体。抽象的意识形态要发挥对社会存在的反作用必须依靠一定的载体，而文化就是意识形态最主要也是最重要的载体。毛泽东对文化的意识形态功能做过比较详细的论述，他指出，“一定的文化（当作观念形态的文化）是一定社会的政治和经济的反映，又给予伟大影响和作用于一定社会的政治和经济”[①]。毛泽东在这里提到的“文化”是作为观念形态的文化，换句话来讲，就是指代一定社会中的意识形态。其实，当文化被系统化和理论化为阶级意识之后，就自然呈现为历史发展的产物，原因就在于二者在本质上存在一致性，是共通的。任何意识形态对现实的反映都是建立在一定的社会文化的基础之上，意识形态中的任何价值判断标准所依据的也都是一定社会形态中的文化传统和文化资源。任何忽视文化和意识形态联系的做法都不能真正理解意识形态的阶级本质和真正内涵。

① 《毛泽东选集》第2卷，北京，人民出版社1991年版，第663页。

在任何一个社会中，意识形态作为一种阶级意识体现的文化形态，作为一种反映社会经济、政治本质的特殊文化系统，体现的都是该阶级或阶层的经济地位和政治地位，从这个意义上讲，文化和意识形态不仅有共同的基础，而且彼此之间还是共通和联结的。

（二）互动性：文化与意识形态相互作用的方式

文化和意识形态都是建立在一定的社会存在基础之上并在一定的经济关系中所创造的，因此，二者具有在相同的社会条件中互动的可能性与现实性。马克思曾经强调，任何社会都是一个辩证统一的有机体，而在这个有机体中作为精神性要素的文化和意识形态的作用是不可忽视的。如果从社会发展的整体来考量，伴随着历史由民族历史向世界历史的转变，世界经济的一体化必将不断强化文化的意识形态功能。换句话讲，意识形态的表现形式将会伴随着文化形态的多样性而更加丰富多彩。形式各异的文化形态，如主流文化、大众文化、高雅文化、低俗文化、政府文化、民间文化，都会在经济一体化的进程中被不断赋予程度不同的意识形态功能，以至于西方马克思主义的代表人物大多认为，新的世纪将是文化领导权处于统治地位的世纪。这种论断虽言过其实，但事实也的确展现了这样一幅意识形态与文化不断交融进而影响世界历史进程的趋势和现实画面。消费文化的兴旺，文化工业的崛起和裹挟在经济交往中的文化侵蚀与侵略，无不昭示着文化与意识形态的互动对人们经济和政治生活造成的巨大影响。主流文化的意识形态功能日渐扩展到日常生活的各个领域，相应地，文化的冲突和斗争实质上大多是意识形态起作用的结果。在这种形势下，我们固然有必要把文化和意识形态加以区分，但更多要把关注的重点放到二者的互动对社会有机体造成的影响上。因为，意识形态对文化渗透所造成的威胁对任何一个社会的影响都是不可估量的。

二、实践分析：当代文化与社会主义意识形态安全面临的挑战

在当今世界，文化霸权主义思潮正在消解和蚕食我国民众对主流文化和主流意识形态的认同，西方发达国家也不断借助信息网络技术拓展资本主义意识形态在全球的影响力，而我国社会转型的现实又为上述二者的影响提供了现实契机。对这些现实挑战的现实分析是透视文化与意识形态关系的重要现实基础，当然也会有利于探寻新形势下维护我国主流意识形态安全的策略。

（一）文化霸权主义的冲击

文化霸权主义最先由西方马克思主义的代表人物葛兰西提出，用以指代统治阶级在意识形态上的领导权。后来用来统称西方发达资本主义国家凭借经济和政治优势，以自己的文化价值观念削弱和代替别国文化和意识形态的一种思想侵略方式。文化是一个国家和民族的“遗传密码”，它是用来维系一个民族精神世界统一性的源泉。在这种意义上，不同民族的文化是不能相互替代的。文化的确有多样性的发展趋向，但这种多样性无疑是建立在民族性基础之上的，因此，越是民族文化的东西才越能走向世界。每一个民族一脉相承的文化传统是该民族独特的精神财富，是文化生产力的重要源泉，当文化的民族性被销蚀乃至被替代的时候，其政治和经济的异化只是一个由时间来判断的问题。民族文化当然要博采众长，汲取其他文化形式的精华部分以促进本民族文化的长远发展，但这个过程往往是一个伴随世界范围交往的扩大而主动选择的过程。而发达国家向发展中国家推行的文化霸权主义却把这个主动交流的过程直接诠释和改变为强制输出的过程。于是，伴随着改革开放以来我国对外开放进程的加快，西方敌对势力利用各自手段输出他们的文化形式，这些通过广播、影视等传媒和通过文化产品等形式进行的文化渗透和文化输出，其中裹挟的是西方资产阶级的世界观、人生观、价值观。通过这些被称为“没有硝烟的战场”的战斗，文化霸权主义在力图对我国文化的民族性以及核心价值体系进行消解和异化，不断占领我国思想文化阵地。因此，看不到西方国家借文化霸权主义之名，行意识形态侵略之实，我国的文化和社会主义意识形态安全就会受到严重的冲击，甚至造成不可预料的结果。

（二）社会转型期文化多元化的影响

40 余年的改革开放历程使中国的经济获得长足的发展，中国现代化的进程不断加速。与此同时，我国的社会结构以及社会文化体系和人们的思想结构也在 40 多年间悄然发生着变化。正像学者们指出的那样，“社会转型的主体是社会结构，它是指一种整体的和全面的结构状态过渡，而不仅仅是某些单项发展指标的实现。社会转型的具体内容是结构转换、机制转轨、利益调整和观念转变”[①]。在任何一个社会的稳定发展期，其社会的核心价值体系往往是增强社会凝聚力，促进社会稳定发展的一个重要的因

① 刘祖云：《从传统到现代：当代中国社会转型研究》，武汉，湖北人民出版社 2000 年版，第 97 页。

素。但对于一个处于转型期的社会，由于其核心价值体系尚处于形成和发展阶段，此时制度和规范的变革以及经济社会发展的转型往往会与该社会的信用价值体系之间发生各种矛盾，对文化安全以及社会意识形态安全维护就会面临多元文化的挑战和更多的不确定性因素。因为，“在每一种文化中，其构成最核心最稳定的把文化塑造成一种特定文化的部分往往是文化的精神层面。而最外层的一般都是文化的物质层面，也是文化体系中最不稳定的一面”①。社会转型会给中国社会发展带来诸多方面的影响，对于文化转型来讲，最主要的就是这种转型使得我们国家很难在比较短的时期内形成一种支撑现代化进程中相对统一的、主导型的文化精神，也就是中国社会发展的核心价值体系。社会转型所引发的文化转型必然会带动传统文化向现代文化进行时代转换，而受到经济多元化的制约和影响，文化发展必然会呈现多元化发展的局面，这种文化的多元化进而会影响转型时期人们的行为方式、生活方式、价值判断体系的形成。我们既不能放缓中华民族走向现代化的脚步，又要对这一进程中出现的文化转型对意识形态安全所造成的影响有清醒的认识。

三、对策选择：新形势下我国主流意识形态安全的维护

文化软实力在国家综合竞争力中地位的提升为在新时代巩固马克思主义在意识形态领域中的指导地位奠定了良好的基础，同时，文化全球化的现实也为我国主流意识形态安全的维护带来了极大挑战。推进社会主义主流意识的理论创新、增强民族文化凝聚力以及加强对大众文化的引导和管理是在文化全球化背景下维护我国主流意识形态安全的必要对策。

（一）强化社会主义主流意识形态的理论创新

伴随着我国改革开放事业的深入推进，经济和政治领域的变革使得我国的社会阶层不断分化，利益格局也日益明显，与此相应的是文化形态也呈现多样化发展的态势。中国传统文化的现代转型以及国外文化的引入打破了我国过去文化单一化发展的格局，进而使得我国意识形态领域单一和封闭的状态趋向复杂化发展的局面。文化全球化的推进使得各种思想文化的载体在我国社会发展的历史舞台上相互激荡，这一方面为发展以马克思主义为指导的主流意识形态提供了良好的机遇，也使裹挟在外国文化中的资本主义意识形态以及形式各异的非主流意识形态对我国的主流意识形态

---

① 郑晓云：《文化认同与文化变迁》，北京，中国社会科学出版社 1992 年版，第 33 页。

的安全造成了极大威胁和挑战。那么，要应对文化全球化背景下资本主义意识形态以及各种非主流意识形态的挑战，最核心的举措就是要不断加强对社会主义主流意识形态的理论创新。我们不可能再把我们已经打开的世界重新关闭起来，因为历史的经验告诉我们，这样的做法只会使中国落后于时代发展的步伐，但可以通过自身主流意识形态的创新增强民族文化和社会主义主流意识形态的吸引力和感召力。因此，应该汲取人类文化的一切优秀成果丰富和发展中国文化，解放思想，实事求是，与时俱进地发展马克思主义。用切合时代特征的马克思主义指导新的社会实践，用理论创新不断推动科技创新、制度创新以及其他各方面的创新。唯有如此，才能真正巩固马克思主义在意识形态领域中的指导地位。

（二）增强民族文化凝聚力

民族文化是在一定历史时期内产生的与本民族经济政治状况相一致的各种文化产品、文化形态和文化意识的总和，它是与外来文化相对而言的一个范畴。从文化发生学的角度来看，人类文化在产生之初，由于自然条件、社会条件和心理条件的不同总是以民族文化的形式出现。民族文化往往是维系一个民族生存和发展的精神支柱，观念形态上的民族文化在历史发展中扮演着民族凝聚力的角色。民族文化的形成是该民族所特有的向心力和离心力、内聚力和扩散力相互斗争的结果，是向心力战胜离心力，内聚力战胜扩散力的结果。在这种状况之下，民族文化不仅能够吸取外来文化中的精华部分不断丰富和改造自身，而且能够对外来文化进行融合和改造。江泽民对民族精神在一国发展中的重要地位作出了明确定位，他指出："有没有高昂的民族精神，是衡量一个国家综合国力强弱的一个重要尺度。综合国力，主要是经济实力、技术实力，这种物质力量是基础，但也离不开民族精神、民族凝聚力，精神力量也是综合国力的重要组成部分。"① 在全球化日益推进和扩展的大背景下，民族文化的凝聚力正在受到外来文化的挑战，特别是当资本主义的意识形态裹挟在文化输出中迎面而来之时，形势则更加严峻，民众对民族文化的认同在这种冲击下出现了危机。那么，如何在全球化不可逆挡的潮流中增强民族文化的凝聚力呢？首先，必须在新形势下实现传统文化的现代转换，激发其内在生机和活力，促使传统文化在时代化和世界化的过程中获得民族认同的功能；其次，要

① 中共中央文献研究室编：《十五大以来重要文献选编》（上），北京，人民出版社 2000 年版，第 549 页。

积极推动中华文化主动走向世界的进程，从而增强民族文化的世界吸引力，在与外来文化的交流和融合中提升自身的凝聚力；最后，民族文化凝聚力的增强从根本上还有赖于中国特色社会主义经济政治的保障。总之，从文化的视角来审视中国现代化的历史进程，就是要在弘扬中华优秀传统文化、学习世界先进文化和创造当代中国文化“三位一体”的文化变革运动中增强民族文化凝聚力的进程。

（三）加强对大众文化的引导与管理

经济全球化和信息网络化的迅猛发展催生了中国的大众文化和大众文化产业，大众文化作为一种社会意识现象，正以其鲜明的现实价值取向和强烈的文化渗透能力，广泛地介入人们的日常生活，深刻地改变着人们的生产、生活和思维方式，使得大众文化成为一个研究社会主义意识形态的重要视域。大众文化作为一种思想潮流体现着人民群众的人生观和价值观，它和中国特色社会主义意识形态和价值观念的转型有着深刻的内在关联。从积极的方面来讲，大众文化为社会主义意识形态注入了新活力，也拓宽了社会主义意识形态的传播渠道。但大众文化的多样性特征与社会主义主流意识形态一元化之间也存在必然的冲突和挑战。面对大众文化繁荣发展的局面，应当发挥对大众文化的引导作用，制约大众文化自身发展的负面效应，规约大众文化的发展方向，把大众文化的发展导向引导到与中国先进文化发展相一致的方向，从而掌握党对大众文化发展的引导权和控制权。必须以大众文化市场的需求为现实出发点，积极开发适合大众需求的大众化意识形态产品，从而把社会主义主流意识形态的教化功能以润物细无声的方式融汇于大众文化的日常娱乐活动之中，以增强中国特色社会主义主流意识形态的亲和力、影响力和认同感，使中国特色社会主义主流意识形态对大众文化的发展起到引导和控制作用。在具体战略措施上，必须寻找中国特色社会主义主流意识形态与大众文化的有效结合点，批判地吸收大众文化的合理成分，努力克服大众文化的消极成分，使大众文化向着有利于社会稳定的方向发展，从而实现中国特色社会主义主流意识形态的大众化转向。

第二节　文化领导权：理论内涵与价值向度

葛兰西文化领导权理论是在其实践哲学的语境下出场的。他从国家政权中区分出政治领导权和文化领导权，进而认为文化领导权夺取的途径是“阵地战”，核心在于有机知识分子对于无产阶级民众的教育。但葛兰西并未清楚认识到社会历史主体的主体意识不等同于生动的革命实践，有机知识分子和无产阶级大众的文化活动也不能机械地分化。葛兰西文化领导权理论的内涵与旨趣中蕴含了价值观认同与培育的基本思想，这对我们在当代构建社会主义主流意识形态的话语权启示良多。中国共产党一直注重对社会思潮的引领，积累了丰富的历史经验，逐渐积淀为党治国理政的核心内容之一。回望历史，不难发现党对社会思潮的引领始终坚持马克思主义的指导地位、始终坚持以人民利益为中心的价值导向、始终坚持善于学习的优良传统、始终高扬斗争精神的伟大旗帜。伴随着中国特色社会主义步入新时代，党对社会思潮的引领获得长足推进的同时，也面临马克思主义被边缘化、网络空间扩展滋生多元化社会思潮的严峻挑战。以哲学社会科学夯实思想引领的理论根基、以媒体融合创新思想引领的实现路径、以思想政治理论课创新铸魂是在新时代创新党对社会思潮引领的实践进路。

葛兰西被西方学界誉为上层建筑理论家，这与他在实践哲学的基础上提出文化领导权理论是分不开的。葛兰西文化领导权理论的出场语境是要解答西欧社会主义革命屡屡失败与俄国革命依靠政治暴力成功之间的鲜明对比问题。提出国家权力的巩固应该从文化领导权的建构入手，继而取得经济和政治领导权。西欧资产阶级的统治是建立在“市民社会”这个牢靠的基础上进而拥有资产阶级的文化霸权，因而如果要取得社会主义革命的胜利，必须首先通过不同于俄国“运动战”的方式，即有机知识分子的“阵地战”的方式巩固无产阶级的文化领导权。厘清葛兰西文化领导权理论中文化与权力的双重复杂性的文化政治学转向，开掘其出场语境中蕴含的主流意识形态构建路径与价值向度对于在文化全球化背景下的中国尤为重要。

一、文化领导权理论的内涵与旨趣

葛兰西将文化作为其实践哲学的出发点，作为自己理论的中心点构建其意识形态理论。为了防止他人误解其理论的价值取向，葛兰西特别强调不能把文化当作医治一切病症的灵丹妙药，明确反对泛文化主义的错误思潮。他指出，“我们需要使自己摆脱这样的习惯，即把文化看成是百科全书式的知识”[①]。由此可见，将文化神化为无所不包的百科全书式的知识是异常危险的，这样会遮蔽文化自身所蕴含的实践维度和价值形态而走向流俗的知识卖弄和文化中心主义。

葛兰西主张从国家领导权中区分出文化领导权和政治领导权，进而认为后者的实现是以前者的实现为前提的。他指出：“一个社会集团的霸权地位表现在以下两个方面，即‘统治’和‘智识与道德的领导权’。”[②]拉克劳和墨菲认为：“葛兰西比同时代的其他理论家更大地扩展了政治重组和领导权的领域。”[③]但他并不仅仅停留于简单的文化层面就文化谈文化，而是从文化和权力的关系，文化的政治化和实践化来思考文化领导权获得的可能性。葛兰西文化领导权理论的建构是建立在他对马克思主义实践本性的理解之上的，他认为在无产阶级的革命实践中原本就包含对基于文化领导权的意识形态话语权争夺，这是对列宁领导权理论没有从政治领域扩展到伦理、理智领域的必要发展和补充。

葛兰西认识到，西欧国家的资产阶级不仅在政治上拥有统治权力，而且在实际上拥有与其经济统治地位以及政治统治地位相一致的文化霸权。不仅如此，文化霸权的存在还为资产阶级的统治起到了精神堡垒的作用。鉴于此，他认为有必要把以苏联为代表的无产阶级领导权扩展到文化领域。不仅如此，还要把马克思视之为经济基础的市民社会概念进行重新审度，代之以推行无产阶级意识形态的文化载体。他指出：“对国家的基本认识离不开对市民社会的认识。”[④]任何一个国家都需要两个方面的领导权：一方面就是为人们所熟知的经由政治和军事手段而实现的政治领导权；另一方面就是通过以知识分子为主体的市民社会的文化和教育而形成的文化领导权。对于前者而言，包括国家和军队在内的暴力机关所形成的强制力保证其直接有效性；而对后者而言，必须通过对无产阶级大众的文化教化和“思想灌输”以形成统治阶级对现实的人的精神控制和领导，同时为政治领导权提供执政合法性的文化依据。

“在国家和市民社会概念的界定以及对二者相互关系的理解上，葛兰

---

① ［意］安东尼奥·葛兰西：《葛兰西文选》，李鹏程编，北京，人民出版社 2008 年版，第 4 页。

② ［意］安东尼奥·葛兰西：《狱中札记》，曹雷雨等译，北京，中国社会科学出版社 2000 年版，第 38 页。

③ ［英］恩斯特·拉克劳、查特尔·墨菲：《领导权与社会主义的策略》，尹树广等译，哈尔滨，黑龙江人民出版社 2003 年版，第 71 页。

④ ［意］安东尼奥·葛兰西：《狱中札记》，曹雷雨等译，北京，中国社会科学出版社 2000 年版，第 218 页。

西显示出了其与马克思思想的明显不同。众所周知，马克思的市民社会概念是建立在经济基础之上并受其规制的。而葛兰西却用来指代由学校、教会、政党、社会救济机构和慈善事业团体等构成的从事文化和教育的机构和团体，很显然，市民社会在葛兰西那里是作为意识形态上层建筑出场的。"[①] 与马克思从生产力与生产关系的辩证统一出发阐述国家形成发展的基本思路不同，葛兰西认为："每个国家都是伦理国家，因为它们最重要的职能就是把广大国民的道德文化提高到一定的水平，与生产力发展要求相适应，从而也与统治阶级的利益相适应。"[②] 可见，葛兰西从每一个国家都是文化国家的逻辑前提出发，认为经由市民社会而对国家文化领导权的争夺，对于统治阶级获得执政的合法性基础以及群众基础至关重要。不难看出，葛兰西构建文化领导权理论所提出的市民社会范畴具有浓重的黑格尔主义色彩，但这正是理解其文化领导权理论的关键点所在。

葛兰西的文化领导权理论是基于意大利工人运动和俄国的社会主义革命不同结果的鲜明对比而提出来的，他运用"运动战"和"阵地战"这两个富于军事性修辞的比喻非常形象地说明欧洲和俄国无产阶级革命的不同国情以及应该采取的大相迥异的战略策略。同样是无产阶级革命，为何经济发展水平明显落后的俄国的十月革命能够取得成功，反而在经济发达的欧洲，无产阶级的社会革命却屡屡遇挫？葛兰西认为，沙皇俄国的政权不是建立在被统治者认同的基础上，没有牢靠的市民社会（文化认同的物质载体）基础，因此俄国社会主义革命可以采取闪电式的"运动战"的方式通过暴力革命迅速取得革命的胜利。相较而言，欧洲资产阶级的统治是建立在牢靠的市民社会基础之上，这些市民社会就像前沿碉堡背后的战壕，即使前沿碉堡被攻克，背后还有密密麻麻的战壕难以攻克。欧洲成熟的市民社会体系，决定了单纯采取军事暴力取得革命胜利是不可能的，必须通过"阵地战"，一步步攻克背后的战壕，夺取文化的领导权直至无产阶级革命的胜利。"西方国家的革命策略应该从夺取'市民社会'的领导权开始，也就是从'阵地战'开始。"[③] 在葛兰西看来，争夺国家领导权的关键在于对文化领导权的争夺。为此，必须从争夺知识和道德话语权开始构筑无产阶级革命所必需的社会主义主流意识形态话语权。

---

① 路向峰：《论葛兰西文化领导权理论的出场语境与价值向度》，《教学与研究》2016 年第 8 期。

② ［意］安东尼奥·葛兰西：《狱中札记》，曹雷雨等译，北京，中国社会科学出版社 2000 年版，第 214 页。

③ 欧阳谦：《文化与政治》，北京，中国人民大学出版社 2012 年版，第 102 页。

众所周知，社会主义革命和社会主义建设的领导者一般应由无产阶级担当，无产阶级打破资产阶级的枷锁后建立本阶级领导下的社会主义政权。马克思认为，按照资本的逻辑，无产阶级由于其在社会基本矛盾中的对立面直接就是资产阶级，因而他们自然而然就成为埋葬资产阶级的革命主体，马克思还强调这有别于某些知识分子天才式的空想社会主义的理论建构。即使在卢卡奇的《历史与阶级意识》中，冲破资本主义物化阶级意识牢笼的革命主体依然是无产阶级。而葛兰西认为，实现文化领导权的重任落到了有机知识分子身上。

有机知识分子范畴是葛兰西构建其文化领导权理论的关键一环，其意义是在与传统知识分子的对比中得以显现的，是葛兰西相对于传统知识分子所提出的一个范畴。葛兰西认为，传统知识分子把对作为文化资源的知识的拥有作为首要目标，这种知识分子保持着自我独立和相对自治的生活习性，而这种知识分子根本无法担负实现无产阶级文化领导权的历史重任。在葛兰西看来，传统知识分子根本不具备改造社会的基本职能。为此，就需要对知识分子群体做出详细的区分，以寻找那种具有意识形态教化功能的知识分子。葛兰西认为知识分子“仅仅是知识分子职业范畴的直接社会功能”①。只有那些以批判资产阶级意识形态和文化霸权为己任，致力于建构和推广无产阶级新世界观的知识分子才是有机知识分子。葛兰西由此提出了有机知识分子和无产阶级民众作为领导者和被领导者的基本区分。夺取社会主义社会的文化领导权显然是个集体行动，而他认为这一集体行动的成功开展是以领导者和被领导者的区分作为前提的。而这个经由主体到客体的行动模式，要由被葛兰西称为有机知识分子的领导者对无产阶级民众进行自上而下的文化意识、道德观念的灌输来完成。

一个显而易见的问题是：文化领导权的确立离不开经济改革的基础和现代政党的组织。葛兰西虽然反对抽象地谈论文化领导权，但他强调文化领导权不仅是通过强制力量的政治领导权得到保障的，也是建立在经济基础之上的，并以现代政党作为其组织保障的。他指出：“精神和道德改革必须同经济改革纲领发生联系——实际上经济改革纲领正是精神和道德改革自我体现的具体方式。”②然而一个事实性问题是，将有机知识分子置于

---

① ［意］安东尼奥·葛兰西：《狱中札记》，曹雷雨等译，北京，中国社会科学出版社2000年版，第4页。

② ［意］安东尼奥·葛兰西：《狱中札记》，曹雷雨等译，北京，中国社会科学出版社2000年版，第95页。

实现文化领导权的领导地位和主体地位，会自然得出社会历史发展的源泉和动力在于有机知识分子的批判意识和灌输式教育行为。这在根本上偏离了马克思主义唯物史观把人民群众作为历史发展创造者的基本思想，最终导致的也必将是社会历史观上的“唯意志论”和“唯我论”而滑向历史唯心主义的泥潭。

二、文化领导权理论出场的实践哲学语境

葛兰西的文化领导权理论是建立在其实践哲学的基础上的。众所周知，马克思主义以科学的实践观实现了世界观和方法论上的“哥白尼式革命”。葛兰西从意大利理论家拉布里奥拉那里借用了马克思主义是实践哲学的说法，进而将实践哲学看作马克思主义的代名词。如果从其确立文化领导权角度来看，在于葛兰西强调实践哲学对作为历史参与主体的人的主观能动性的影响，而具有自觉的主观能动性的有机知识分子才是同资产阶级进行意识形态斗争的主体力量。当然西方和东方学者对此问题也有不同看法，一部分学者认为葛兰西用实践哲学来称谓马克思和恩格斯共同创立的、独立的、具有原创性的新世界观，实践哲学很好地表征了马克思和恩格斯所实现的世界观和思维方式的变革。对此，霍尔茨认为：“他的提法明确包含着两个含义，一方面哲学是由实践产生的；同时，另一方面实践又是哲学的对象和目标。”① 实质上，在后来的西欧社会主义运动中，马克思的实践哲学受到了双重修正：一条路径沿着苏联马克思主义普列汉诺夫派走向庸俗唯物主义和经济决定论，另一条路径则是被新康德主义、弗洛伊德主义、托马斯主义等西方马克思主义思潮引向唯心主义。这两条修正路径虽在理论旨趣上截然相反，而在修正方法上却殊途同归。它们共同的方法论特征在于割裂理论与实践、经济与文化的天然联系。拉布里奥拉想通过实践哲学将实践和理论、经济和文化相统一，他指出：“也没有一个历史事件不是以一定的社会意识形式为先导的、由它相伴随和由它所跟随……”②

葛兰西认为：“在某种意义上，可以这么说，实践哲学等同于黑格尔

① ［西德］汉斯·海因茨·霍尔茨：《欧洲马克思主义的若干倾向》，施辉业等译，北京，人民出版社 1983 年版，第 19 页。

② ［意］安·拉布里奥拉：《关于历史唯物主义》，杨启麟等译，北京，人民出版社 1984 年版，第 63 页。

加大卫·李嘉图。”[①] 尽管葛兰西的这个结论合理性有待商榷，但实践哲学并不排斥精神和文化的作用，这一点确实确定无疑。一方面，马克思以科学的实践观所构建的哲学体系的确带有黑格尔哲学的因子，马克思从黑格尔哲学中继承了“实体即主体”这一哲学命题的基本精神——对精神和主体能动性的高扬。所不同的是，马克思不再是抽象地谈论主体性和精神力量的作用，而是通过改造世界的实践活动将主体的精神性力量对象化到客体之中，文化和精神的现实化和实践化恰恰是人的主体能动性的体现。另一方面，英国古典政治经济学也的确是马克思实践哲学的一个重要的理论来源。实践哲学同样重视经济的基础性作用，精神文化的因素是内在于经济活动之中的，实践哲学不能等同于否认文化和伦理智识作用的经济决定论。

实践哲学的核心是理论和实践的同一性问题，即强调实践的理论化和理论的实践化的双向互动过程。葛兰西指出：“人们谈论起理论，仍然是把它当作实践的一个‘补充’、一个‘附加’，或当作实践的婢女。”[②] 理论不是实践的补充或附属物，而是实践的合理性和必要性的证明。换言之，理论能够成为实践的先导和指南，实践需要趋向理论，而理论也要通过现实化趋向于实践。“建立‘卡塔希斯’要素因此就变成了全部实践哲学的出发点。”[③] 实践哲学的出发点是建立“卡塔希斯”要素，“卡塔希斯”要素是葛兰西借用拉丁语和宗教的用法，这种要素就是建立伦理—道德的要素，即能动的要素和文化的要素。实践哲学就是将文化的要素政治化和实践化，这是葛兰西思想同马克思和恩格斯思想最为不同的地方。马克思和恩格斯将实践哲学的出发点建立在经济基础之上，而葛兰西则将实践哲学的出发点建立在文化的上层建筑之上。葛兰西所找到实现社会变革的途径是通过文化的变革来实现的，通过文化革命实现社会革命，思想的变革是社会变革的先导。

实践哲学是以现实主义或历史主义为基本原则的内在性哲学。在葛兰西看来，内在性起源于文艺复兴时期笛卡尔从主体性和自我意识出发来理

---

① ［意］安东尼奥·葛兰西：《狱中札记》，曹雷雨等译，北京，中国社会科学出版社 2000 年版，第 313 页。

② ［意］安东尼奥·葛兰西：《狱中札记》，曹雷雨等译，北京，中国社会科学出版社 2000 年版，第 245 页。

③ ［意］安东尼奥·葛兰西：《狱中札记》，曹雷雨等译，北京，中国社会科学出版社 2000 年版，第 281 页。

解世界的原则，黑格尔的实体即主体确立了思辨的内在性。海德格尔指出这种思辨的内在性最为突出的特点就是不能突破意识的内在性，将意识作为最高原则在意识的范围内言说。葛兰西认为，实践哲学是一种新的内在关系哲学，他从文化、经济和政治的内在关系和运动过程来理解实践哲学，文化、经济和政治原本就辩证统一在社会有机体之中，实践哲学使思想历史化，思想以历史化和现实化的方式内在于经济和政治的行为之中，实践哲学消除了思辨的内在性的神秘主义和乌托邦色彩，使其扎根于历史的必然性和过程之中，实践哲学以历史主义的方式思考自身，也就是，它把自己看成哲学思想的一个暂时阶段。这一点不仅暗含在它的整个体系中，而且也被一个著名的论题所彰显出来。①

葛兰西的实践哲学反对教条的经济主义、宿命论和机械决定论，也反对否认经济基础性作用的唯心论和观念论，费奥里认为葛兰西在实践哲学中的文化领导权理论运用了历史分析的基本方法，批判了那些马克思主义发展进程中的庸俗唯物主义、机械的经济决定论以及宿命论等错误倾向。②事实上，葛兰西理解社会变革的出发点也的确从经济和政治转向了对作为精神力量的文化的关注。葛兰西认为，“实践哲学有两项工作要做：战胜形式精致的现代意识形态，以便组成自己独立的知识分子集团；教育在文化上还处于中世纪的人民大众”③。从马克思主义实践哲学出发，通过有机知识分子以“灌输”的方式教育无产阶级民众，通过“阵地战”夺取资产阶级的文化领导权，进而通过文化变革带动社会变革的其他方面，最终取得革命胜利，巩固无产阶级国家政权，这就是葛兰西文化领导权理论出场的实践哲学语境。

三、当代中国文化领导权的价值建构

在当代中国，价值多元化的趋势日趋明显，文化多样性与社会主义主流意识形态引导之间的矛盾越发凸显，历史虚无主义等错误思潮对党执政合法性的挑战有增无减，中华优秀传统文化世界影响力亟待提升。诸多现实问题提示我们应该从葛兰西文化领导权理论所揭示的文化发展和运行规

---

① 参见［意］安东尼奥·葛兰西：《狱中札记》，曹雷雨等译，北京，中国社会科学出版社 2000 年版，第 315 页。

② 参见［意］朱塞佩·费奥里：《葛兰西传》，吴高译，北京，人民出版社 1983 年版，第 256 页。

③ ［意］安东尼奥·葛兰西：《狱中札记》，曹雷雨等译，北京，中国社会科学出版社 2000 年版，第 305 页。

律出发，揭示其中所遮蔽的文化建设的价值取向，坚持一元主导与多元互动的辩证统一，建构当代中国文化领导权。

首先，社会主义话语体系的构建，关键在于牢牢把握文化领导权和话语权。面对西方的文化霸权主义和文化全球化带来的思维方式和价值观念的同质化，必须树立文化自觉和文化自主的意识，建构体现中国精神和中国力量的话语体系。有目共睹的是，苏联解体的主要原因与以美国为首的现代资本主义国家推行文化霸权和和平演变的意识形态战略是分不开的。具有戏谑趣味的是，葛兰西用来巩固无产阶级国家政权的文化领导权理论却成为资本主义意识形态颠覆社会主义政权的理论武器。俄国学者穆尔扎将这一现象称为“葛兰西的悲剧”。[①] 理论的悲剧在于，葛兰西过度强调无产阶级的文化领导权，却忽视了这种领导权应该牢固掌握在无产阶级手中而不是所谓的“有机知识分子”手中。为防止苏联被资本主义意识形态演变的悲剧在中国重演，就需要有清醒的意识，牢牢把握党对我国文化的领导权。“全球政治的主要冲突将发生于不同文化的国家和集团之间。文明的冲突将主宰全球政治”[②]，构建中国特色社会主义话语体系核心就是要牢牢把握文化领导权和话语权。文化产业化导致全球文化的同质化和单一化，文化成为资本的附庸和仆从，文化资本化和资本文化化双向互动使得资本成为“真正的主人和普照的光”，西方“普世价值”借助于文化产业为西方的文化霸权开疆拓土，萨义德的《东方学》就展示了对文化霸权主义和文化帝国主义的反叛。中国文化的发展需要构建中国自主的话语体系，话语体系要体现文化发展的制高点，没有理论的深度和高度，没有文化发展的制高点，就不可能在话语权的争夺中获胜，正如葛兰西所说：“在意识形态战线，辅助部队和较为次要附庸者的失败，就连最微不足道的重要性也不具备。在这里，必须同最杰出的敌手交锋。”[③]

其次，把握文化的领导权核心在于社会主义核心价值观的培育与践行。葛兰西文化领导权的“同意理论”对于当代主流意识形态话语权的建构具有重要的启发意义。对于无产阶级文化领导权的实现方式，葛兰西提

① 参见［俄］谢·卡拉－穆尔扎：《论意识操纵》，徐昌翰等译，北京，社会科学文献出版社2004年版，第84页。

② ［美］塞缪尔·亨廷顿：《文明的冲突与世界秩序的重建》，周琪等译，北京，新华出版社1999年版，第420页。

③ ［意］安东尼奥·葛兰西：《狱中札记》，曹雷雨等译，北京，中国社会科学出版社2000年版，第349页。

出了两种基本类型：一种是认同和同意，另一种是宣传和引导。[①]文化领导权与政治领导权最大的不同在于，后者可以通过强权的方式得以推行，而文化领导权的获得则通过民众的价值认同。葛兰西正是注意到了这一问题，提出了无产阶级文化认同的同意理论。他认为，无产阶级民众不具备主动和自觉认知核心价值观的功能，必须通过具有批判和改造功能的有机知识分子对之进行“灌输式”教育，唯其如此，普通民众对核心价值观才能产生最为基本的认同，同时他们自身的文化水平和价值水准也能够得到提升。他提出应“采取各种平衡形式的强力与同意的配合，而且避免强力过于显然地压倒同意”[②]。他进一步指出：“只有知识分子把群众在实践活动汇总提出的问题研究和整理成融贯一致的原则的时候，他们才和群众组成为一个文化的和社会的集团。”[③]具体而言，社会主义核心价值观的培育既要发挥中国共产党及其知识分子的统领作用，又要开掘不同的文化实践形式以融入人民群众的日常生活，并最终获得其认同和践行。

最后，社会主义核心价值观的培育和践行要融入日常生活之中。阿尔都塞对葛兰西的文化领导权和市民社会理论有较高的评价，“他有一个‘引人注目的’观念，认为国家不能被归结为（镇压性）国家机器，按他的说法，还应包括若干由‘市民社会’产生的机构，如教会、学校、工会等等”[④]。文化领导权争夺的关键在于能否为社会主义核心价值观寻找现实的文化实践载体，这些诸如学校、广场舞、家庭、社区之类的文化实践载体，能够使我国的文化领导权转化为普通民众的现实文化需求和价值取向。借用葛兰西的话来说，就是通过融入市民社会之中的核心价值观构建，使社会主义核心价值观落地生根，进而聚合为现实的文化影响力。核心价值观绝非高高在上离地万里的价值符号，也绝非空想的乌托邦。社会主义核心价值观是立足于日常生活而又超越经验层面的价值观，为人民群众提供安身立命的文化空间和精神支撑，从而将民众的精神文化境界提升到更高的文化水平和层面。因此，以润物细无声的方式融入日常生活中是培育和践行社会主义核心价值观的有效途径和手段。

---

① 参见陈翠芳：《葛兰西“文化领导权”的中国解读》，《马克思主义研究》2011年第10期。

② ［意］安东尼奥·葛兰西：《狱中札记》，曹雷雨等译，北京，中国社会科学出版社2000年版，第197~198页。

③ ［意］安东尼奥·葛兰西：《狱中札记》，曹雷雨等译，北京，中国社会科学出版社2000年版，第240页。

④ 陈越编：《哲学与政治：阿尔都塞读本》，长春，吉林人民出版社2003年版，第334页。

第三节 在实践中坚持马克思主义在意识形态领域的指导地位

在人类的社会生活中，意识形态具有最广泛的影响力和行动支配力。坚持马克思主义在意识形态中的指导地位，并不限于纯意识形态领域，而是包括经济、政治、文化诸多方面的指导作用。[①] 当前，我们正处在一个大发展大变革的时代，国际国内形势发生了深刻变化，意识形态领域的斗争尖锐复杂，不断巩固马克思主义在意识形态领域的指导地位，打牢马克思主义主心骨，是我们团结和凝聚全党全国各族人民，应对各种风险和挑战，始终沿着正确方向发展的根本保证。中国共产党带领中国人民百余年奋斗历程表明，始终不渝地坚持马克思主义在意识形态领域的指导地位，既是中国革命和建设实践的深刻昭示，也是人民对美好生活向往的实践选择，更是时代赋予中国共产党的责任。唯有根据中国社会发展的实践需求不断探索以马克思主义为主导的主流意识形态在经济、政治、文化以及相关领域的实践路径，才能使马克思主义在中国的发展永葆生机与活力，才能使以主流意识形态为主导的社会主义核心价值观得到不断的认同和实践。

一、物质文明：坚持马克思主义指导地位的原生出发点

改革开放40余年，中国特色社会主义市场经济的飞速发展极大改变了国人的物质生活状况。市场经济发展带给中国社会物质生活改变的现实不容忽视，亦不容否认。同时，作用于任何市场经济的价值规律中“铁的法则”也加速了我国从传统社会向现代社会的转型，社会结构在利益分化与整合的基础上发生了深刻变化。经济、政治、文化、社会一体化发展的趋势在全球化的“催化”下变得愈来愈明显。经济与文化甚至是意识形态相融而生、相伴而行的现象在当今世界几乎已经成为一种新常态。从市场经济发展的整体性上来看，其本身所具有的开放性和超越性的特质使得其中裹挟的任何成分都可以凭借资本的霸权跨越时间和空间界限而产生一种全球效应。只需稍微留意一下麦当劳在全球扩张进程中产生标准化经济效

① 参见陈先达：《论坚持马克思主义意识形态的指导地位》，《马克思主义与现实》2011年第6期。

益的同时所彰显的文化全球化效应，就能够反观在社会主义市场经济中坚持马克思主义指导地位的重要性和紧迫性。[①] 经济运行方式的相近性永远不会消解制度差异以及对立所带来的意识形态斗争。当今世界的各个资本主义国家无不是在输出资本的同时推销其资本主义意识形态，以期对我国的主流意识形态领域进行渗透。特别是以新自由主义为代表的现代资本主义的主流意识形态与市场经济的融合性更为隐蔽，在理论和实践上都以不可忽视的影响力冲击着马克思主义在中国特色社会主义中的号召力和凝聚力。简言之，“经济全球化进程不仅是一个经济过程，而且是一个伴随着意识形态运动的政治过程”[②]。

马克思在《关于新闻出版自由和公布省等级会议辩论情况的辩论》一文中指出，“它正确地猜测到了人们为之奋斗的一切，都同他们的利益有关”[③]。“‘思想’一旦离开‘利益’，就一定会使自己出丑。”[④] 经济作为社会发展的基础性条件，以其无法磨灭和难以忽视的强力作用规制着上层建筑的发展方向和进程，这为正确认识物质文明发展现实，进而厘清坚持马克思主义在意识形态领域的指导地位的出发点提供了理论前提。中国特色社会主义经济建设所取得的巨大成就，为坚持马克思主义在当代中国的指导地位奠定了现实基础。从新中国成立之初到 21 世纪的今天，马克思主义同我国的社会主义初级阶段的基本经济制度是紧密联系在一起的，一方面保证了我国经济发展的根本方向，另一方面也给马克思主义与时俱进的发展提供了坚实的物质基础。事实证明，要巩固和发展马克思主义在意识形态领域的指导地位，必须面对我国经济发展的现实，不断创新和发展马克思主义。

当前，我国已进入改革发展的关键时期，经济体制深刻变革，社会结构深刻变动，利益格局深刻调整，思想观念深刻变化。这种空前的社会变革，给我国发展进步带来巨大活力，也必然带来各种矛盾和问题。在这样的前提下，要增强马克思主义的吸引力和凝聚力，一个关键的问题是必须从根本上关注和解决人民群众的现实经济利益问题，而不是把马克思主义仅仅当作意识形态在所谓的理所当然中丧失其指导地位。要正视经济全球

---

① 参见［英］迈克·费瑟斯通：《消解文化——全球化、后现代主义与认同》，杨渝东译，北京，北京大学出版社 2009 年版，第 11 页。

② 郑永廷等：《社会主义意识形态发展研究》，北京，人民出版社 2002 年版，第 179 页。

③ 《马克思恩格斯全集》第 1 卷，北京，人民出版社 1995 年版，第 187 页。

④ 《马克思恩格斯文集》第 1 卷，北京，人民出版社 2009 年版，第 286 页。

化给我国马克思主义理论建设带来的不利影响，积极利用全球化的积极成果来巩固马克思主义在我国意识形态领域的指导地位。

事实证明，以经济建设为中心是兴国之要，是我们党、我们国家兴旺发达、长治久安的根本要求。只有推动经济又好又快发展，才能筑牢社会主义主流意识形态的强大物质基础，才能筑牢全国各族人民幸福安康的精神依靠的强大物质基础，才能筑牢实现中华民族伟大复兴的强大物质基础。在这个过程中，既要继承马克思主义中国化的最新理论成果，做好看家本领；又要结合时代特征发扬中华民族的优良道德传统，做好“遗产”发掘；同时要善于借鉴资本主义国家在发展市场经济的过程中发展国家意识形态的有益经验，做好“兼收并蓄”。要坚持好马克思主义的指导地位，就不能仅仅理解为在意识形态领域应该如此，而是应该在社会有机体的整体视域中把群众的现实利益需求作为驱动马克思主义指导地位的实践动力，促进中华优秀传统文化资源与社会主义市场经济的有机融合，以期提升马克思主义作为主流意识形态对当代中国经济发展的导向功能。物质是意识的基础，社会存在决定社会意识。只有以强大的物质力量作为保障基础，马克思主义在当代中国才能更具吸引力、亲和力和凝聚力。要坚守马克思主义思想文化阵地，巩固和发展社会主义，其根本前提必然是以经济建设为中心，大力发展经济，提高经济实力，进一步壮大我国的综合实力。社会主义意识形态建设唯有建立在坚实的物质基础之上，才能不断扩大其认同度，为中国特色社会主义事业的发展提供强大的精神动力；也只有在对现实经济问题的关注中，才能从根本上增强马克思主义的吸引力和凝聚力。

二、政治文明：坚持马克思主义指导地位的关键环节

进入 21 世纪以来，中国社会生产力的高度发展和人民生活水平的大幅提升为世人所公认，但不应忘记的是，任何国家的现代化进程从来都不是一条坦途，与中国经济高速发展相伴而生的还有政治、文化以及社会领域多元化的矛盾和问题。社会转型带来的经济成分、利益关系、就业方式、分配方式等方面的分化，使人们的思想活动和精神需求日趋多样化和具有选择性。多样化社会意识的出现和多元文化的并存，使得各种思想、观点、流派纷纷出现，在一定程度上诱发了人民群众对马克思主义走向的迷惑、质疑，产生了思想观念和评价的多样化标准，人们不再轻易信仰某种意识形态。这些现象的出现不但对我国当前坚持马克思主义的指导地位

形成了现实挑战，也给我国的政治稳定和政治文明建设带来了诸多困难。

从国内政治发展的现状来看，一些固化的政治思维一直羁绊着中国政治改革的步伐。既得利益者也是政治权力拥有者的大环境亟须通过深化改革加以破除，权力腐败所导致的政府公信力缺失威胁着马克思主义在执政党中的指导地位。简言之，一种彰显中国特色的政治文明新常态尚未满足公众对政治体系的期望以及政治参与的实践诉求。西方发达资本主义国家不愿意看到一个繁荣、富强、稳定、文明的社会主义中国出现，进而成为其潜在和现实的竞争对手，为此，他们借全球化发展之名，不断利用经济全球化、文化全球化推行其政治全球化之实。现代性既被视作西方的一项事业，同时又是西方在向世界投射自己的价值观。[①]而现代性的实质则是资本主义经济、政治与文化的全球化。国内外双重挑战的存在既给我国政治稳定和政治文明建设带来了极大挑战，同时对马克思主义在我国意识形态领域的指导地位造成了严重威胁，为此，必须正视挑战，适时地制定适合社会主义主流意识形态建设的政治文明发展战略。必须妥善处理新时代中国特色社会主义进程中政治文明建设与坚持马克思主义指导地位的辩证统一关系，并以此为契机采取切实有效的举措增加人民群众的政治认同感，确保我国长治久安。

政治上层建筑是连接经济基础和意识形态上层建筑的中间环节，它以国家政权为核心服务于占支配地位的经济基础，并为适应经济基础的意识形态得以在社会文化系统中占据统治地位提供政治制度保证。在当代中国，坚持马克思主义在意识形态中的指导地位，关键就是要坚持马克思主义在政治建设中的指导地位，以国家权力的形式确保各个领域的社会主义性质。没有政治权力与政治制度在实践和理论层面的双重保障，中国特色社会主义的经济基础难以坚持，更不可能自发地形成马克思主义在意识形态领域的指导地位。

在建设社会主义政治文明的过程中，要大力强化马克思主义对党的自身执政能力建设指导的核心地位。必须根据党内外的现实变化，制定正确的政治文明发展战略。在这个过程中，必须坚持党要管党、全面从严治党方针，进一步解决提高党的领导水平和执政水平、增强拒腐防变和抵御风险能力这两大课题，始终保持党同人民群众的血肉联系。唯其如此，我们

---

① 参见［英］迈克·费瑟斯通：《消解文化——全球化、后现代主义与认同》，杨渝东译，北京，北京大学出版社 2009 年版，第 14 页。

党的主流意识形态的建设才具有牢固的群众基础和政党基础。在具体战略措施上，要正确地把握当代中国社会前进的脉搏，改革和完善党的领导方式和执政方式、领导体制和工作制度，在坚持马克思主义指导地位的前提下激发党的政治工作、思想工作活力，增强人民群众对党的主流意识形态的认可度。在执政能力的塑造中要坚持把思想建设、组织建设、作风建设有机结合起来，把制度建设贯穿其中，既立足于经常性工作，又抓紧解决存在的突出问题作为破解政治难题的新常态，努力使我们党代表先进文化的前进方向，从而引导人民群众增强对马克思主义的认同感。

要围绕最广大人民群众最关心、最现实的热点问题提高党的执政能力，进而巩固马克思主义的指导地位。必须牢牢把握以人为本的核心原则，使政治文明建设紧紧围绕着人民本位、强固民生来加强党的执政理念，如此才能在新时期新形势下重塑马克思主义的政治指导权威。政治文明建设和社会主义意识形态话语主动权的重塑，任何时候都不能离开人民群众利益这一根本出发点，必须通过突出对民生问题的关注，对民生问题的解决来激发人民群众自觉参与维护党和政府的领导的热情，积极发挥人民群众主体作用。同时要把公平正义作为社会主义政治文明建设的价值目标来积极塑造，通过尊重公民表达自己意见和主张的权利，唤起人民群众参与政治生活的热情，要善于把人民群众反映的热点难点问题放到党执政工作的重点中来，要善于捕捉一些言论、观点和行为背后所体现出来的各种利益需求，并使合理需求在意识形态中及时得到公允的体现。①

三、文化繁荣：坚持马克思主义指导地位的切近路径

社会意识对社会存在发挥反作用需要一定的载体，而文化则是社会意识最重要也是主要的载体。在任何社会形态之中，意识形态作为一种阶级意识体现的文化形态，作为一种反映社会经济基础、政治制度本质的特殊文化系统，体现的都是该阶级的政治地位与经济水平。② 对此，毛泽东有着精当的论述："一定的文化（当作观念形态的文化）是一定社会的政治和经济的反映，又给予伟大影响和作用于一定社会的政治和经济；而经济是基础，政治则是经济的集中的表现。这是我们对于文化和政治、经济的

① 参见贾英健：《始终坚持社会主义意识形态的主导性》，《光明日报》2010年10月26日。

② 参见高宏利、路向峰：《试论文化与意识形态的当代关系》，《党政干部学刊》2013年第4期。

关系及政治和经济的关系的基本观点。”[①] 应该合理地把意识形态对现实反映理解为，其不仅包含对社会发展基本事实的描述，还包括以自身的价值观念标准对社会发展做出判断。辩证地看待文化繁荣与意识形态建设的关系，正确处理好在文化建设中坚持马克思主义的指导地位问题，相当重要，也异常复杂，既不能用马克思主义的意识形态建设垄断和取代文化建设，更不能用文化建设笼统地代替意识形态建设。在提升中华文化的整体软实力中坚持马克思主义指导，在开拓马克思主义大众化的现实路径中促进文化繁荣是坚持马克思主义指导地位的切近路径。

提升中华文化的整体软实力。有一个前提性问题必须予以阐明，软实力并不是中性的，它蕴含着特定的政治取向。文化软实力建设中蕴含着意识形态的因素，不仅应该在软实力建设中坚持马克思主义的指导地位，用马克思主义的立场、观点和方法指导文化软实力建设，更应该运用文化软实力建设的方式来建设意识形态，增强马克思主义的感召力和吸引力，增强人们对马克思主义的认同感，从而坚定马克思主义的信念。事实上，在全球化的推动下，文化越来越深入人类社会生活的各个层面，人民的文化意识也在全球化的进程中越发觉醒，文化问题由此变得比以往更加突出，成为备受关注的焦点。文化安全促使主流意识形态的安全问题提示人们提高文化的凝聚力、号召力、亲和力、吸引力，从而形成更加广泛的价值认同。文化软实力正是实现这一目标的有力武器。通过追求人民群众的文化认同，依托现有的优秀文化载体，扩大文化舆论宣传的范围，提升中华文化的国际影响力。使人民群众增强对民族传统文化的内在认同感，这是培育文化软实力的根基所在。借鉴资本主义国家在坚持主导意识形态方面的成功经验，积极培育国际化文化产品，利用诸如孔子学院之类的文化产品载体，把中华文化的精华推向世界市场，增加中华文化在国际市场的竞争力和认同感，并最终促进我国文化软实力的提升。综上，提升文化软实力，是确保马克思主义指导地位的必然选择。

积极开拓马克思主义大众化的现实路径，是确保马克思主义指导地位的有效举措。面对大众文化日趋繁荣发展的局面，要坚持马克思主义的指导地位当然不可忽视其对大众文化的引导作用，在规制大众文化负面效应的同时把大众文化的发展导向到与中国先进文化发展相一致的方向，从而掌握党对大众文化发展的引导权和控制权。坚持马克思主义对当代中国大

---

① 《毛泽东选集》第2卷，北京，人民出版社1991年版，第663~664页。

众文化的引导，就其实质而言，是为了继续稳定人们对以马克思主义为指导的社会主义主流意识形态归属感的认同以及自身现有身份的正确认识，使人民群众保持对党和政府执政理念和执政主流意识形态的认同。要把马克思主义的教化功能以润物细无声的方式融汇于大众文化的日常娱乐活动之中，以增强当代中国马克思主义的亲和力、影响力和认同感。在具体战略措施上，必须寻找当代中国马克思主义与大众文化的有效结合点，批判地吸收大众文化的合理成分，努力克服大众文化的消极成分，使大众文化向着有利于社会稳定的方向发展，从而实现马克思主义大众化的转向。

从积极的方面来讲，大众文化为马克思主义注入了新活力也拓宽了马克思主义在当代的传播渠道。但大众文化的多样性特征与马克思主义一元主导之间也存在必然的冲突和挑战。大众文化以其通俗性、流行性的优点能够在短时间内赢得人民群众的认可，但正是这个众所周知的优点反而遮蔽了人们对马克思主义的认同和追求。值得提出的是，在面向大众文化实现社会主义主流意识形态的功能转换时，必须坚决避免两种不良趋势：既要避免大众文化泛意识形态化，其结果是削弱马克思主义在社会主义意识形态的一元指导地位；又不能忽视其意识形态特征，其结果是由此而来的泛意识形态化。最合理的举措是以马克思主义为基本出发点，在二者之间保持适度的张力，并积极探索实现大众文化和马克思主义指导地位之间的良性互动的长效机制。要把坚持马克思主义的指导地位与人民群众的日常生活实践结合起来，积极探索马克思主义走入大众日常生活中的鲜活的现实路径和理论形式，赋予其鲜明的实践特色和生活气息。事实上，只有把坚持马克思主义的指导地位与人民群众的日常生活实践紧密结合起来，使其贴近实际、贴近生活、贴近群众，才能真正发挥其对大众认识世界和改造世界的价值导向作用，消除马克思主义与大众日常生活之间的距离，从而得到大众的衷心拥护，并使其自觉地形成对马克思主义的认同和维护。

第六章　马克思主义文化理论的当代境遇与发展旨向

文化在社会发展有机体中占据的重要地位不言而喻，问题的关键在于应该在何种场域中来审视文化及其置身于其中的社会有机体，是单纯作为上层建筑中意识形态的一部分，还是要还原文化自身发展演进的内在矛盾性进而开掘其实践形态，进而在文化实践形态的视域中审视新时代中国社会有机体演进的理论和现实问题。社会发展是一个有机联系的整体，不能一直用泾渭分明的对立思维严格划分经济、政治、文化、社会、生态彼此的界限，进而在各自的领域各行其是。在全球化的大背景下，人类命运共同体的文化意蕴日渐显现。文化与经济、政治、社会、生态密切关联，彼此交融在人类社会生产的实践之中。文化是联结人类命运共同体的精神纽带，文化的融通开辟出一条联结世界的"精神丝绸之路"，使人类超越了抱团取暖式的生命共同体以及为了各自利益最大化而"合伙开店式"的利益共同体，最终达至具有丰富多彩文化多样性的精神共同体世界。

第一节　马克思主义文化理论的西方境遇

无论是马克思主义作为西方文化的一种表现形式，还是马克思主义文化理论在西方的产生、演进和发展，都不应忽视西方学者对马克思主义文化理论的阐释。这既是考量马克思主义文化理论与其源生地辩证关系的需要，亦是从西方学者眼中的马克思主义文化理论反观本研究主题的必要之举。

一、马克思主义文化理论在当代西方的演变

马克思、恩格斯之后，马克思主义理论和实践的重心转移到了以苏

联和中国为代表的东方世界。作为中国学者，最容易从东方世界以及民族思维的视域中去审视马克思主义文化理论及其民族化的进程。相应地，马克思主义文化理论在西方语境中的论域被东方学者关注的方式，转变为了对西方马克思主义学者本人及其理论样态的关注。事实上，从马克思所论及的资本主义时代语境开始，文化理论过多地被西方学者涵括在意识形态和上层建筑的论域中进行讨论，这种方式虽无大的纰漏，却用福柯式的微观分析束缚了马克思主义文化理论实践创新的本真。

从历时性的发生逻辑来看，西方马克思主义者对文化及其相关问题的关注是与共产主义运动的挫折和失败紧密联系在一起的。卢卡奇从马克思主义政治经济学中提出的“物化”概念入手，提出了历史发展的总体性思想。他认为人的实践活动是历史辩证法的源泉，人的意识在历史发展中起着决定性作用，“无产阶级对自己历史地位的正确理解具有头等重要的重要意义……无产阶级的正确观点和正确决心具有决定性作用，危机的解决在极大程度上取决于无产阶级本身”①。可以说，从卢卡奇开始作为意识形态的文化形式及其理论问题得以凸显，同时也开启了西方马克思主义者研究文化问题的热潮。围绕意识形态这个文化的核心问题，葛兰西进一步提出了文化领导权理论，“对于文化、经济、阶级和权力之间的特殊性提出了关键的问题”②。在历史唯物主义视域中，西方资本主义国家的资产阶级缘于其在经济领域的统治地位，在意识形态领域依旧具有统治地位，在文化上处于霸权地位。葛兰西把作为观念上层建筑的文化和作为政治上层建筑的国家政权进行总体性融合，提出并论述了文化领导权思想。他将文化以及承载着文化自主性和现实性的文化机制作为其理论的核心，指出了资本主义社会中的统治阶级是如何经由文化领导权进而到政治领导权控制。葛兰西进而提出，有机知识分子理应上升为领导阶级，进而在文化领导权中占得先机。

法兰克福学派有别于卢卡奇和葛兰西强调文化在社会发展有机体中重要作用的方式进而确立无产阶级领导权的实践，前者专注于通过对资本主义文化制度的批判消解其理论合理性。法兰克福学派关注技术对社会生活的挑战和冲击，致力于从总体上把握马克思主义文化理论。其中较为有代

① ［匈］卢卡奇：《历史与阶级意识——关于马克思主义辩证法的研究》，杜章智等译，北京，商务印书馆 1992 年版，第 403 页。

② Alan Swingewood, *Culture Theory and the Problem of Modernity*, London: Macmillan Press Ltd., 1998, p. 13.

表性的有“文化支配理论”“文化承认理论”等。无论是马尔库塞所指称的资本主义文化工业所造成的“单向度的人”，还是阿多诺的“否定辩证法”，都在用一种近乎革命理想主义的方式破解资本主义发展的文化矛盾。

伴随着现代科学技术的进步以及生产力发展的巨大跃迁，发达资本主义国家的管理方式和资本家剥削工人的方式都呈现出更加隐秘性的特点，西方发达国家福利制度的加持在一定程度上弱化了甚至是丧失了阶级意识。在这种大背景下，当代马克思主义理论继承者的法兰克福学派举起了文化批判的大旗，“精心阐述了一种更具有决定论意味和在政治上更悲观的马克思主义文化理论”[①]。如果说卢卡奇和葛兰西等西方马克思主义早期思想家是通过对社会历史变革中的历史地位以及表现形态使马克思主义所确立的历史唯物主义原则得以延续的话，法兰克福学派则放弃了从确立无产阶级文化领导权进而发展马克思主义的传统思路，转向通过对资本主义特别是其文化形态的批判和否定，对个人进行人道主义的关怀。换言之，法兰克福学派的批判理论批判的不是资本主义文明和文化，而是围绕实践、异化、解放和乌托邦等人文主义理念构建起对资本主义批判的微观分析。法兰克福学派主要代表人物霍克海默、阿多诺、哈贝马斯等人对文化理论的关注点主要集中在大众文化生产、文化危机的分析与解构上。

霍克海默一生都在努力构建的是文化批判理论，即从文化的本质到启蒙的文化意涵再到对人类理性的批判，他一直追寻人类文化在资本主义世界陷落的真正原因。“他认为人类的未来依赖于批判行为的存在，而批判理论是植根于传统理论和正在消逝的传统文化之中的。霍克海默在传统理论中找到了启蒙文化的极权主义倾向，在人类理性的觉醒中看到了主观化、工具化的一面，同时致力于批判理性的合理化倾向。”[②]“霍克海默对启蒙文化的批判，是基于启蒙作为进步精神和极权主义的双重性之上的。而文化批判的内核乃是对于理性的批判，主观理性和客观理性作为理性的两个方面，任何一方的极端发展都会导致非理性的倾向。”[③]霍克海默指出启蒙一方面是进步精神的代名词，旨在反对一切统治性的文化，但另一方面却是具有神话般极权性质的宰制性文化，启蒙的两重性表现在现实世界中就是文化和文明的对立。霍克海默认为启蒙的极权性还体现在大众文化中，他

① Alan Swingewood, *Culture Theory and the Problem of Modernity*, London: Macmillan Press Ltd., 1998, p. 37.

② 马欣:《文化、启蒙与理性——论霍克海默的文化批判理论》,《山东社会科学》2013年第4期。

③ 陆扬等:《马克思主义文化理论发展史》，南昌，百花洲文艺出版社2018年版，第213页。

所言说的大众文化并不是从大众生活中生长出来的文化形态，亦不是大众艺术在当代的别称，甚至在某种程度上与艺术没有瓜葛。从某种程度上说，霍克海默意指的大众文化只是依据那些看似流行的标准人为制造出来的没有创造力和活力的文化。因此，“无论是‘精英’还是大众都服从于那种在任何特定情况下只允许他们做出单一反应的机制。他们那些尚未开掘出来的本性因素无法得到相应的表现”①。“正是由于极权化的思想渗透在文化当中，才使得文化成为权威的附属物，从而丧失了追求真理的维度，变成了具有欺骗性和操控性的大众文化。”②为此，他得出结论，“有必要对作为一定文明观所折射的统治思想进行探讨。作者在这里所要做的，不是试图给出一个行动上的方案。相反，他认为现代的倾向是每种思想都被转化为行动，或者说当前文化危机的征兆之一是在行动方面进行积极节制：为了行动而行动绝不会强于为了思想而思想，甚至远远比不上它”③。应该说，霍克海默所要揭示的正是现代人自以为具有实质合法性却实际上仅仅具有形式上合理性的思想文化，故而文化危机就产生了。

阿多诺在文化理论上的最大贡献是开辟了文化和意识形态批判的社会心理学研究领域，从而树立起马克思主义文化发展理论上的一块丰碑。阿多诺目的在于发掘文化内在的张力，所以即使他表面上批判文化现象，实际上所指向的是文化背后的资产阶级统治，他认为这才是导致文化败落的真正原因。阿多诺的文化工业批判理论是马克思主义文化理论史上具有显著代表性的文献，他认为文化工业具有标准化和伪个性化的本质，作为大众欺骗的启蒙，文化工业使无产阶级忘记了本来肩负的推翻资本主义制度的历史使命，在文化工业的糖衣炮弹下，无产阶级把阶级使命抛到了九霄云外。他指出，“文化工业将陈旧熟悉的东西熔铸为一种新的特质，它的所有分支当中，产品都是为大众消费所设计，都在很大程度上决定着此种消费的性质，故此，多多少少都是有计划制造的。……文化工业自上而下，有意识将它的消费整合成一个模式”④。简言之，阿多诺认为文化工业是以对现实的虚假表征，以堕落的今日乌托邦，来炮制虚假的幸福希望。⑤伯恩斯

① 曹卫东编：《霍克海默集》，上海，上海远东出版社 1997 年版，第 217 页。

② 马欣：《文化、启蒙与理性——论霍克海默的文化批判理论》，《山东社会科学》2013 年第 4 期。

③ Max Horkheimer, *Gesammelte Schriften, Band 6, Zur Kritik der instrumentellen Vernunft und Notizen 1949–1969*, Herausgegeben von Alfred Schmidt, Frankurt am Main: S. Fischer, 1991, p. 26.

④ Theodor W. Adorno, *Culture Industry Reconsidered, The Cultural Industry*, London: Routledge, 1991, p. 98.

⑤ 参见陆扬：《文化工业批判的再批判》，《社会科学》2011 年第 2 期。

坦给出了阿多诺文化工业批判理论较为客观的评价，“阿多诺清楚看到了文化工业的轨迹和它带来的威胁。既然他最悲观的语言已在飘逝远去，今日来看阿多诺文化工业的论述，虽令人不快，却还是适当其时”[①]。

二、马克思主义文化理论的后现代境遇

较之以近代西方马克思主义学者通过“实践”实现了马克思主义文化理论在“总体性”“物质性”“领导权”等方面的突破，后现代境遇中的马克思主义文化理论走向了“文化主义”的滥觞，在某种程度上展开了马克思主义文化理论不曾触及抑或是马克思主义文化理论中长期被忽视的历史唯物主义的文化维度。如果说近代的法兰克福学派存在着某种精英主义倾向的话，后现代境遇中伯明翰学派则“闪耀着经验主义和平民主义的情怀”[②]。伯明翰学派的学者们综合社会学、人类学以及历史学研究的专长，寻找文化人类学以及文化在人类实践中的新出路。具有代表性的有对马克思主义文化理论做庸俗理解的威廉斯的文化唯物主义思想，他认为马克思把经济基础和意识形态分离开来的做法多有不妥，原因在于不利于理解文化的实践本性，他进而提出作为整体性生活方式的文化概念。威廉斯企图通过社会心理打破马克思主义关于经济基础——上层建筑对立的文化理解模式。遗憾的是，威廉斯所聊以自慰的“感觉结构”并没有人类物质实践作为支撑，显而易见，以其为代表的伯明翰学派走向没落已是必然。英国文化学者费瑟斯通在论及全球的现代性与文化的复杂性时指出：“全球化进程同时呈现出两种文化形象。第一种形象是某一种文化向外扩展至它的极限而达至全球。异质的文化被吸纳和整合进这种最终遍及全世界的主导文化中。第二种形象则是不同文化的浓缩，以前相互远离的事物现在彼此接触并共存一处。不同的文化缺乏清晰的组织原则而层层叠加，以至于文化变得过于庞杂繁复而无法处置和组织，难以形成统一的信仰原则、指引方向和实践知识。”[③]

第二次世界大战以后，科技发展以及民权运动、妇女运动等的发展助推了马克思主义文化理论在西方研究的热潮。一系列后现代主义文化理论

---

① J. M. Bernstein, *Introduction, Adorno, The Culture Industry*, London: Routledge, 1991, p. 27.

② 欧阳谦：《大众文化与政治实践：法兰克福学派与伯明翰学派之间的比较》，《马克思主义与现实》2010 年第 4 期。

③ ［英］迈克·费瑟斯通：《消解文化——全球化、后现代主义与认同》，杨渝东译，北京，北京大学出版社 2009 年版，第 8 页。

应运而生，无论是结构主义、现象学的文化理论，还是解释学以及精神分析的文化理论都在不同层面拓展了马克思主义文化理论的问题域，然而随着后现代主义思潮的涌动，文化及其理论研究开始走向了另外一个极端。后现代视域中西方学者所言称的马克思主义文化理论丧失了马克思主义文化理论中最为可贵的批判精神，走向了马克思主义文化理论本真精神的对立面。换言之，后现代主义以其对差异性、多样性和超越性的强调，消解着马克思主义文化理论，文化理论的历史感和实践感消失殆尽。在认识论层面，后现代主义反对文化的可理解性，转而强调文化的语境、价值取向以及评价标准的多元性。在历史层面，后现代主义反对文化历史发展和进步的观念，但对历史本身所呈现的宏观叙事，正如伊格尔顿所言，随着左派政治希望的消失，文化研究成了显学，而改革社会的美梦被指责为不道德的"宏大叙事"，带来的是极权主义而不是自由。从价值层面看，缺少了"宏大叙事"的文化理论再也难以从整体上把握世界历史及其文化展开，"微观政治学"则作为文化形态大行其道。也许后现代主义的文化学者应该重视伊格尔顿的警示，"令人遗憾的是，我必须以一种威胁性的语调来总结：后现代主义历史终结的思想并没有为我们想象出一个与现在十分不同的前途，那种它奇怪地视作一项值得颂扬的事业的前途"①。

在后现代主义的语境中，在 20 世纪 60 年代兴起的英国新左派文化研究模式对马克思主义文化理论的贡献不可忽视，其研究以伯明翰当代文化研究中心（CCCS）的伯明翰学派学者为主要代表。文化既然被解释为日常生活的全部方式，生产与消费在伯明翰学派的学者看来便不再是势不两立的两个极端。从这一点来看，后现代主义语境中学者们对文化理论的态度与法兰克福学派的文化工业批判理论全然不同。在文化工业理论看来，一方面是主导意识形态联手资本寡头炮制愚弄无产阶级的大众文化，另一方面是深陷大众文化怪圈无法自拔的乌合之众。伯明翰学派的学者则充分肯定大众文化的正面价值，把文化生产视为社会实践的基本形式，从而在相应程度上消解了前现代理论研究中仅仅把文化限制在观念上层建筑中的局限。用斯图亚特·霍尔描述伯明翰当代文化研究中心的地位来说，"我们因此是来自一个远离英国学术中心的传统，我们对文化变革问题的研究，诸如怎样理解它们，怎样描述它们，怎样从理论上说明它们，以及它们产生怎样的社会影响和结果，最初都是在肮脏的外部世界里得到认可

① Terry Eagleton, *The Illusions of Postmodernism*, London: Blackwell Publishers, 1996, p. 148.

的。文化研究中心是光天化日之下对话难以为继之后，我们退隐其中的一方土地，它是其他手段的政治”[①]。

在后现代主义的文化理论家中，雷蒙德·威廉斯和特里·伊格尔顿是两个标志性的人物。文化唯物主义是雷蒙德·威廉斯对马克思主义文化理论的最大创新和发展，他认为：“马克思主义的文化理论承认分歧和复杂性，它在变化中来理解延续性，认可机遇和适当自主，但是，尽管有这些保留，它承认这个事实：经济结构及其相应的各种社会关系，是交织文化的主导线索。只有如此，文化才得到理解。”[②]“在本书各个部分中进行的这种对马克思主义思想关键要素及其变化的分析和讨论中，我还尝试着建立一种观点。……这种观点在某些关键之处同大多数人所认为的马克思主义理论有所不同，甚至同一些业已变化的马克思主义观点也有着区别。可以把这种观点称作文化唯物论，它是一种历史唯物主义语境中强调文化与文学的物质生产之特殊性的理论。”[③]由此可以看出，雷蒙德·威廉斯把文化理解为一种特定的生活方式，认为对其进行分析必须立足于文化唯物主义视野，如此才能达到对文化的全面理解。对比马克思主义文化理论中对实践的强调和高扬，可以发现雷蒙德·威廉斯把文化视之为人类创造性活动的记录与结果，循着这个思路，发现文化存在的意义和价值不仅仅表现在艺术和知识的传承中，同样存在于制度和生活方式、社会形态之中。

第二节　马克思主义文化理论视域中的文化治理

中国传统文化缘于其历史悠久、资源丰富、世代相传、绵延不断而在世界文明宝库中占据至关重要的地位。为什么中华文明成为唯一延续至今的文明形态？又为什么坐拥5000余年文明史的中华文化在当代遭受了文化全球化的严峻挑战而面临危机？两个看似相反的问题，答案却是异曲同工——中华文化一脉传承的奥秘在于其同时涵括文化的实践形态与观念形态矛盾统一体的“天人合一”的文化基因。这种文化基因使得中国传统文

① Stuart Hall, *The Emergence of Cultural Studies and the Crisis of the Humanities*, October, 53(1990), p. 12.

② Raymond Williams, *Culture and Society: Coleridge to Orwell*, London：Hogarth Press, 1987, p. 269.

③ ［英］雷蒙德·威廉斯：《马克思主义与文学》，王尔勃等译，开封，河南大学出版社2008年版，第5~6页。

化成为一种以伦理本位为主导的文化形态，进而道德实践在中华文化系统中占据举足轻重甚至是至关重要的位置。“天人合一”的文化理念表现在政治领域成为“德政相辅”的制度文化观念，以“德政相辅”为外在表现的中国传统文化核心是人，而且是处于特定社会关系中的现实的人，中国传统文化中所有的治理思想都是从“德政相辅”的文化理念中演化而来的。中华优秀传统文化的传承创新与当代中国文化所面临的治理难题都有一个共同的指向——文化的社会治理功能。长期以来，物质文化、制度文化、精神文化所形成的“文化堕距”使当代中国人的精神文化生活面临失衡产生的价值观危机、信仰危机、信任危机。在国家文化治理体系和治理能力现代化的进程中，中华优秀传统文化的实践转换发挥着重要意义和作用，它涵括了人们所具有的核心价值观，是当代中国文化治理及其现代化进程的核心与关键。缘此，考量中华优秀传统文化实践转换的时代进路对破解当代中国文化治理所面临的现实难题多有裨益。

一、中国传统文化治理的思想资源与实践理路

马克思认为，文化具有满足人民“文化生活需求”的功能。[①] 恩格斯指出：“最初的、从动物界分离出来的人，在一切本质方面是和动物本身一样不自由的；但是文化上的每一个进步，都是迈向自由的一步。”[②] 文化与人的现实生活密不可分，古今中外莫不是如此，抑或说，文化的核心是人。中国传统文化本身富含完备的治理思想，有的文化研究学者将之归结为“德政相辅”的文化理念。[③] 这种家国同构的文化理念将道德文化与政治实践融为一体，逐渐积淀为中国传统文化的内在基因，规制着中国传统文化的发展方向和发展进程。《周易》中“观乎人文，以化成天下”，南朝萧统提出“文化内辑，武功外悠”，清龚自珍惊呼“灭人之国，必先去其史”，这无一不是在提示文化的社会治理功能。值得一提的是，德政相融相摄的文化传统虽然主观上被中国古代统治者精心利用成为政权稳固的意识形态保障，但客观上也积淀为伦理本位的家庭、社会伦理观念并成为社会稳定的“助推器”，其文化治理的实践与精华值得借鉴。一方面，这些统治者及其文人的文化治理实践为当代中国社会实现中华优秀传统文化

① 参见《马克思恩格斯全集》第 12 卷，北京，人民出版社 1962 年版，第 94 页。

② 《马克思恩格斯文集》第 9 卷，北京，人民出版社 2009 年版，第 120 页。

③ 参见李宗桂：《传统与现代之间：中国文化现代化的哲学省思》，北京，北京师范大学出版社 2011 年版，第 31 页。

的实践转换提供了鲜活的实践借鉴；另一方面，这种积淀在中华优秀传统文化中的基因，也为向心力和凝聚力的增强提供了有力的精神支撑，为个体历史责任观感及时代使命感的形成奠定了文化氛围。这也许正是今天重新反思中华优秀传统文化社会治理价值的出发点和立足点。

最早把中国文化的社会治理功能应用于实践的是儒家学派的创始人孔子。孔子把儒家思想的理论核心归结为“仁”，后来逐渐演化为历代政治统治的基本法则——“礼”。儒家文化精华中的“仁”与“礼”作为文化活动的观念形态和实践形态的代表，一个鞭辟入里，一个经世致用，融合为儒家文化传承的内在基因。从某种意义上说，孔子是中国历史上较早发现文化产品的生产与国家治理之间关系的思想家，其游历于诸国所推介以“仁”治天下的文化价值观本质上就是一种国家文化治理观。[①] 正如《论语》中所言：“道之以政，齐之以刑，民免而无耻；道之以德，齐之以礼，有耻且格。”以道德文化的力量引导和感化人民实为先贤总结出的古代中国文化治理精华所在。从儒家的经典论著中我们不难看出，道德文化的伦理规范与道德实践的社会政治效应相辅为用，相得益彰，文化的社会治理功能在“家国同构”的文化价值观中得以彰显和实践。与当代中国文化治理的最大区别是，彼时道德文化治理实践的目标指向的是通过这种文化的自发转换确立统治者权力秩序的伦理文化基础，客观上起到了维系国家稳定的道德支撑作用。在进一步全面深化改革的大背景下，文化治理的出发点已经转变为解决文化发展中存在的现实主客体矛盾，其主体是代表人民利益的政府，受益对象直接指向的是中国文化受众的目标群体（最广大的人民群众），目标则在于为中华民族伟大复兴提供文化支撑和精神动力。

法国思想家福柯对文化治理问题的论述同中国传统文化治理的现实有异曲同工之妙，他认为文化治理与文化管理有着本质的不同，文化管理可以完全不顾管理对象的需求和反映而实施单向度的自上而下的压制。他援引《政治之境》中“蜂王”的比喻说明了文化治理者所要必备的素质，“蜂王统治蜂巢，却不需要毒针”，而是其所拥有的“耐心、智慧与勤勉”[②]。简言之，作为治理主体的统治者需要通过耐心、能力，而非强制力、怒气维持自身的力量和特权。究其实质，治理的精髓在于治理他人却并不强迫他人按照治理者意志行事，在压制技术与自我建构、自我修正过

① 参见胡惠林：《国家需要文化治理》，《学习时报》2012 年 6 月 18 日。

② Michel Foucault, *Security, Territory, Population: Lecutures at the College de France 1977–1978*, Basingstoke and New York: Palgrave Macmillan Press, 2009, p. 99.

程之间的相互冲突，相互补充中寻找一个“多元化的平衡”。①

如果仅仅把文化的传承理解为日常的观念形态的文化一代一代源远流长的话，显然不能为不同时代的文化形态缘何能够相互融合的实践机制做出阐明，更不可能理解文化前后相承的内在规律。简言之，要跳出传统文化研究局限在观念形态的窠臼，在观念形态的文化和实践形态的文化互动、转化与融合中把握任何民族文化延续的内在基因。从历史发展的逻辑角度出发，可以把文化由传统走向现代的历史进程，阐释为文化观念形态中的传统因素和文化实践形态中的时代因素不断交融互动，文化发展的历史脉络因此得以呈现。换言之，文化由传统走向现代的过程，不仅仅是作为结果的文化观念形态的前后相继，更是经由文化的实践形态激发文化发展的内生活力，不断对文化传统中那些契合时代需求的时代元素进行实践选择进而不断创新的过程。

通俗地讲，现成的作为文化活动结果而存在的文化治理资源不等同于现实的文化治理能力和文化软实力，唯有通过被人们忽视但却一直在中华文化演进中作为文化创造过程的文化的实践形态，才能激发其内在活力和现实的生命力。为此，关注当代中国文化治理和道德治理，有一个关键问题亟待破解，即如何把最具有内在实践功能的观念形态的文化资源进行实践转换的问题。简言之，唯有让物质文化、制度文化、精神文化都通过文化的实践载体激活起来，为文化全球化背景下国民寻求精神支撑和心灵慰藉的历史使命才得以实现。

二、当代中国文化治理面临的实践问题

在西方文化人类学理论中有一个非常有名的“堕距理论”，说的是作为文化 3 种形态的物质文化、制度文化、精神文化虽紧密相连，但它们在文化有机体中的变化速率却大不相同。物质文化是文化系统中最为活跃的因素，往往会在经济政治发生变化时率先发生变化，由此带动制度文化、精神文化的变动。3 种文化形态彼此在“失衡—趋衡—再失衡—再趋衡”的动态整合中形成文化发展的内在动力，推动任何一种文化形成、发展、变迁。由此回观当代中国文化发展的现状，不难发现，物质文化的跃迁史无前例，制度文化的变化剧烈震荡，精神文化的变革与重构方兴未艾。3 种文化形态在当代中国文化发展进程中所形成的差距使得人们必须面对失

① 徐一超：《“文化治理”：文化研究的“新”视域》，《文化艺术研究》2014 年第 3 期。

衡与趋衡的文化悖论。具体而言，物质文化上表现为由传统农业文明向现代工业文明快速跃迁的过程中，以陌生人社会为外在表现的文化荒漠化危机悄然间左右着国人的文化生活；由“天人合一”的群体伦理价值观向原子社会所凸显的个体伦理价值观的转变，使得新的道德文化体系进而是核心价值观的形成面临严峻挑战，这是审视当代中国文化治理问题的基本出发点。

（一）文化个人主义的盛行与文化主体意识的缺失并存

在西方主导的文化全球化中裹挟着资本主义的个人主义和相对主义思潮，侵蚀着人们对中国传统核心价值观以及社会主义核心价值观的认同。文化选择上的个人主义在某种程度上替代了对民族文化的主体意识，成为主导人们日常生活价值取向的主导判断标准。文化个人主义在国民生活中最为鲜明的表现是用个体的主观判断标准消解作为公众普遍认同的社会核心价值观，由此带来的后果就是，社会伦理价值规范因传统价值观念的失落而失去应有的文化价值观支撑，进而丧失合法性和权威性。

文化个人主义的盛行、对主流核心价值观缺乏应有的文化认同必然会导致文化失范的现象层出不穷。价值观新旧交替、社会多元文化并存、人们的文化身份认同多重错位。[①] 尽管党中央已经明确提出了社会主义核心价值观的语用表述，但社会主义核心价值观对于国民的整合与导引能力尚未真正形成，公民基于文化自觉而产生的对社会主义核心价值观的文化认同被文化模式取代。具体而言，国人一般不否认对中国传统文化的优越感，但相伴而生的还有公众对传统文化流失的危机感。换言之，公众对传统文化价值的认知处于一种无意识状态，随之而来的就是公众对自我文化身份辨识、认同以及识别出现严重危机，最终的结果可能会导致文化主体性的消解。

（二）文化治理缺乏有效的实践载体

自 2009 年以来，风靡全国的广场舞成为影响中国民众精神文化生活的重要文化现象。无论城市乡村，以“大妈们”为主体的舞者对该项运动乐此不疲。当然广场舞也引发了诸多社会矛盾，时时见诸各种媒体。噪声扰民问题、老年群体与年轻群体的文化价值冲突问题成为社会稳定的严重隐患。当人们质疑甚至是抱怨广场舞为何能够在今天大行其道之时，也

① 参见张鸿雁：《核心价值文化认同的建构与文化治理——深化改革文化治理创新的模式与入径》，《南京社会科学》2015 年第 1 期。

许更应该审视的是折射于其中的深层文化背景。“大妈们”用一句戏谑的网络语言表达了自我的文化诉求：“大妈跳的不是舞而是寂寞。”试想，没有统一的行政命令、没有丝毫的经济利益，“大妈们”缘何会如此乐此不疲？恐怕在丰衣足食的当代社会解释的理由只有一个，即广场舞能够契合她们最为基本的文化诉求。因此，用对健康追求的集体宣誓来解读中国的广场舞是远远不够的。广场舞的深层文化本质在于，社会转型期一种缺失大众文化娱乐实践载体而祈求幸福感抑或被阿多诺称之为“被挤掉了的幸福”的潜意识释放。①

群众既是文化治理的对象，也是文化建设最终指向的享有者。面对“广场舞热”的文化现象应该进行应有的“冷思考”：为什么老年人乐此不疲的文化娱乐活动会成为困扰群众文化生活难解的“死结”？归根结底这是一个文化治理的实践载体缺失问题。如果民众特别是老龄化群体拥有足够多的由政府建设的公共文化娱乐场地，那么群众文化活动就会由自发的经由广场舞释放被压抑的幸福感转变为自觉的丰富多彩的规范性群众文化生活。如此一来，广场舞不仅不是文化治理乃至社会治理的“死结”，反而能够成为启发政府积极主动地为文化治理提供有效的实践载体的“推进器”。

三、当代中国文化治理的实践路径

在新时代的中国，不仅要对中华优秀传统文化中蕴含的文化治理思想进行细致入微的梳理，更应该把如何促成其实践转换作为一个重大的理论和现实问题来研究。在此基础上，我们方能不断在文化治理的实践形态中挖掘契合时代发展的文化治理路径。文化治理是一个各项治理因素综合发挥效应的有机体，“唯有从内含于文化自身的观念形态与实践形态的互动与转化中，我们才能够真正理解文化作为社会治理的思想元素对社会有机体发挥作用的内在机制以及外在的作用方式，才能够真正从哲学上阐明中华优秀传统文化当代转换的实现机制”②。理论是时代的呼声，植根于真真切切的社会发展实践之中，回应着一个社会的精神祈望。文化治理当然也要积极回应新时代中国社会治理的文化需求，“为其赋予新的时代内涵和富有生命力的文化实践载体，以激活其本身所具有的文化传统的活力基因”③。

① 参见王君超：《广场舞需要“文化自觉”》，《光明日报》2013年11月2日。

② 郝立新、路向峰：《文化实践初探》，《哲学研究》2012年第6期。

③ 邵汉明：《中国文化研究二十年》，北京，人民出版社2003年版，第471页。

（一）促进中华优秀传统文化的实践转换

新时代以来，习近平总书记以深远的文化情怀审视中华民族的传统文化，把中华优秀传统文化视为我们民族的“根”和“魂”。他提出要从中华民族精神命脉延续的高度，审视中国传统文化在中国特色社会主义文化发展进程中的历史地位和现实作用。[①]他在多个场合指出：“中国共产党自成立之日起，就既是中华优秀传统文化的忠实传承者和弘扬者，又是中国先进文化的积极倡导者和发展者。”唯有“不忘本来才能开辟未来，善于继承才能更好创新。”针对如何实现中华优秀传统文化的创新发展问题，习近平总书记指出：“要对传统文化进行创造性转化、创新性发展。……创造性转化，就是要按照时代特点和要求，对那些至今仍有借鉴价值的内涵和陈旧的表现形式加以改造，赋予其新的时代内涵和现代表达形式，激活其生命力。创新性发展，就是要按照时代的新进步新进展，对中华优秀传统文化的内涵加以补充、拓展、完善，增强其影响力和感召力。”[②]

在实践哲学的视域中，审视中华优秀传统文化的实践创新和实践转换的现实路径有二：一是把那些契合当代中国文化发展现实需求的文化治理资源激活，找到其在当今社会对接的有效载体以及其与经济、政治进行融合的有效机制，这是传统文化的实践性转换问题。二是要在当今不断开掘中华优秀传统文化发展的当代模式，利用当代中国的实践平台促进其创新与发展，这是传统文化的创新性发展的问题。在此方面，具有优厚历史文化资源的河南做出了有益的尝试，用“梨园春”的文化实践平台把中国传统文化精粹发扬光大并初步实现了文化走出去的目标。在当代中国推进文化治理现代化的历史进程，就必须不断汲取诸如广场舞之类的民众鲜活的文化实践创造，不断为中国文化治理提供新的载体和平台。唯其如此，民族文化才能够在承继文化基因的前提下，经由文化治理激发文化创新和文化创造的内生活力。“这是横亘在我们面前的一个必须要正视而且要花费大心思加以解决的、考量着社会智慧的问题。”[③]

（二）增强核心价值文化认同

文化治理是文化价值观和文化生存方式的高度融合，国家治理能力的现代化归根结底取决于文化认同所形成的核心价值观的影响力和认同力。

---

① 参见范玉刚：《习近平文化思想深刻意涵》，《人民论坛》2014年第24期。

② 中共中央宣传部：《习近平总书记系列重要讲话读本》，北京，学习出版社、人民出版社2014年版，第101页。

③ 李江涛等：《当代文化发展新趋势研究》，北京，中央编译出版社2009年版，第254页。

文化认同在理论上是一个哲学范畴，它是指长期生活于一个共同体中的人们基于对本民族核心文化理念所形成的肯定性体认和习惯性认同，是国家认同和民族认同的深层文化基础。文化认同在一个民族的实现程度往往表征着该民族作为文化认知主体人民大众对其核心价值理念的接受和认可程度，对自我文化身份的认知程度，对民族文化核心理念的归属感和自豪感。究其本质，文化认同的源泉和动力源自文化创造主体文化自觉意义上的内生文化动力，而一个国家的文化治理能力首先就表现为高度的吸引力和认同力。

文化认同建构的前提和基础是民族文化的优秀传统，后者的重拾、创新与重构是中国文化价值认同的原发动力。[①]中华优秀传统文化是中华民族繁荣兴旺的根，当然也是文化认同与文化治理之根。作为观念形态的文化活动结果并不能自发转化为文化认同的现实力量，缘此，唯有从中华优秀传统文化的根与源中寻找能够为全体民众所共享的核心价值，观念形态的文化治理资源通过文化实践的载体创造性转化和创新性发展以获得其内在的凝聚力和向心力，才能够为社会主义核心价值观的文化认同提供滋养。从文化治理的基本理念来看，能够通过文化认同的合理建构破解社会主义核心价值观培育与践行的现实难题。必须指出的是，对中华优秀传统文化的创造性转化和文化全球化推进的双向选择所实现的文化认同，是顺应人类文化整体演进规律的，因而是具有实践价值的认同模式，而非对传统文化治理思想简单复归的文化复古主义。

第三节　文化视域中的人类命运共同体

文化是联结人类命运共同体的精神纽带，文化的融通开辟出一条全新的联结世界的“精神丝绸之路”，使人类超越了以往抱团取暖式的生命共同体以及为了各自利益最大化而合伙开店式的利益共同体，最终达至具有丰富多彩文化多样性的精神共同体世界。[②]在全球化的大背景下，人类命运共同体的文化意蕴日渐显现，中国文化所蕴含的辩证性、包容多样性、彰显自觉性以及突出导向性的鲜明特质构建了人类精神统一体的坚实

---

① 参见张鸿雁：《核心价值文化认同的建构与文化治理——深化改革文化治理创新的模式与入径》，《南京社会科学》2015 年第 1 期。

② 参见路向峰：《人类命运共同体的文化向度》，《学习论坛》2020 年第 6 期。

内核；植根于中华优秀传统和合文化思想与义利统一思想沃土的人类命运共同体思想，在当代社会思潮的激荡中成长完善，进而在交流、互鉴、传承、创新中彰显文化中蕴含着的人性力量。

在历史唯物主义的视域中，人类命运共同体思想有着深厚的理论渊源，它植根于马克思的社会有机体思想。马克思在《德意志意识形态》中指出："只有在共同体中，个人才能获得全面发展其才能的手段，也就是说，只有在共同体中才可能有个人自由。……在真正的共同体的条件下，各个人在自己的联合中并通过这种联合获得自己的自由。"① 在文化影响力持续凸显的当下，习近平总书记提出"共同构建各国人民共有共享的人类命运共同体"②。这种与马克思社会有机体思想一以贯之的命运共同体思想强调以利益关联为依托，经济合作为主体，全球治理为共识，文化共同体价值观为支撑。人类命运共同体思想传承和弘扬了中华优秀传统文化的思想精髓，具有丰富而深刻的文化意蕴。人类命运共同体得以展开的逻辑前提是以价值认同、文化自觉为核心的共同体文化理念的构建。审度人类命运共同体的文化向度，就应该厘清其文化品格和逻辑进路，不断消融文化冲突、推动文化融合，在交流、互鉴、传承、创新中展开人类命运共同体的文化图景。

一、人类命运共同体的鲜明文化品格

在某种意义上整个人类社会共生共荣的历史就是各种文化样态相互交织、相互渗透、相互融合与超越的历史。一如奥斯瓦尔德·斯宾格勒所言："我看到的是一群伟大文化组成的戏剧，其中每一种文化都以原始的力量从它的土生土壤中勃兴起来，都在它的整个生活期中坚实地和那土生土壤联系着——我把世界历史看成一幅无止境地形成、无止境地变化的图景，看成一幅有机形式惊人地盈亏相继的图景。"③ 因此，唯有在洞悉人类命运共同体文化品格的基础上，才能更好使这种价值观追求成为引领人类命运共同体的精神驱动力和时代"导航仪"。植根于人的超越性和创造性的文化，作为人类命运共同体运行的内在机制和图式，其所蕴含的辩证性、多样性和自觉性的鲜明特质成为人类命运共同体的精神特质。

① 《马克思恩格斯文集》第1卷，北京，人民出版社2009年版，第571页。

② 《国家主席习近平发表二〇一六年新年贺词》，《人民日报》2016年1月1日。

③ ［德］奥斯瓦尔德·斯宾格勒：《西方的没落：世界历史的透视》，齐世荣等译，北京，商务印书馆1963年版，第39页。

文化发展的辩证本性是人类命运共同体价值构建的内在驱动。认同、融合、自觉、自信、自为的文化价值观，反映着唯物辩证法和历史唯物主义对自然界以及人类社会认识和改造的文化路向。文化的发展如同丰富多样的自然、社会的差异性一样，离不开对其对立面统一的认知。文化正是在其发展演进的历史进程中，融合不同的文化形态、化解文化进程中的矛盾，最终形成多样文化样态的共同价值认同。任何文化形态都是一个矛盾统一体，不同形态文化之间，同一形态文化的不同发展时期均是如此。新的文化因子不断对旧的文化因子进行排斥和否定，实践的直接现实性所诱发的现实问题与文化自身蕴含的矛盾问题相互交织。以中国特色社会主义文化为例，在文化与经济、政治、社会、生态日渐融合的当下，文化事业取得了不菲成绩，同时也蓄积了诸多矛盾和问题。文化的商品属性日益凸显，其意识形态属性日渐淡化；经营性文化产业的影响力逐步扩大，公益性文化事业的建设举步维艰；文化发展的经济效益迅速提升，文化发展的社会效益则相形见绌。这些社会问题中的文化问题凸显着我国社会发展实践中的文化哲学问题，当然也是在社会有机体中审度人与自然、人与社会之间的物质、法则和信息辩证统一矛盾的不二选择。追寻人类命运共同体所蕴含的文化价值的辩证本性，不仅要解决社会治理共同体中“两个属性”“两轮驱动”“两个效益”的问题，更要解决文化发展过程中遇到的先后、难易、远近、轻重等矛盾问题。当然在历史唯物主义的视域中，在作为观念形态的文化成果量变的累积过程中，文化发展理念经由其实践样态对当前的文化形态进行否定，从而为新的文化形态和文化成果创造提供依据，这也是文化本身所蕴含的辩证本性。

文化本身所兼具的多样性与融通性是贯穿人类命运共同体的精神纽带。文化植根于人类社会实践，实践总是以其无可比拟的多样性突破理论的界限，因而新的文化样态层出不穷；而历史总是以其无可比拟的复杂性挣脱逻辑的把握，因而文化的交融与互鉴在所难免。用池田大作的话来说就是“内在普遍主义”，即文化的天然个性又共通于彼此之间的普遍精神。基于实践多样性的文化多样性是文化共同体构建的原发性特征，正是由于多样性的统一，在人类文化中，一些基本的文化精神和文化认同渐渐形成一种共同性。文化作为人的社会属性的文化表征和精神标志，其对人置身于之中的群体有很强的依赖性，具体到文化形式和文化形态方面，也就是文化的多样性。就中国文化的发展演进而言，中国特色社会主义文化、中华优秀传统文化、红色革命文化 3 种文化样态反映着不同历史时期中国文化的观念形式和内容，体现着不同文化对生产力和生产关系、人民主体和社会规律的实践认识。抑或说，文化多样性原本即是文化本质特征的题中应有之义。共存于一个精神共同体的文化样态在一定地域和民族平台上得以相互融合，共同铸就人类文明生生不息的滚滚洪流。作为人类命运共同体精神纽带的文化价值观，是在中国特色社会主义文化体系内，以马克思主义文化为引领，中华优秀传统文化为土壤，革命文化为重要组成部分，西方文化为批判、参照和借鉴对象的辩证统一体。在文化强国战略目标的体认上，中华文化坚持不忘初心、回归本位，寻找文化多样性的统一“内核”，以价值认同和目标共识为特征的文化共同体正在逐步构建。文化多样性与文化融通性在语义理解上似乎存在着明显悖论，但绝不能由此推出二者是此消彼长、你死我活的对立体的结论。鉴于此，必须厘清一个误区：人类命运共同体的形成和发展会排斥和消弭文化多样性的存在。从本质上来讲，人类命运共同体既不是消除文化的多样性，也不是追求简单的形式上的同一性，而是致力于实现文化理念和“核心”价值的培育。

文化的自觉性是人类命运共同体构建的必要条件。“与经济、政治发展相比而言，文化的发展往往与前者具有不同步性和不平衡性，或超前于前者，或滞后于前者。就其滞后性来讲，这种滞后性往往会让人类社会付出种种代价：部落冲突、人种分层、财产私有等等。农、林、牧、副、渔的物质生产活动能直接满足人的生存需要，而文化作为一种精神因素需要参与主体在内心深处形成自觉认知再外化于物质生活，源于此，自然会在与利益攸关的实践活动中表现出不同步性和不平衡性”[①]。依据马斯洛的需求层次理论，随着生产力水平的不断提升，人的现实需要将不仅仅满足于较低层次的生理需求、安全需求，而会转向一定的社会交往需求和获得尊重的需求。换言之，人类命运共同体也会历经依次递进的 3 种形态：由抱团取暖式的生命共同体发展到为了各自利益最大化而“合伙开店式”的利益共同体，最终达至具有丰富文化多样性的精神共同体。尤其是在共产主义社会的“共同体”中，人们对自我实现的需求日渐成为主流，文化的自觉性在这一共同体内成为主要彰显因素。抑或说，建立在文化自觉性之上的精神共同体，伴随人类经济社会向共产主义演进，必将在人类命运共同体中扮演“主角”。需要明确的是，文化自觉的养成以及精神共同体的最终构建是一个长期的历史进程。一如费孝通所言：“文化自觉是一个艰巨

① 蒋静君等:《“人类命运共同体”的文化向度研究》,《文化与传播》2019 年第 1 期。

的过程，只有在认识自己的文化、历经所接触到的多种文化基础上，才有条件在这个正在形成中的多元文化的世界确立自己的位置。”[①] 在人类命运共同体的体系支撑上，文化的自觉性与历史创造主体具有内在的逻辑一致性，共同决定着人类命运共同体的构建深度和健全度。

二、人类命运共同体思想的传统文化意蕴

人类命运共同体原本就是具有中国传统文化意蕴的中国理论、中国话语和中国叙事。其核心价值理念植根于中华优秀传统文化，体现了儒家文化“和而不同”的价值理念、“义利统一”的辩证精神以及“求同存异”的伦理精神。习近平总书记指出：“中华优秀传统文化已经成为中华民族的基因，植根在中国人内心，潜移默化影响着中国人的思想方式和行为方式。”[②] 文化从其开启“以文化人”的精神历程之时，便深深地烙上了一个区域、一个族群的特征，伴随着生产力提高和社会意识形态演进而发展。中华优秀传统文化在其 5000 余年的发展积淀过程中，为人类命运共同体思想集聚了丰厚的传统资源、培育了肥沃的传统土壤。简言之，人类命运共同体的时代性、系统性和科学性需要在文化建设的实践中发展，而其内涵和价值则需要在中华优秀传统文化的肥沃土壤中培育。

人类命运共同体思想蕴含中国传统文化“和而不同”的文化价值旨向。中国传统文化特别是儒家文化历来强调和合理念，推崇不同国家、民族、文化“美美与共，天下大同”，蕴含着丰厚的人类命运共同体的文化基因。倡导“和而不同”的和合文化理念可谓是中华优秀传统文化中的精华部分。换言之，“和而不同”的文化价值旨向以其深厚的文化积淀为打造人类命运共同体提供了可借鉴的文化价值观。中国传统和合文化不仅有惯常理解的天人之和，亦注重人人之和，人与社会之和，当然更强调人与自然之和，协和万邦之和。简言之，“天人与共，人我共存”的宇宙和谐理念一直流淌在中华民族的文化血液中。从学理上讲，中国传统和合文化可谓全球化语境下人类命运共同体的文化根基。人类命运共同体所蕴含的新型文明观的核心价值理念与“和而不同”兼收并蓄的和合理念一脉相承。西周史伯指出“和实生物，同则不继”，《礼记 · 中庸》中记载“万物并育而不相害，道并行而不相悖”，孔子提出“君子和而不同，小人同

① 费孝通：《费孝通论文化与文化自觉》，北京，群言出版社 2005 年版，第 256 页。

② 《习近平谈治国理政》第 1 卷，北京，外文出版社 2018 年版，第 170 页。

而不和”。一脉相承的和合理论推动着中华民族文化认知的不断前行，也为人类命运共同体思想的当代建构提供了思想借鉴和资源积淀。

人类命运共同体思想彰显中国传统文化“义利统一”的文化意蕴。伴随着全球化的持续推进，资本逻辑把经济学意义的发展演绎到了极致，并且以发展的名义实现资本在全球范围的扩张，而且美其名曰构建世界经济共同体。显而易见的是，这种聒噪的经济共同体言不副实，资本的扩张自始至终都是对发展的伦理价值视而不见抑或是抛之脑后。源于生产力前后承继的发展，其内在结果必然导致全球化态势成为一种客观现实，但缺乏“义利统一”整体价值观规制的经济全球化无疑只是资本的全球化。诚如马克思所言，资本主义虽然带来了“历史向世界历史的转变”，但离真正的公平正义的全球共同发展却渐行渐远。事实证明，人类命运共同体构建的基础绝不是资本扩张带来的资本全球化，相反，其玄机隐藏在中华优秀传统文化的“义利统一”观中。无论是孟子提出“四海之内皆兄弟”“王何必曰利？亦有仁义而已矣”；还是荀子主张“义之所在，不倾于权，不顾其利”。“义利统一”的文化价值理念原本就是中国传统文化中的侠之大者，睦邻友好、兼容并蓄、协和万邦、世界大同的理念一直书写在5000多年中华文化发展的轨迹中。这种“义利统一”的文化价值观，为中华民族塑造了尚平贵和的精神气质，推己及人的文化情怀，强不凌弱的家国观念，同时也为人类命运共同体思想铺垫了文化脉络。显而易见，习近平总书记提出的人类命运共同体思想中“和平、发展、合作、共赢”的价值理念，植根于“义利统一”的文化价值观念，是人类对美好社会普遍愿景的中国智慧和中国方案。这一如德尼·古莱发展正义性的界定：“伦理学每个学科的发展概念置于广泛的评估框架内，使发展最终意味着生活质量以及走向各科文化所表述的价值准则的社会进步。如何追求发展与获得什么惠益同样重要。”[①] 在“义利统一”的文化理念下，中国传统文化中原本就蕴含着破解“修昔底德陷阱”的中国智慧。习近平总书记用中国道路、中国方案以及中国智慧告诉全世界，所谓“修昔底德陷阱”从来就是“普罗拉什迪的铁床”，在承继中国传统“义利统一”的文化价值理念基础之上，习近平总书记提出构建人类命运共同体。

① ［美］德尼·古莱：《发展伦理学》，高铦等译，北京，社会科学文献出版社2003年版，第8页。

三、人类命运共同体的文化实践建构

每个文化样态中的个体通过现实生活的文化实践，去认同和拥有文化整体性的特征，使自我和社会文化生活的整体达成一种全面的联系，即是拥有区别于生物物种的自然统一性的社会生物的共同本质。换言之，在人类命运共同体中，具有文化超越性的个体激发了自我的文化创造活力。当代中国的文化繁荣铸就了新时代国人的文化自信，也拓展了人类命运共同体的文化空间。在为新时代人类命运共同体奠基的意义上，不仅要科学认识全球化所带来的机遇与挑战，亦要在文化交流互鉴中铸牢文化共同体，更要以文化治理能力现代化的提升和文化话语权的当代建构为重点，在交流互鉴、碰撞融合中展开人类命运共同体的文化图景。

首先，在全球化带来的机遇与挑战中砥砺前行。作为文化在不同社会有机体中的精神表征，社会思潮“反映特定环境中人们的某种利益或要求对社会生活有广泛影响的思想趋势或倾向”[①]。随着中国改革开放不断向纵深推进，在市场经济的利益导向与中国特色社会主义文化发展的价值导向的“二律背反”下，文化价值观日趋多元化与经济利益的不断分化相伴而行。基于利益分化而形成的阶层分化直接规制着不同学派的不同思想观点在一定的人群中产生影响，形成反映不同利益需求的各种社会思潮。在当代中国，一些带有明显西方资本主义意识形态特征的社会思潮裹挟在经济全球化的大潮中不遗余力地借机加强对我国国体、政体的侵蚀，争夺意识形态的领导权。以“普世价值”为代表的西方资本主义意识形态不遗余力地消解社会主义核心价值观对当代中国文化发展的主流价值导向，这一现象值得我们警醒。只有“用社会主义核心价值体系引领社会思潮、凝聚社会共识”[②]，才能保证我们的文化建设沿着正确的价值导向前进，才能为当代中国话语权的构建提供价值保障。鉴于此，理应加强对当代各种社会思潮的认知和甄别，深刻把握各种社会思潮的意识形态本质和历史脉络，加强以社会主义核心价值观为主导的文化阵地建设，从而有效拓展文化共同体的发展空间。

现阶段，在文化大繁荣大发展的时代背景下，历史虚无主义、新自由主义思潮、“普世价值”等资本主义文化思潮在文化多样性和经济全球化

① 金炳华主编：《马克思主义哲学大辞典》，上海，上海辞书出版社2003年版，第352页。

② 胡锦涛：《坚定不移沿着中国特色社会主义道路前进　为全面建成小康社会而奋斗——在中国共产党第十八次全国代表大会上的报告》，《人民日报》2012年11月9日。

的遮掩下，与社会主义核心价值观争夺意识形态领导权。以历史虚无主义为例，其以否定民族和国家的发展历史进而是中国共产党的执政文化根基为目标，肆无忌惮地消解以社会主义核心价值观为核心的社会主义主流意识形态。特别是近年来，深受西方资本主义民主文化影响的部分文化界人士甚至是学界人士也开始妄自菲薄，对中国传统文化、革命文化以及当代中国特色社会主义文化恣意怀疑和曲解，认为只有资本主义民主文化才是“真正科学的”，具有“普世价值”。部分别有用心的人士蓄意曲解中国共产党党史和社会主义在中国的实践，否认以马克思主义为理论支撑的社会历史文化体系，主张全面引入资本主义的历史文化、政治文化、社会文化并对前者取而代之。中国特色社会主义事业高歌猛进之时，新自由主义思潮的干扰一直如影随形，甚至延伸到经济文化思想领域，主张削弱党和政府对经济产业、文化事业的管理权力。主张将文化产业化商品化进而私有化，甚至主张效仿西方模式将文化产业资本化，其产生的直接后果即是文化的成果不能为全体人民共享，进而影响到中国共产党对意识形态工作的领导权。

其次，要以文化交流促成人类命运共同体价值共识。当前，世界格局瞬息万变，经济一体化、文化多样化、治理全球化快速发展，世界正逐步成为经济、政治、文化相互交融的命运共同体。中华优秀传统文化以其久远的历史、丰富的资源、持续的影响力在世界文化大家庭中占据重要地位，影响着世界文化演变的格局。正如习近平总书记所指出的：“要加强提炼和阐释，拓展对外传播平台和载体，把当代中国价值观念贯穿于国际交流和传播方方面面。”[①] 人类命运共同体的价值理念需要在交流互鉴中增强文化认同。

作为具有悠久历史文化的大国，中国一直走在文化交流互鉴的路上。无论是“玄奘西行”还是“鉴真东渡”，抑或是“郑和下西洋”，带去的更多是中华文化的精华部分，这种主动对外文化交流不断扩大了中华和合文化的世界影响力进而内化为相当一部分人的内心文化信仰。即使是在新时代的今天，中华文化也正在各地的孔子学院中开花结果，在日渐频繁的中俄、中法、中欧、中美、中非等常态化的文化年中落地生根。“一带一路”倡议更是把世界休戚与共的经济、文化序曲谱写得更为壮丽，为构建

① 《习近平在中共中央政治局第十二次集体学习时强调　建设社会主义文化强国　着力提高国家文化软实力》,《人民日报》2014 年 1 月 1 日。

人类命运共同体奠定了坚实的实践基础。在中华文化以行稳致远的步伐走出国门的同时，中国也积极吸收和借鉴世界上任何民族的文化精华。全球化时代的文化融合绝不意味着一切民族本土文化的彻底消亡和一种无地域和民族差异的大一统世界文化的生成。必须指出的一个前提性问题是，在任何时代，文化的民族化和文化的世界化都是建立在与本土文化共生共荣、互为存在条件的。文化融合的前提是文化尊重，中华文化始终以博大的胸怀和包容性接纳国外优秀文化的融入。中华文化也有自身的排斥性，一些消极的、腐朽的文化在中华大地必然会“水土不服”，中华文化中蕴含的价值观能够自觉抵御低俗、消极价值观的侵蚀。基于文化多样的理性文化精神依旧是当今时代人类生存和人类社会发展重要的、不可或缺的文化支撑和生存样态，是任何一个民族要汇入世界历史进程进而成为人类命运共同体的一部分所必须具有的最为重要的文化要素。以人类命运共同体的文化建构为契机，用文化认同促进各个民族达成基于经济共同体的利益共识，在全球治理的文化理念、生态治理的文化观念等各个方面相互融合，形成惠及各国人民的全球文化合力，共同布局和拓展文化共同体的发展空间。

最后，积极推进文化治理能力现代化和文化话语权构建。英国古典政治经济学的代表人物亚当·斯密指出，良好的社会制度和政治制度将能够给那些既有益于个人完善又有助于他人幸福的品质提供培养和发挥作用的环境，同时能够有效地控制那些损人利己的恶劣品质和行径。[①] 文化的发展即是如此，良好的社会政治制度和坚实的经济基础为人类命运共同体的形成筑牢基础，彰显中华优秀传统文化核心理念的文化共同体像一条“精神的丝绸之路”成为共同体思想的精神基因。毋庸置疑的是，任何文化形态积淀为观念形态的文化资源都会呈现出精华和糟粕的两极分化，因此文化及其资源也应进行有效的治理。邓小平指出：“我们过去发生的各种错误，固然与某些领导人的思想、作风有关，但是组织制度、工作制度方面的问题更重要。这些方面的制度好可以使坏人无法任意横行，制度不好可以使好人无法充分做好事，甚至会走向反面。”[②] 人类命运共同体的构建不是自然而然的自发过程，而是有其自身构建的内在规律。因此对于作为彰显共同体精神基因的文化，尤其需要在治理中积淀优良的基因。文化治理

① 参见［英］亚当·斯密：《国民财富的性质和原因的研究》，郭大力等译，北京，商务印书馆1974年版，第225页。

② 《邓小平文选》第2卷，北京，人民出版社1994年版，第333页。

能力和治理体系的现代化能够让人类命运共同体的理念得以升华。

话语体系是话语权构建的重要因素和关键所在，而文化话语权则是文化软实力评价的核心所在。具体而言，文化话语体系在某种程度上是文化共同体，进而是人类命运共同体构建的实践支撑和价值导向。正如习近平总书记在哲学社会科学工作座谈会上指出，“建设以马克思主义为指导的学科体系、学术体系、话语体系上功力不足”①。可以看出，习近平总书记指出了中国特色社会主义文化发展中的关键问题，也即是说我们欠缺的不是作为观念形态的文化资源，而是文化软实力进而是中华文化的共同体向前推进的话语体系和话语权，而这种体系和权力的构建则是以对作为文化发展过程的文化的实践形态为前提的。特别是在涉及公众精神文化状态文化事业和文化共同体构建方面，哲学社会科学不能够形成休戚相关的学科共同体，话语体系就会日渐薄弱，进而逐渐丧失文化话语权。在马克思主义文化生态和中国传统文化生态互动的文化话语体系建设，在文化共同体的体系建设中推进价值体系、话语体系建设和创新，注重科学性与体现时代性同步，遵循规律性与务求实效性协调，在文化共同体的框架内促进话语模式转型、话语结构重组、话语格局演变。

在人类步入新时代的今天，构建人类命运共同体既不是人类基于生存祈求的生命共同体，亦不是经济全球化资本逻辑主导下“合伙开店式”的利益共同体，而是要构建具有人类共同价值旨向的精神共同体，缘此，探寻人类命运共同体的文化向度，通过文化的融通开辟出一条联结世界的“精神丝绸之路”。换言之，作为精神力量的文化及其核心价值理念，通过化解文化隔阂，融通民族、区域、种族之间的隔阂，经由文化自觉达至文化自信，进而在文化自强的动力驱动下实现文化自为的历史进程，是一项关系人类文明延续的先导性工程，构建的过程中需牢牢遵守历史唯物规律和文化发展规律。中国特色社会主义进入新时代，是建设社会主义文化强国的机遇期和攻坚期，植根于马克思主义文化生态、西方先进文化生态、中华优秀传统文化生态的人类精神共同体也将在进一步全面深化改革中不断完善，引领人类文明不断拓展人类命运共同体的文化空间。

① 习近平：《在哲学社会科学工作座谈会上的讲话》，北京，人民出版社 2016 年版，第 10 页。

第七章　中国文化发展的实践选择与实践特质

人们时时刻刻都在浸润着文化，经历着文化的洗礼与提升，文化在一个民族、一个国家实践总体中的地位也日益凸显，但由于文化概念的歧义性和多变性，在人们的惯常认知中，文化作为观念形态仍然根深蒂固。这一切有关文化的偏误和认知错位都可以在文化实践以及对文化实践形态的理解中获得新生。伴随着全球化的持续推进和中国社会发展的日新月异，文化呈现新的实践表征和实践样态。合理地在文化实践的视域中审视新时代中国社会发展的文化选择，既是在理论上创新文化发展的理念之需，又是在实践上正本清源廓清中国文化软实力以及马克思主义文化理论中国语境之要。

第一节　彰显时代性的文化自信

在历史唯物主义视域中，新时代中国文化发展实践性特质首先在于我们的文化走出的是一条具有鲜明时代特色的实践发展之路。中国特色社会主义文化发展道路首先是一条坚持马克思主义指导地位的社会主义性质的文化发展之路，在其方向性上是坚持为社会主义服务的方向性导向和为人民服务的人民性导向。中国特色社会主义文化发展道路因为有了马克思主义指导才具有了高度的文化自觉与文化自信，才能够保证在前行的路上不至于迷失方向；中国特色社会主义文化发展道路正是坚持了社会主义的明确方向而确保了发展的先进性；中国特色社会主义文化发展道路正是坚持了以人民精神文化需求为出发点和落脚点的价值旨归才具有了活力之源。指导思想、社会属性和价值旨归共同彰显了中国特色社会主义文化发展道路的制度特征。

一、坚持马克思主义的指导地位

虽然目前学界对文化概念的界定仍莫衷一是，但有一点认识却是相对一致的。那就是任何社会形态中的文化都不是一个中性的范畴，而是与其共处于一个社会有机体的经济、社会以及政治发展紧密相连的。抑或说，文化原本就是内含意识形态功能、政治功能和经济功能于自身的。回望自中国文化发展创新的历史进程不难发现，正是由于坚持了马克思主义在中国文化发展中的指导地位，我们才在不同的历史时期牢牢把握住了意识形态的话语权。中国特色社会主义文化发展道路所彰显的制度性特征首要来自对马克思主义指导地位的坚持、坚守而获得的理论自信。“坚持马克思主义的指导地位是走好中国特色社会主义文化发展道路的思想保证和行动指南。”[①]“在中国特色社会主义文化发展道路上坚持马克思主义的指导地位既是缘于马克思主义的科学理论品质，亦是改革开放以来中国文化发展的客观要求和现实旨归。”[②]回望改革开放以来中国特色社会主义文化发展的历史进程同样不难发现，坚持了马克思主义基本原理和方法论原则对当代中国文化发展的指导，文化建设就会高歌猛进、成就辉煌；偏离了马克思主义基本原理和方法论的指导，文化发展就会遭到严重的挫折，甚至会波及经济发展和政治发展的稳定性而引发社会动荡。

近年来，历史虚无主义思潮沉渣泛起，这股政治思潮对马克思主义指导地位和中国共产党领导地位形成严重挑战，理所当然成为中国特色社会主义文化发展进程中必须澄明、批判和解构的一项历史使命和理论任务。历史虚无主义者所要解构的不仅仅是单个英雄人物和历史事件，而是马克思主义融入中国社会发展现实的理论可能性和实践可能性。说到底，他们意在模糊、误导、歪曲中国共产党在社会发展现实中选择马克思主义的可能性与现实性，掀起意识形态领域抑或是文化领域内一场没有硝烟的战争。不能不警醒的是，苏共70余年社会主义政权的倾覆皆是始于苏联历史文化在历史虚无主义的攻击下的日渐瓦解，一场没有硝烟的和平演变销蚀和解构的是马克思主义在苏共的指导地位。历史虚无主义思潮表面是在否定和歪曲的国史、党史，真正挑战的是马克思主义对中国特色社会主

① 陈先达：《关于坚持马克思主义在社会主义先进文化中指导地位的若干思考》，《党建》2011年第10期。

② 徐蓉：《在多样性条件下坚持指导思想一元化——论坚持马克思主义在意识形态领域的指导地位》，《思想理论教育》2010年第1期。

义文化发展进而是中国特色社会主义道路的指导地位，挑战的是中国特色社会主义文化发展因坚持了马克思主义的正确指导而形成的制度性优势。

产生于欧洲的马克思主义缘何能够成为中国特色社会主义文化发展的思想保证？这不单单是因为马克思主义是科学的世界观和方法论，马克思主义揭示了自然界、人类社会和人的思维发展的本质。原因还在于马克思主义所植根的欧洲文化所孕育出的理论原则和哲学方法论在根本上与中国传统文化所内含的哲学思维方式具有天然的契合性，这使得马克思主义及其所代表的文化形态能够在中国共产党的实践选择中融合、超越中国传统文化中的精华元素而实现其中国化的历史进程。马克思主义所拥有的超越民族界限而融汇其他文化的理论品质是与时俱进，这种理论品质使得马克思主义可以为那些在实践中选择并坚持以马克思主义理论为武器和思想原则的民族和国家提供了把马克思主义与本民族实际特别是传统文化结合起来的方法论原则。恩格斯在《致韦尔纳·桑巴特的信》中表明了他对马克思新世界观的基本看法，他指出："但是，马克思的整个世界观不是教义，而是方法。它提供的不是现成的教条，而是进一步研究的出发点和供这种研究使用的方法。"①

马克思主义诞生于 19 世纪中期的西欧，但这种使德国古典哲学得以终结的理论却以批判、解构和灭亡资本主义作为自己的终极目标。可以说，从诞生之日起马克思主义就是一种不拘泥于现成结论的开放性理论，它特征鲜明却也常常突破民族和国家的界限而融汇于其他民族文化发展的历史实践选择之中。"近代以来中国历史发展的实践充分证明，马克思在哲学上实现思维和方法变革所树立的世界观和方法论正是中国共产党在实践中所需要的，这种来自西方又批判西方的文化思潮比较能够契合当时中国人的文化心理需要。"② 毛泽东指出："实行百花齐放、百家争鸣的方针，并不会削弱马克思主义在思想界的领导地位，相反地正是会加强它的这种地位。"③ 邓小平指出："过去我们党无论怎样弱小，无论遇到什么困难，一直有强大的战斗力，因为我们有马克思主义和共产主义的信念。有了共同的理想，也就有了铁的纪律。无论过去、现在和将来，这都是我们的真正优势。"④ 江泽民指出："坚持马克思列宁主义、毛泽东思想的指导地位，

① 《马克思恩格斯文集》第 10 卷，北京，人民出版社 2009 年版，第 691 页。

② 郝立新：《中国特色社会主义文化发展道路的制度特征论析》，《社会科学家》2015 年第 8 期。

③ 《毛泽东文集》第 7 卷，北京，人民出版社 1999 年版，第 232 页。

④ 《邓小平文选》第 3 卷，北京，人民出版社 1993 年版，第 144 页。

是我们立党立国的根本，也是社会主义文化建设的根本，决定着我国文化事业的性质和方向。”[①] 习近平总书记指出：“宣传思想工作就是要巩固马克思主义在意识形态领域的指导地位，巩固全党全国人民团结奋斗的共同思想基础。”[②]

马克思主义缘何能够成为中国特色社会主义文化发展道路的行动指南？改革开放以后，我国文化建设面临的最大问题就是如何处理马克思主义与中国传统文化关系的问题，说到底也就是在文化发展上举什么旗，走什么路的问题。从邓小平同志的两个文明一起抓，到依法治国与以德治国相结合，再到当今中国梦的目标和社会主义核心价值观的培育与践行，中国共产党在文化发展上走的始终是一条以马克思主义作为行动指南的发展创新之路。回顾中国特色社会主义文化发展的历史进程不难发现，坚持马克思主义的指导地位是最为根本的历史经验。“中国特色社会主义文化发展进程中所形成的中华文化发展的软实力是坚持马克思主义对当代中国文化发展的指导地位所形成的现实影响力。实质上，文化软实力作为综合国力的重要组成部分，它的性质和作用取决于文化的根本属性和内涵。”[③] 抛却制度特征和阶级属性的文化软实力，只能说明这种现实影响力具有与经济硬实力相同的社会影响力，只有文化的社会属性、制度特征以及阶级属性才能标示这种文化的先进性与否。

马克思、恩格斯在《德意志意识形态》中指出：“各个相互影响的活动范围在这个发展进程中越是扩大，各民族的原始封闭状态由于日益完善的生产方式、交往以及因交往而自然形成的不同民族之间的分工消灭得越是彻底，历史也就越是成为世界历史。”[④] 这是马克思首次也是较为系统地表达其对资本主义发展趋势的整体判断，后人把马克思的这一思想称为“世界历史”思想，也就是现代话语中的全球化思想。应该说马克思、恩格斯准确预测到了未来资本主义的发展必然通过全球化的方式推进的历史趋势，这种推论在近 170 年来世界经济、政治、文化、社会乃至生态发展中不断得到确证。与马克思当时的思想语境稍有不同的是，全球化的本质在当代愈来愈由肇始时期的经济全球化为主导演变成为以文化全球化为

① 《江泽民文选》第 1 卷，北京，人民出版社 2006 年版，第 158 页。

② 《习近平谈治国理政》第 1 卷，北京，外文出版社 2018 年版，第 153 页。

③ 陈先达：《关于坚持马克思主义在社会主义先进文化中指导地位的若干思考》，《党建》2011 年第 10 期。

④ 《马克思恩格斯文集》第 1 卷，北京，人民出版社 2009 年版，第 540~541 页。

主导，而且这种趋势愈演愈烈。这是今天在论及中国特色社会主义文化发展道路时不得不关切的一个现实，意即文化全球化日渐扩展所带来的对马克思主义在意识形态领域指导地位的挑战和机遇。事实上，无论是资本主义发展早期的经济全球化抑或是现今为人们所津津乐道的文化全球化，其外驱力始终是资产阶级及其代言人，目的则在于用全球化之名实现资本主义一统天下之实，全球化的实质是资本的全球化。当然，全球化的到来并不是洪水猛兽，其推动的主体也未必是资本主义及其代言人，社会主义不仅可以利用全球化的机遇发展自我，而且可以通过制度优势所形成的竞争力成为全球化的推动者和主导者，把资本不断推向全世界的历史改写为社会主义不断由一国走向全世界的世界历史。

在现实中，资本主义所主导的文化全球化中裹挟的是资本主义的意识形态，这种文化样态与经济、政治、社会等现实载体不断融合，不断消解着马克思主义在中国特色社会主义文化发展道路中的指导地位。在中国特色社会主义文化发展道路中，经由马克思主义改造、融合的先进文化如何走向世界，发挥现实的影响力，事实上是一个能够在这条道路上坚持马克思主义指导进而形成现实的话语权的问题。这其中不仅有如何处理好中国特色社会主义文化发展道路与经济发展道路、政治发展道路的关系问题，更有如何处理马克思主义、中国传统文化和西方文化资源关系问题。一方面，必须旗帜鲜明反对文化复古主义和文化虚无主义，坚持马克思主义的基本原则方法，力促中华优秀传统文化的创造性转化和创新性发展。把对现代文化和传统文化的批判和反思，创造性地结合起来，必须坚持马克思主义的指导地位，坚持用中国化的马克思主义成果来指导中华文化的复兴运动。另一方面，既然文化软实力建设中蕴含着意识形态的因素，那么不仅应该在软实力建设中坚持马克思主义的指导地位，用马克思主义的立场、观点和方法指导文化软实力建设，更应该通过文化软实力建设加强马克思主义在意识形态领域的指导地位，增强马克思主义的感召力和吸引力，增强人们对马克思主义的认同感，从而树立坚定的马克思主义信念。

二、坚持社会主义发展方向

中国特色社会主义文化发展道路与其他文化形态所经历的发展历程在制度性特征上的最本质区别仍然在于其文化发展的性质是社会主义的。当代中国的文化首先是为中国的社会主义事业和最终目标服务的，是中国特色社会主义“五位一体”有机统一体的组成部分，体现着在人类社会发展进程中社会主义对资本主义在制度选择上的先进性本质。伴随着改革开放伟大事业的开启，不同于新中国成立初期文化建设中要“古”还是要“今”的争论，人们把争论的焦点逐渐地转移到了在文化发展道路的选择上是姓“资”还是姓“社”问题上来。事实上，自从市场经济融入中国经济发展的总体进程进而成为中国特色社会主义市场经济到最终被国外马克思主义者定义为“中国模式”，表面上表现为经济发展模式选择上的争论，而实质上在指导社会总体发展的制度选择上的姓“资”姓“社”问题。换言之，就是在选择了中国特色社会主义市场经济发展模式后，社会发展的成果能否为选择的社会主义制度服务的问题。有目共睹的是，经济全球化进而演变为当今的文化全球化，裹挟其中的由资本主义主导的文化思潮对国人思想的影响颇多，以至于让人们产生了一种我们的文化还要不要坚持社会主义方向的疑惑甚至是迷惘。在这种文化多元化以及人们精神价值祈求多样化并存的大背景下，在满足人们精神文化需求的文化建设中“举什么旗，走什么路”的问题可谓是决定性的问题。邓小平指出，推进社会主义事业必须坚持物质文明与精神文明“两手抓、两手都要硬”的基本方针，唯有如此才能够保证社会主义事业前进的方向性。归根结底，所谓精神文明建设意在构建的就是赖以支撑改革开放伟大事业的文化软实力，而且这种软实力所提供的也就是由中国特色社会主义文化发展的社会主义方向所奠定的思想基础。①

邓小平曾对中国文化发展的社会属性问题作出过专门阐述，他认为：“社会主义制度的优越性表现在它的文化、科学技术水平应该比资本主义发展得更快、更先进，这才称得起社会主义，称得起先进的社会制度。”② 江泽民也指出：“社会主义的优越性不仅表现在经济政治方面，表现在能够创造出高度的物质文明上；而且表现在思想文化方面，表现在能够创造出高度的精神文明上。贫穷不是社会主义；精神生活空虚，社会风气败坏，也不是社会主义。”③ 可以看出，邓小平对文化发展方向上所彰显出的社会主义制度相对于资本主义制度的优越性是十分看重的，而中国特

---

① 参见郝立新：《邓小平文化思想的历史贡献及当代价值》，《中国社会科学报》2014 年 8 月 1 日。

② 中共中央文献研究室编：《邓小平年谱（1975—1997）》（上），北京，中央文献出版社 2004 年版，第 200 页。

③ 中共中央文献研究室编：《社会主义精神文明建设文献选编》，北京，中央文献出版社 1996 年版，第 473 页。

色社会主义文化发展道路形成和演进的历程也的确证实了这一点。回望一下苏联解体的历史经验，我们不难得出这样的结论，即使我们的物质文明发展到了让资本主义国家都艳羡的程度，只要不能在意识形态、文化发展中坚持社会主义的基本导向，发展的成果要么灰飞烟灭，要么成为资本主义和平演变的垫脚石。当戈尔巴乔夫宣布苏共在意识形态导向上允许多元共存和自由选择之时，一个建立了近80年的执政党执政的文化根基轰然倒塌，以至于人们还难以接受这种突如其来的结果。前事不忘后事之师，世界社会主义发展史上的风云变幻时刻警示着当代中国文化发展中必须坚持社会主义导向。历史唯物主义认为，在社会发展的有机体中起决定作用的是占统治地位的经济形态，文化和政治作为上层建筑从来都是起影响和制约作用。虽然在当今社会，文化与经济、政治融合的态势日趋加快，但马克思主义基本原理和基本判断还没有过时。

中国特色社会主义文化发展道路是中国特色社会主义发展道路的有机组成部分，是在坚持科学社会主义基本原则的基础上与改革开放以来中国经济、政治、社会、生态发展相互融合的历史进程。理解和定位中国特色社会主义文化发展道路的制度性属性必须放到经济、政治、文化、社会、生态“五位一体”的历史统一体中来理解。“中国特色社会主义文化发展道路作为中国改革发展‘五位一体’总体布局的有机组成部分，既受到这一布局中经济制度属性、政治权利架构、社会运行方式以及生态发展模式的影响和制约，同时也以彰显社会主义制度特征的软实力形式对中国特色社会主义发展的总体进程产生着至关重要的现实影响。”[①] 中国特色社会主义发展的最终目标和科学社会主义要实现的终极目标是相一致的，都是通过社会物质财富的集聚，实现人民富裕以及人民当家作主的政治权利，最终实现人的自由与全面发展。这就从根本上决定了中国特色社会主义文化发展方向必须与社会主义制度的基本特征和价值取向相一致。中国特色社会主义文化一方面要彰显社会主义市场经济中经济制度的文化特征，另一方面“要旗帜鲜明地反对资本主义市场经济背景下所形成的拜金主义、享乐主义以及被唯物质利益取向所异化、扭曲的价值观”[②]。

中国特色社会主义文化发展道路的社会制度性特征问题，实质上就是改革开放以来中国文化发展所表现出来的源于社会主义的制度优势，在特

① 郝立新：《中国特色社会主义文化发展道路的制度特征论析》，《社会科学家》2015年第8期。
② 郝立新：《中国特色社会主义文化的本质及走向》，《中国特色社会主义研究》2014年第2期。

殊的时代背景和地域特征中如何引领中国特色社会主义文化软实力，以及这种软实力应该如何发挥的问题。文化作为意识形态的上层建筑，其影响力以及性质取决于它的制度属性。换言之，判断一种文化发展的优劣性从来没有一种所谓普世的标准，它所服务的经济基础以及其所属的社会属性是唯一的判断依据。可以从 3 个维度来理解这种由社会主义属性所彰显的中国特色社会主义文化发展道路的先进性特征。一方面，当代中国是一个由经济、政治、文化、生态、社会组成的有机统一体，文化软实力发挥作用的有效前提是社会制度所形成的硬实力，正是后者赋予了前者社会主义的根本属性、以人民精神需求为根本的价值导向和与时俱进、不断创新的文化品格。当代中国文化自信所赖以形成的基础是社会主义典型的制度自信。另一方面，社会主义制度自身往往也是作为一种文化存在内化于中国特色社会主义文化发展的矛盾统一体中。社会主义制度相对于资本主义制度所天然具有的亲和力、感召力、影响力、凝聚力以及传播力构成当代中国文化软实力的有机组成部分。

恩格斯曾经说过，“文化上的每一个进步，都是迈向自由的一步”[①]。其实这里所说的文化意指的是社会主义文化，伴随着社会主义逐步走向共产主义的历史进程，人的自由而全面发展的目标便会缘于文化的不断创新进步而得以实现。换言之，社会主义制度所保障的中国特色社会主义文化发展的先进性通过文化的基点逐渐趋向自由。江泽民指出：“在当代中国，发展先进文化，就是发展有中国特色社会主义的文化，就是建设社会主义精神文明。”[②] 胡锦涛指出：“文化是民族凝聚力和创造力的重要源泉，是综合国力竞争的重要因素，是经济社会发展的重要支撑。”习近平总书记指出，“提高国家文化软实力”，“要坚持走中国特色社会主义文化发展道路”[③]。一个国家、一个民族要在世界民族之林中得以屹立，不可或缺的一个重要条件就是要有先进文化的引领。“先进文化与先进生产力中的最活跃的人的因素一旦结合，劳动力素质会得到极大地提高，劳动对象的广度会和深度得到极大的拓展，人类改造自然、取得财富的能力与数量会成几何级数增加”[④]。

① 《马克思恩格斯文集》第 9 卷，北京，人民出版社 2009 年版，第 120 页。

② 《江泽民文选》第 3 卷，北京，人民出版社 2006 年版，第 276 页。

③ 《习近平谈治国理政》第 1 卷，北京，外文出版社 2018 年版，第 160 页。

④ 习近平：《之江新语》，杭州，浙江人民出版社 2007 年版，第 149 页。

三、文化自信的制度根基及其实践旨向

文化现象虽然纷繁芜杂、异彩纷呈，但作为人类特有的精神现象，文化发展的价值导向也就是文化由谁创造、为谁发展的相关问题始终是文化发展的核心问题。正如习近平总书记所指出的，人民是历史的创造者，是决定党和国家前途命运的根本力量。必须坚持人民主体地位，满足人民过上美好生活的新期待，依靠人民构建新时代的文化自信。简言之，文化自信要彰显其一切以人民为中心的价值导向，在筑梦中国的历史进程中铸就中国文化繁荣发展的自信之本。

（一）为了谁：当代中国文化自信的价值澄明

观念形态的文化资源不等同于现实的文化软实力，文化作为一种精神生产力，其自身的发展方向主要体现在对文化中蕴含的价值目标的认知和守持。实质上，社会主义本身就是一种基于崭新价值理想而产生的社会形态，其价值理想的最终取向就是建立一个每个人自由而全面发展的理想社会。在马克思所言的“世界历史”的影响日渐显现在文化发展的历史进程中时，能否以人民为中心实现文化发展成果由人民共享，在中国文化构建进入新时代进程中的价值导向作用也就越发凸显。习近平总书记在党的十九大报告中论及中国共产党的初心和使命时反复强调，“不忘初心、牢记使命”，“必须坚持以人民为中心的发展思想”。鉴于此，澄明当代中国文化自信的价值导向，必须把握住文化自信“为了谁”这一深刻思考，才能真正使文化发展的成果惠及全体人民。

人民群众是社会历史的创造者，理所当然是社会精神发展的最终驱动力量。在新时代要实现中国文化的繁荣发展，实现由文化资源强国到文化软实力强国转变的战略目标，除了要激发全体中国人民的创造、创新活力，更重要的是把握文化发展的价值导向。关注我国民众的精神生活，就要及时把正确的文化价值导向融入民众生活的实践之中，想群众文化生活之所想，为群众提供健康向上的精神食粮，为群众提供正确的文化价值观念指引。在构建文化自信进程中，文化产品必须真正贴近人民群众的精神需求，贴近新时代中国特色社会主义发展的实践，贴近人民对美好精神生活的祈望。认真追寻新时代中国特色社会主义文化自信的话语形式，在能够打开民众心扉的文化观念的表现形态上下功夫，找到文化自信落地生根的生活叙事和行动故事，把中华文明之花绽放在中国民众追逐梦想的路上。在坚持主旋律的前提下，真正把当代中国文化发展的价值导向融入人

民生活之中，使其发挥对民众精神文化生活的导向作用。改革开放以来，文化发展的成就已经证明并将继续证明，中国共产党团结带领全国各族人民继续走社会主义文化自信之路的价值准则不会变，文化大繁荣大发展所带来的精神福利将由人民共享的价值旨向不会变，文化发展是为了实现全体中国人自由而全面发展的终极目标不会变。

（二）依靠谁：当代中国文化自信的价值驱动

历史唯物主义的基本原理告诉我们，历史的真正创造者是人民群众，据此推理，人民群众毫无疑问亦是文化自信构建的真正创造主体。在中国特色社会主义进入新时代的今天，更应该在理论上阐明文化自信的价值驱动究竟是不是社会历史的创造者——人民群众？澄明当代中国文化自信的价值驱动，就是要尊重人民群众在文化建设中的主体地位，充分发挥人民群众在文化发展中的首创精神，紧紧依靠人民推动社会主义文化发展的历史进程和进步、关注和支持人民群众的文化实践、文化探索。文化自信要廓清中国特色社会主义文化建设要依靠谁的问题。只有真正把人民群众作为文化自信构建的源头活水，把人民群众对美好精神生活的需要作为文化建设的根本目标，中国特色社会主义文化建设的内在活力才会真正被激活。

中国特色社会文化发展的历史和实践反复证明，文化发展要真正成为社会历史发展的精神驱动力，就必须从人民中找寻实践根基，从人民中集聚文化自信的力量，由人民谱写文化自信的华美乐章。脱离人民群众的支持，违背人民群众意愿的文化自信只会成为无源之水、无本之木。① 其一，增强公民对文化自信的理论自觉。唯有作为文化自信建构主体的人民群众充分知晓文化自信与文化价值观的基本内涵，才能够形成对中国特色社会主义文化明确而清晰的认知。同样道理，只有人民群众拥有了对社会主义文化的清晰认知，才不会在文化全球化甚嚣尘上的今天陷入价值混乱与道德迷茫之中，并能够自觉地追求先进文化，养成崇高的价值追求，树立坚定的文化自信。其二，考量当代中国文化自信的价值驱动，还应充分尊重和发挥人民群众的首创精神。不断创新的激励机制和丰富的群众创新经验是构建文化自信的历史进程中内在的实践驱动。每项成功的文化实践模式创新，都以其实践创新的内在活力，对社会文化发展起着重要示范作用。

一个社会发展的文化成就是否能够真正支撑起其民族得以前行的精神

---

① 参见路向峰、高宏利：《中国特色社会主义道德建设人民性的价值追问》，《齐鲁学刊》2019年第4期。

动力，关键在于能否构建起其以人民为中心的文化自信。就其本质而言，文化不是已经完成了的存在，而是不断生成变化的人类精神创造活动。与此相应，文化自信也不是僵死的、完成的概念，而是一个伴随着人类社会发展脚步不断前行的培育和践行的过程。人民对美好精神生活的需要始终是中国特色社会主义文化不断丰富发展的生生不息的源泉。

第二节　彰显人民性的文化旨向

中国特色社会主义文化建设，除在社会主义制度导向上鲜明的社会主义特征外，彰显其文化发展价值旨归的鲜明人民性是其另一个重要特质。事实上，无论是在经济发展、政治发展抑或是在文化建设道路上，“为了谁、依靠谁、我是谁”的问题从来就是判断一个国家、一个政党性质的试金石，当然也是判断一条道路是不是人间正道的检验标准。正如毛泽东在延安文艺座谈会上指出的那样：“为什么人的问题，是一个根本的问题，原则的问题。”[①] 自从新中国成立伊始，中国文化发展确立了“为人民服务、为社会主义服务”的基本方针以后，中国特色社会主义文化建设所历经的筚路蓝缕，既是一条不断激发中华文化的主体性进而融汇成全体中国人民文化主体性的砥砺前行之路，又是一条使文化发展的成果真正由人民共享从而满足人民精神文化需求的为人民服务之路。

一、为了谁：社会主义文化人民性的价值澄明

根据历史唯物主义的基本原理，人民不仅创造了自人类诞生以来的所有物质财富，使人类社会能够不断地向文明状态挺进，并最终实现人类社会历史进入共产主义社会，实现人自由而全面的发展。恩格斯把这种动力称为“动力的动力”。马克思在《资本论》中明确指出，未来新社会是以“每一个个人的全面而自由的发展为基本原则的社会形式”[②]。恩格斯也指出：“随着社会生产的无政府状态的消失，国家的政治权威也将消失。人终于成为自己的社会结合的主人，从而也就成为自然界的主人，成为自身的主人——自由的人。”[③] 在马克思所设想的未来共产主义社会的基本特征

① 《毛泽东选集》第3卷，北京，人民出版社1991年版，第857页。

② ［德］马克思：《资本论》第1卷，北京，人民出版社2004年版，第683页。

③ 《马克思恩格斯文集》第3卷，北京，人民出版社2009年版，第566页。

中，人的精神境界极大提高，社会关系高度和谐，在本质上一个文化命题，指明了经济发展、文化进步、社会和谐的文化价值旨归。缘此，对改革开放以来当代中国特色社会主义文化建设的基本特征进行考量时，就不能不对其鲜明的人民性特征及其价值向度作出阐释。作为一个矛盾统一体，人民性与人的精神文化提升的进程是紧密关联的。

习近平总书记在党的十九大报告中论及中国共产党的初心和使命时反复强调，不忘初心、牢记使命，就要“深入贯彻以人民为中心的发展思想”。[①] 鉴于此，只有牢牢把握住中国特色社会主义文化建设的目标“为了谁”这一深刻思考，才能真正使文化建设的成果惠及全体人民。回顾改革开放 40 多年的历史，不难发现，每当把文化建设的价值旨归回归到人民的精神文化需求之时，文化建设就不会偏离为人民服务的本性而具有勃勃生机；把人民群众的文化实践和文化创造的主体性真正当作了文化发展的出发点，文化就能因此具有十足的活力；把促进人的全面发展进而是全人类自由而全面发展作为发展的价值依靠，就能够引导人民踏上通向精神幸福彼岸的桥梁。以上 3 个基本维度是界定中国特色社会主义文化建设之路人民性的现实支撑和清晰的价值坐标。简言之，鲜明的人民性集中体现了当代中国文化建设“为了谁、依靠谁、我是谁”的根本问题，进而成为展现中国特色社会主义文化建设之路的鲜明价值旨归。

中国特色社会主义文化建设的历史进程中充满了复杂的矛盾，这些矛盾并不像人们从表面上所认为的那样一定会成为文化发展的羁绊。相反，这些矛盾体系的解决能够产生助推文化发展的充足动力，从而让文化共同体更具活力。为此，必须澄明的一个问题是，能不能在当代依然把文化仅仅当作观念形态的上层建筑？要不要探寻文化发展的内在驱动力？这里面关涉的是文化的发生、作用以及演进的内在机制问题。在历史唯物主义的视域中，不能仅仅把文化理解为作为结果的观念形态的文化资源，否则无法对文化作为一种软实力的事实作出合理说明。事实上，文化发展演进的动力来自于作为结果的文化的观念形态和作为文化发展过程的实践形态之间的互动与转换。而文化的实践形态就是文化的参与主体充分发挥自身的主体性参与文化创造的活动过程。[②]

人民群众是文化建设的根本驱动力量，但这并不是说作为精神财富创

① 习近平：《决胜全面建成小康社会　夺取新时代中国特色社会主义伟大胜利——在中国共产党第十九次全国代表大会上的报告》，北京，人民出版社 2017 年版，第 5 页。

② 参见李江涛等：《当代文化发展新趋势研究》，北京，中央编译出版社 2009 年版，第 12 页。

造者的人民在任何时代都能分享文化发展的精神成果。习近平总书记明确指出："人民既是历史的创造者、也是历史的见证者，既是历史的'剧中人'、也是历史的'剧作者'。文艺要反映好人民心声，就要坚持为人民服务、为社会主义服务这个根本方向。"[①] 当在担忧 21 世纪中国文化发展的前途之时，人民群众用他们的"广场舞"这种鲜活的文化实践形态为当代中国群众的文化精神需求作出了最好诠释，当然也为文化政策的制定者提供了良好的启示。

毛泽东指出："人民，只有人民，才是创造世界历史的动力。"[②] 作为观念形态的文化资源要想真正发挥对社会发展的精神影响力，必须经由人民掌握和改造才能够变成影响社会发展的物质力量。实质上，人民本来就是中国特色社会主义文化资源的真正创造者，人民当然也是推动作为观念形态的文化结果到作为过程的文化实践形态转化的真正推动力。中国特色社会主义文化要真正转化为全体中国人民精神文化需求的硬实力，唯一的驱动力还是要激发蕴藏于人民群众之中的文化主体性和文化创造活力。人民群众自发通过文化创造激活观念形态的文化资源，形成社会发展所必需的精神推动力，文化才能与政治、经济、社会、生态相互融合形成社会发展的共同体。中国特色社会主义文化建设之路就其价值旨向而言，就是服务人民、依靠人民、实现人的自由而全面发展的现实道路。就中国特色社会主义文化建设的微观层面而言，应该注重普通民众在日常生活实践中所积累的智慧，进而把之转化为宏观层面坚持以人为本的文化习惯。简言之，当代中国文化发展的现实道路表现为，为人民群众精神文化活动结果的文化资源与作为人民群众日常文化实践的文化活动过程是中国当代文化活动的有机统一体。

文化特别是中国特色社会主义文化所指向的是人的自由境界。人类在不断演进的历史进程中，不断超越现有的文化模式和文化形态，消除现存文化中的糟粕部分，革除那些限制人甚至是压迫人的东西，使之成为更适合提升人的精神境界的文化产品。[③] 就产生于资本主义环境的文化形态以及中国传统文化资源而言，当代中国的文化发展目标与社会主义发展的终极目标相一致，指向人的自由而全面发展。在建设社会主义文化强国和实现中华民族伟大复兴的历史进程中，人民理应共享由其创造的文化产品。

---

① 《习近平在文艺工作座谈会上的讲话》，《人民日报》2015 年 10 月 15 日。

② 《毛泽东选集》第 3 卷，北京，人民出版社 1991 年版，第 1031 页。

③ 参见李江涛等：《当代文化发展新趋势研究》，北京，中央编译出版社 2009 年版，第 55 页。

二、依靠谁：社会主义文化人民性的价值驱动

历史的真正创造者是人民群众，据此推理，人民群众毫无疑问是文化的真正创造主体。中国特色社会主义进入新时代，在理论上阐明社会主义文化建设的价值驱动究竟是不是社会历史的创造者——人民群众显得极为重要。澄明中国特色社会主义文化建设人民性的价值驱动，就是要尊重人民群众在文化建设中的主体地位，充分发挥人民群众在文化建设中的首创精神，紧紧依靠人民群众推动社会主义文化建设的历史进程和进步，把人民群众作为社会主义文化建设的推进主体，把满足人民群众的文化需求作为文化建设的根本动力，关注和支持人民群众的文化实践、文化探索。

要发掘中国特色社会主义文化发展内在驱动力，必须廓清中国特色社会主义文化建设要依靠谁的问题。胡锦涛在党的十七届六中全会中指出，“人民是推动社会主义文化建设大发展大繁荣最深厚的力量源泉”。习近平总书记在党的十九大报告中强调，“深入贯彻以人民为中心的发展思想”[①]。依靠人民群众实现社会主义文化建设的繁荣发展，事关中国特色社会主义文化建设的全局，彰显着中国特色社会主义文化建设的内在价值驱动。只有真正把人民群众作为文化建设的源头活水，把人民群众对美好文化生活的需要作为文化建设的根本目标，中国特色社会主义文化建设的内在活力才能真正得以激活。

人民是历史的创造者，也是文化建设的真正践行者，人民群众才是文化建设领域真正的英雄，这是马克思主义唯物史观的基本观点。40 多年来，中国特色社会主义文化建设的历史和实践反复证明，文化建设要真正成为社会历史发展的精神驱动力，就必须从人民中找寻实践根基，从人民中集聚文化前行的力量，由人民谱写人类文明的华美乐章。脱离人民群众的支持，违背人民群众意愿的文化建设只会成为无源之水、无本之木。

中国特色社会主义文化建设 40 多年风雨兼程，所取得的建设成就与人民对美好精神生活的向往尚存差距。当前，文化建设进程中所遗留的大都是“难啃的硬骨头”，甚至是牵动全局的敏感问题和重大问题，社会主义文化建设在新时代仍面临着更为艰巨的任务和挑战。应对新时代的新挑

① 习近平：《决胜全面建成小康社会　夺取新时代中国特色社会主义伟大胜利——在中国共产党第十九次全国代表大会上的报告》，北京，人民出版社 2017 年版，第 5 页。

战，把握新时代的新机遇，没有任何捷径可循，唯有正视新时代人民文化生活不平衡、不充分的严峻现实，牢牢依靠人民群众、密切联系人民群众，坚守与人民同呼吸、共命运的价值立场。同时，必须坚持社会主义文化服务社会主义人民的价值旨归，凝聚起14亿多中国人蓬勃的文化正能量。只有紧紧依靠14亿多人民的文化创造和文化力量，中国特色社会主义文化方能成为中华民族伟大复兴的精神支撑。

在文化建设中尊重人民主体地位，本质上就是要让人民群众参与到文化创新和创新的伟大进程中，坚持完成党的各项文化建设工作与实现人民利益的一致性。从人民文化生活的实际需要厘定文化建设的现实选择和价值旨归，引导人民群众积极参与文化践履，使文化建设的成果更多更公平惠及全体人民，不断夯实中国特色社会主义文化建设的群众基础。

三、我是谁：新时代社会主义文化人民性的哲学依据

马克思深刻地指出，“人的根本就是人本身”，“人是人的最高本质”[①]。分清“我是谁”的问题是千百年来古今中外思想家亘古不变的主题。人本身的生存和发展是以人的需要的全面满足和人对自己本质的全面占有为根本内容的。在人类活动的经济领域是如此，作为观念上层建筑的文化领域亦是如此。在新时代，研究社会主义文化建设人民性的哲学依据，不能忘记古希腊德尔菲神庙门楣上“认识你自己”的哲学箴言。用美国学者德尼·古莱的话来说，无论人类以何种崇高的道德言辞宣示自己的发展目标，背后隐藏的却是人成为发展的工具与手段的悲怆。“当人们的生活‘更加充实’而不是‘更加充裕’时，社会才更加人道或更加发达”[②]。从这个视域出发，党的十九大报告作出“我国社会主要矛盾已经转化为人民日益增长的美好生活需要和不平衡不充分的发展之间的矛盾”[③]的判断是对发展伦理学价值皈依和最终旨向的复归。人的核心地位从文化言辞、工具理性、文化诉求等真正地向人本身复归。

建立在商品经济基础上的市场经济以实现利润最大化的利益原则作为其运行的基本价值规律。在经济发展的历史进程中，企业追求利润，个体追求个人财富的增加，这些原本都无可厚非。在市场经济中，那种只

① 《马克思恩格斯文集》第1卷，北京，人民出版社2009年版，第11页。

② ［美］德尼·古莱：《发展伦理学》，高铦等译，北京，社会科学文献出版社2003年版，第7页。

③ 习近平：《决胜全面建成小康社会　夺取新时代中国特色社会主义伟大胜利——在中国共产党第十九次全国代表大会上的报告》，北京，人民出版社2017年版，第11页。

“投”不“出”，只“种”不“收”的经济观念、效益观念、价值观念与经济社会运行规律背道而驰，此种发展必然难以维系。社会主义市场经济作为一种特殊的经济体制运行方式，同样要遵循效益原则和价值规律。与此形成鲜明对比的是，社会主义文化建设的核心是为人民服务，原则是集体主义。这种文化演进与经济发展所表现出来的“二律背反”具体化为在社会主义市场经济中，进行文化建设如何消解和避免市场经济中效益原则及由此可能滋生的拜金主义和利己主义的冲击。简言之，在发展经济追求效益的同时，兼顾文化建设的社会效益即利益导向与价值取向关系的协调问题显得尤为重要和迫切。

可以肯定的是，市场经济的利益导向原则与中国特色社会主义文化建设的价值原则之间存在矛盾。文化存在，是因为它能为人类提供价值导向和思想动力。市场经济作为资本主义制度的产物，极大地推动了资本主义社会文化建设的发展，但紧随而来的却是各种腐朽道德观念、个人主义、极端利己主义思潮泛滥。社会主义市场经济体制自改革开放在中国确立以来，中国特色社会主义文化建设事业也获得了长足的发展。现代化的文化传播方式和理念在世界范围内的交融又极大促进了文化的传播和受众群体的扩展。但市场终归是市场，价值规律和利益导向无法避免要在经济领域和社会领域延伸。社会主义市场经济体制下的文化建设同样存在着一些消极反应，利益导向与文化建设的价值取向之间存在着冲突，抑或说是价值悖论。经济效益突出的，其社会效益往往薄弱甚至是被无视，其主动担负的社会责任与其经济效益相比相形见绌，特别是在文化产品中，有文化内涵符合主旋律的作品市场反应一般甚至亏本难以为继。部分企业一味追求经济效益甚至是唯利是图，文化成为其掩饰的一块遮羞布，各种与社会主义先进文化理念相悖的东西被搬到传播媒介上来。另一部分企业醉心于文化的精神价值追求，忽视大众需求，忽视文化发展规律，作品一出来就被锁进保险柜中。以上两种非此即彼的矛盾方式，无疑都没能正确处理好市场经济的利益导向与社会主义文化价值原则的关系。与上述非此即彼的极端方式不同，另一部分企业奉行武断的“二分法”，主张把经济问题交给“市场”，社会价值交给“市长”，只要合法就行。究其本质，这种“二分法”在一定产业范围内的经营可能有效，但对整个社会主义文化事业是百害而无一利的。一个国家的文化建设原则是与法治原则并行不悖的，合乎的是整个社会的主流价值取向。

中国特色社会主义文化建设代表了中国文化发展的主流，不应仅仅从合法这个底线出发，它代表的是中国的先进文化。马克思主义哲学家陈先达认为：“坚持先进文化的指导原则是社会效益与经济效益的统一，如果发生矛盾，后者要服从前者。”[①] 当然，中国特色社会主义文化建设的最终目的是人，不能因为避讳市场经济利益原则而导致文化建设的主体严重脱离现实物质基础的问题。因噎废食绝不是正确处理市场经济利益导向与价值原则两者关系的方式。

同样，不能因为文化价值重要性在社会公共生活中的重要性而否认社会主义市场经济利益追求的正当性。要高度重视中国特色社会主义文化的价值导引作用，其中关键的问题是要避免将文化的作用单一化、唯一化，而要从经济、政治和文化三者关系中来理解文化价值观的功效。文化不是“自变量”，而与社会其他因素无关；文化是“因变量”，文化终归离不开经济的制约，以政治为媒介。文化的作用体现在对政治、经济的导向功能上，这才是文化在社会有机体中的价值所在。建设中国特色社会主义文化，必然是以中国特色社会主义的经济和政治成就为基础，也必然是经济和政治现象在文化上的反映。新时代中国特色社会主义文化建设必然能够为社会主义市场经济和政治建设提供相应的价值导向和思想资源。社会主义市场经济中进行中国特色社会主义文化建设，既要重视和扶持正当的利益追求，又要坚持正确的文化价值导向，约束市场的消极导向，积极创造有利于道德大发展、大繁荣的物质基础。文化建设不是以货币为中介的精神产品的买卖，要清除依附在市场经济消极影响身上的因子，不能简单认为文化搭台、经济唱戏。要倡导健康、文明、有序的文化价值取向，在保障正确利益导向的前提下文化价值取向对市场经济建设至关重要。归根结底，理解新时代中国特色社会主义文化建设的人民性问题，首要的就是弄清楚在社会主义市场经济的大环境中“我是谁”的问题。

事实上，40 余年的社会主义市场经济发展的历史经验表明，社会主义市场经济从根本上来说与中国特色社会主义文化价值相一致。中国共产党人带领中国人民为中国人民谋幸福、为中华民族谋复兴的初心和使命，就是为了发展成果由人民共享，保证了社会主义市场经济的根本价值取向。总之，社会主义市场经济要求市场中的利益导向必须与文化价值导向相一致。

---

① 陈先达：《陈先达文集》第 4 卷，北京，中国人民大学出版社 2006 年版，第 451 页。

四、谁之需要：新时代文化发展人民性的价值原点

人民群众的需要是中国特色社会主义文化建设合法性的价值前提与原点。从元哲学的基本视域出发，文化建设的价值逻辑性和内在自洽性根源于作为文化活动主体的人民群众的内在需求。应该说，谁之需要的问题是中国的社会主义文化建设人民性的价值原点。人们在对文化问题进行价值追问时，往往会把重点放在“为了谁、依靠谁、我是谁”3个既显而易见又理所当然的价值元素上。对文化究竟在原点上源自何处的价值前提也就是文化是谁之需要的根本性问题，要么视而不见，要么置若罔闻。[①] 在论及人的需要与人的本质的统一关系时，马克思指出，“人只须认识自身，使自己成为衡量一切生活关系的尺度，按照自己的本质去评价这些关系，根据人的本性的要求，真正依照人的方式来安排世界”[②]。由此可见，了解人的需要，人性复归或全面占有人性，进而获得人的解放与自由，是包括人的文化发展在内的人类发展的出发点、目的和价值归宿。[③]

为什么人的问题是决定文化演进性质的根本性问题？作为文化创造的主体，人民群众的需求理应成为文化发展的最终目标和价值旨向。文化的中心问题“是一个为群众的问题和一个如何为群众的问题”[④]。邓小平曾指出，“用人民创造历史的奋发精神来哺育自己，这就是我们社会主义文艺事业兴旺发达的根本道路”[⑤]。习近平总书记指出：“人民的需要是文艺存在的根本价值所在。”[⑥] 习近平总书记对文艺工作价值旨向的论述，实质上提出了文化艺术“以人民为中心”的发展理念在文化建设中的奠基性和导向性作用，为审视中国特色社会主义文化建设之路的价值旨归提出了根本方向。在私有制条件下，经济和政治权力掌握在当权者手中，处于被剥削地位的人民群众在精神文化产品的分配和享有上处于被剥削的地位。问题的关键在于，这些精神文化产品的创造者原本就是那些当权者最瞧不起的底层民众，如此一来，由人民群众创造的文化产品成了无产者自身的异化物，甚至成为统治阶级奴役和压迫文化创造者的精神工具。在社会主义制

① 参见路向峰、高宏利：《中国特色社会主义道德建设人民性的价值追问》，《齐鲁学刊》2019年第4期。

② 《马克思恩格斯全集》第3卷，北京，人民出版社2002年版，第521页。

③ 参见葛晨虹：《马克思主义视野中的人性理论》，《齐鲁学刊》2018年第4期。

④ 《毛泽东选集》第3卷，北京，人民出版社1991年版，第853页。

⑤ 《邓小平文选》第2卷，北京，人民出版社1994年版，第212页。

⑥ 《习近平在文艺工作座谈会上的讲话》，《人民日报》2015年10月15日。

度下，党领导人民从事精神和物质生产活动，党性和人民性从来都是一致的、统一的。改革开放40余年来，文化建设的成就已经证明并将继续证明，中国共产党团结带领全国各族人民继续走社会主义文化建设之路的价值准则不会变，道德大繁荣、大发展所带来的精神福利将由人民共享的价值旨向不会变，文化发展是为了实现全体中国人自由而全面发展的终极目标不会变。正如习近平总书记指出的，中国共产党的各项工作一切以人民群众的需要为第一目标。中国共产党领导全国各族人民所进行的中国特色社会主义事业，文化建设是其中必要的组成部分。人民群众的需求是多种多样的。在物质需求得到满足以后，精神需求特别是文化需求伴随着人类社会的不断进步而与日俱增。当中国特色社会主义进入新时代，人民对美好生活的需要当然是包括美好文化生活的需要于其中的。鉴于此，考量中国特色社会主义文化建设的人民性，就不能不关注人民的文化需求这一根本性问题。中国特色社会主义文化建设人民性的价值逻辑性和内在自洽性正是在对人民群众现实文化需求的满足中得以实现的。

就其本质而言，文化的价值实现过程与人的需要及利益的实现过程在根本上具有一致性。中国特色社会主义文化的形成、发展与完善过程，也是人民的需要和利益不断实现与满足的过程。根据马斯洛的需求层次理论，精神文化需求在人类的总体需求中处于较高层次，其实现程度成为人自身发展的直接确认。改革开放40余年来，伴随着中国经济实力的极大跃迁，文化建设成果及文化发展水平为新时代中国人整体素质的提升提供了极为重要的佐证。换言之，文化需求的不断提升及不断满足，让作为价值需求主体的人民群众共享了社会文化建设的成果。新时代中国特色社会主义文化建设通过对人民群众文化需求的不断满足，彰显了人民的文化自主意识、文化参与意识、文化权利意识，最终成为新时代中国特色社会主义文化优越性的价值标识。

历史唯物主义认为，社会意识的发展与社会存在的发展具有不平衡性和不同步性。中国特色社会主义文化建设发展的事实说明，中国以超前的文化价值意识和超前的文化价值标准彰显着对资本主义文化的优越性。究其本质，这种优越性就体现在中国特色社会主义文化建设是以人民的需求为最根本的价值出发点的。新时代中国特色社会主义文化建设的根本价值目标在于不断实现好、满足好人民群众的文化需求。

五、构建新时代文化人民性的实践路径

增强公民对社会主义文化的理论自觉是增强新时代中国特色社会主义文化建设人民性的深层内涵。首先，唯有作为文化建设主体的人民群众充分知晓社会主义核心价值体系与核心价值观的基本内涵，才能够形成对中国特色社会主义文化体系明确而清晰的认知。同样道理，只有人民群众拥有了对社会主义文化内涵的清晰认知，才不会在文化全球化甚嚣尘上的今天陷入价值混乱与道德迷茫之中，并能够自觉地追求先进文化，养成崇高的价值追求，树立坚定的文化理想。其次，通过培育和践行社会主义核心价值观，推动社会主义文化的大众化进程，社会主义文化理念不断向社会主义文化实践转化。社会主义核心价值体系与核心价值观，确立了我国社会主义文化建设所遵循的基本价值理念。只有把这种文化价值理念切实转化为公民自觉的文化实践，社会主义文化建设所构建的精神动力作用才能充分地得到发挥。推动社会主义文化建设由道德理念走向文化实践，多种有效路径，从制度保障、法治建设及激励机制形成合力，最终集聚为有利于践行社会主义文化的社会环境。社会主义文化建设不是一种只停留在理念层面的抽象文化，而是一种从实践中产生，然后又指导实践的现实的文化理论，因此，只有践行落实以社会主义核心价值观为核心的社会主义文化理念，促使它走向人民群众的现实生活，才能不断深化人民群众对社会主义文化建设的理论自觉，进而推动我国公民文化素质提升及文化建设整体发展。

不仅如此，增强中国特色社会主义文化建设的人民性，还应充分尊重和发挥人民群众的首创精神。不断创新的激励机制和丰富的群众创新经验是文化建设人民性所彰显的文化价值的内在驱动。在坚持物质奖励和精神奖励相统一的前提下，不断完善奖励激励机制。通过由适当的物质奖励和荣誉称号等精神奖励所形成的凝聚力，可以使文化建设者和创新者感到一种巨大的自我价值认知感，这不仅是对他们创新行为的肯定，更能够在社会上产生一种行之有效的价值示范功能。同时，每项成功的文化建设模式创新，都以其实践创新的内在活力，对社会文化创新发展起着重要示范作用。文化建设团体是新时代中国特色社会主义文化建设人民性的不可或缺的组成部分。文化团体是群众参与文化活动，享受文化生活的平台和有效载体。人民群众在文化团体中活动，有利于展示文化创作成就，体现自身价值。要做好组织协调工作，构建社会支持系统，发动各方力量关心和支持

群众文化活动，为群众文化团体发展提供活动环境；组织协调各文化团体优势，实现各种人才资源相互支持、优势互补，做到文化人才资源的效益最大化；引导文化团体弘扬社会主义文化主旋律，倡导积极健康的文化活动。

第三节　彰显民族性的文化基因

文化的形成、发展、演进与作为文化活动主体的人的活动领域、活动载体以及活动地域有十分紧密的联系。文化实践活动内化于某一民族的历史进程就表现为其文化的民族性。人类的文化活动所积淀的是各自所属的那个时代、那个地域、那个民族所特有的精神文化气质。处于不同文化共同体中的现实的人所从事的精神活动以及由此在民族历史长河中积淀而成的文化基因彰显着一个民族文化的本真。中华优秀传统文化是文化自信的源泉，也是中国特色社会主义文化民族性的底蕴所在。在历史与现实的交汇中，中华文化强大的改铸力、包容力与凝聚力融汇成中国特色社会主义文化的中国风格、中国气派、中国道路和中国话语。

一、新时代中国文化民族性的实践背景

今天探讨中国特色社会主义文化的民族性特质问题不能仅仅关注其形成的中国轨迹、演变的中国表达、呈现的中国话语，而是应该把之置于文化全球化的总体语境中加以考量。究其实质，全球化在其本质上是一种任何民族和国家都无法回避的客观存在。马克思、恩格斯在《德意志意识形态》中指出："各个相互影响的活动范围在这个发展进程中越是扩大，各民族的原始封闭状态由于日益完善的生产方式、交往以及因交往而自然形成的不同民族之间的分工消灭得越是彻底，历史也就越是成为世界历史。"[①] 在《共产党宣言》中指出："资产阶级，由于开拓了世界市场，使一切国家的生产和消费都成为世界性的了。……过去那种地方的和民族的自给自足和闭关自守状态，被各民族的各方面的互相往来和各方面的互相依赖所代替了。物质的生产是如此，精神的生产也是如此。各民族的精神产品成了公共的财产。"[②] 这是马克思首次也是较为系统地表达其对资本主

① 《马克思恩格斯文集》第1卷，北京，人民出版社2009年版，第540~541页。

② 《马克思恩格斯选集》第1卷，北京，人民出版社2012年版，第404页。

义发展趋势的整体判断，后人把马克思的这一思想称为“世界历史”思想，也就是现代性话语中的全球化思想。毋庸置疑的是，马克思、恩格斯准确预测到了全球化作为人类社会发展的总体趋势。齐美尔以他特有的西方表达方式对全球化变迁对世界文化所产生的影响做出了一个总体性的界定，“全球化就是以一种非常深刻的方式重构我们的生活方式”[①]。“对每一个人来说，‘全球化’都是世界不可逃脱的命运，是无法逆转的过程”[②]。事实证明世界历史正在沿着马克思所言说的方向加速推进，而且不限于经济全球化的领域，加速向文化全球化的领域转变。用齐美尔的话来讲，“文化是这样一条路，它从封闭的统一性出发，经过开放的多样性，最后走向开放的统一性”[③]。显而易见，文化正在以一种全球化的趋势重构着世界历史的格局，从经济、政治与文化融合的全球化日益走向由文化主导的全球化。不得不承认，人类文化业已呈现出前所未有、日渐强烈的融合现象，其结果必然是导致一种超越了民族性的世界文化开始生成。值得考量的是，必须注意因为文化全球化带来的双面效应。一方面，文化全球化的发生、发展、繁荣客观上为世界文明的跃进起到了不可估量的精神推动作用；另一方面，多元的文化形态及其在全世界范围内的流动、交融对世界原生态的文化多样性（这种多样性奠基在各种样态的文化所具有的民族性的基础之上）也造成一定程度的冲击。甚至有部分学者把多样性的全球文化的日益消减归咎于全球化在当今世界的消极后果。

文化与民族具有一种天然的发生学关联，文化的民族性由此表现为不同民族自我认证的标识，它是一种实践力量，并以此来承继民族的文化基因。[④]文化的本质是人化抑或是化人，人类从远古时代开始的实践活动逐渐积淀为人类文明的各种成果。人的实践活动本身就具有多样性和直接现实性，这使得人类在不同时期的实践活动以及不同地域的实践活动在呈现出总体相似性的前提下表现为多样化的特征。简言之，文化形态的多样性内在表征的是文化形成发展的地缘性以及缘于地缘特征的人的发展的地域性。可以从两个方面理解这一民族性特征：一方面，在社会发展的历时性

---

① ［英］安东尼·吉登斯：《失控的世界》，周红云译，南昌，江西人民出版社 2001 年版，第 2 页。

② ［英］齐格蒙特·鲍曼：《全球化——人类的后果》，郭国良、徐建华译，北京，商务印书馆 2001 年版，第 1 页。

③ G. Simmel, *"On the Concept of the Tragedy of Culture" in the Conflict in Modern Culture and Other Essays,* New York: Teachers College Press, 1968, p. 29.

④ 参见解丽霞：《中国文化·民族精神·文化变迁——中华民族凝聚力的文化学寻源》，《广西民族研究》2007 年第 2 期。

方面，同一地域的人民群众的文化生活表现出非常明显的因时代而引发的差异性，这种差异性不涉及某一文化形态内在基因的异同问题；另一方面，共处于同一个时期的文化形态，缘于地域性、风俗习惯、群体差异，其所代表的文化形态会自发与同时代的其他文化形态进行交流、碰撞和融合。简言之，多样性的文化形态是文化全球化成为全球化主导时代各民族维护其文化民族性的主要表现。①

文化的全球化一方面为多彩多样的民族文化走向世界提供了宝贵的契机，使得世界不同文化样态之间能够相互吸收、借鉴彼此的优秀文化资源。但不得不承认的一个现实是，文化全球化内在表征的却是发达国家依靠其经济霸权推行的意识形态领导权，是由那些经济、政治上处于优势地位的国家所主导的。如此一来，文化全球化在一定程度上就演变成为今天不得不面对的文化帝国主义抑或是文化霸权主义的挑战。与经济、政治日益融为一体的文化在现实利益的驱使下不断加剧了不同文化系统和文化样态之间的紧张态势。特别是当文化全球化被西方发达国家主导时，这种全球化就会演化成资本主义意识形态在世界范围内的扩张甚至是侵袭。如此一来，原本的文化多样性由民族文化的代称所彰显的地域特色、习俗传统，就会被文化侵袭带来的所谓文化统一性代替，这实质上是违背了文化作为一个整体的发展规律，呈现出一种非理性的文化发展样态。以美国学者塞缪尔·亨廷顿为代表，西方学者把这种被资本主义意识形态所主导的文化全球化趋势称为“文明之间的冲突”，认为世界文明可以被他们称为“普世价值”的资本主义价值观所重建。美国学者汉斯·摩根索更是深刻地指出“文化帝国主义的目的……是征服和控制人心”②，资本主义主导的文化全球化常常包裹着经济全球化、“普世价值”等所谓华丽外衣，因而对民族国家的民众极具欺骗性，甚至把后者作为前者理所当然的论据。中国特色社会主义文化是植根于中华优秀传统文化的深厚底蕴之中的，它用中国话语、中国表达和中国故事表达着中国人民的文化自信与文化自觉。要想在文化全球化与中华优秀传统文化走向世界的双向互动中夯实中国特色社会主义文化发展道路的民族性基因，不但要认清文化全球化的本质以应对和抵御资本主义文化的侵袭，更要把根源于民族性的文化基因发掘出来，并以此激发民族文化的创造活力。

---

① 参见李晓东：《全球化与文化整合》，长沙，湖南人民出版社2003年版，第32页。

② ［美］汉斯·摩根索：《国际纵横策论——争强权，求和平》，卢明华等译，上海，上海译文出版社1995年版，第90页。

如果我们把世界文化看作是一个对立统一的有机体的话，文化全球化与民族文化所表现出的多样性恰恰是世界范围内文化发展的普遍性与特殊性的对立统一的外在表现。[①] 事实上，越是能够彰显民族特质的文化资源和文化样态越具有超越现实物质和地域界限而走向世界的可能性。文化发展中所固有的普适性的内在规律和文化发展中个性的彰显之间的互动与转化构成了任何文化样态创新发展的原始动力。迈克·费瑟斯通在《消解文化——全球化、后现代主义与认同》中较为详尽地探讨了全球化背景下文化多样性与文化认同的辩证关系，指出在世界格局中占据经济主导地位相一致的文化形象向外扩张而达至全球，进而吸纳和整合异质文化；同时又没有任何一种文化能够统摄世界文明，最终不同文化样态在某种空间和地域中得以共存。[②] 可以看出，费瑟斯通不仅注意到了文化全球化形成和发展的事实，而且他还为这种文化发展的辩证法努力寻找破解之道。一种拥有强大文化自信的文化形态，必定是建立在自我文化基因演进的基础之上，把自我的文化多样性展示和贡献给世界的存在样态。自立方能自强，自觉方得自信，每一个民族如果都能够在守持住民族文化基因的基础上进行交流互鉴的话，那么世界文明之园就能万紫千红、生机盎然。正所谓“一花独放不是春，百花齐放春满园”。

二、历史与实践双重际遇中的文化民族性

当代中国文化的发展取得了举世瞩目的成就，但这种成就还没有转化为国人的文化自觉和文化自信。其中涉及对关涉中国特色社会主义文化实践选择的 3 个重要范畴在人们的理解中还普遍不清晰、不明了，甚至还出现了非此即彼的极端化定位现象。中国特色社会主义文化不仅缘于科学社会主义的本质而具有先进性，还缘于它善于吸收借鉴世界上一切民族文化的精髓部分而具有创新性，更缘于它流淌着中华优秀传统文化的基因而具有民族性。这就需要阐明世界文化、中国传统文化以及当代社会主义文化各自的内涵、联系与界分。中国特色社会主义文化的民族性特质是在与世界文化以及中国传统文化的关联与对比中得以显现的。社会主义文化与中国传统文化的关联与界分表现在文化的承继性方面，前者虽然在时间上形

① 参见路向峰:《文化全球化背景下中国文化道路的实践选择——兼论中国特色社会主义文化发展道路的民族性特质》,《社会科学家》2015 年第 8 期。

② 参见［英］迈克·费瑟斯通:《消解文化——全球化、后现代主义与认同》，杨渝东译，北京，北京大学出版社 2009 年版，第 8 页。

成于改革开放的大潮之后，表征着现代中国精神文化演进的历程，但它有它得以展开的历史基础，也就是积淀了5000多年的中华文明史，但鲜明的市场性又使得它与传统文化呈现出非常明显的差别。社会主义文化与世界文化的关联与界分表现在文化的交融性与互鉴性方面。作为世界文化大家庭的一分子，中国特色社会主义文化为世界文明贡献了自己独特的文化资源与独特的文化发展路径以及经验，当然前者也从后者汲取了极为丰富的文化养料，形成一种共荣共生的世界文化发展样态。中国特色社会主义文化在现实中所显现出来的民族性特质是在古今传承之中凸显的，在中外对比中显现的。

中国特色社会主义文化对世界文化发展特别是发展中国家文化发展具有典型示范意义，当然前者也是世界文化大家庭的有机而且是重要的组成部分。通过与世界上其他优秀的文明形态进行融合、交流、对话乃至是交锋，社会主义文化在当代中国的现代意义得以显现，民族性特质在文化交往实践中得以凸显。世界文化的发展原本就是一个彼此关联的有机统一体，当代中国的社会主义文化当然不可能置身于世界文化繁荣发展的潮流之外。在某种程度上，中国特色社会主义文化发展、演进、对外交流的过程也是世界文化多样性魅力以及内在规律性得到确证的过程。简言之，中国特色社会主义文化的民族性是在世界文化多样性的总体进程中呈现的，是在与其他文化形态的互鉴、交流甚至是斗争中发展的。西方文化霸权主义竭尽全力想要消解包裹中国在内的当代世界文化的多样性，销蚀其所赖以生存的文化根基和民族特质以实现其文化殖民和文化侵略的目的。总体而言，既不能因为文化全球化进程中裹挟着资本主义及其代言人不可告人的文化价值观而一概拒斥世界文化中的优秀资源，亦不能毫无甄别和判断地对外来的文化形态照单全收而奉行拿来主义。前者可能使文化发展在现代化的进程中游离于世界文化发展的总体环境之外，后者则会养成对西方文化顶礼膜拜的文化崇拜主义，进而使文化民族性的意识形态功能遭到威胁和消解。从本质上说，现代性并不能够彻底消弭任何一个民族文化的民族性以及基于此的文化多样性，相反却是使这种文化的民族性得以最终保存并融汇于世界文明的洪流之中。

当代中国的社会主义文化植根于中华优秀传统文化，前者缘于地域和历史而具有的民族性当然离不开对两者辩证关系的阐明，也就是谈及当代文化的民族性，传统文化是一个绕不开的话题。虽然从时间上界分，中国特色社会主义文化形成于改革开放以后的当代中国，其深厚的文化根基却是绵延 5000 余年的中华优秀传统文化，从某种程度上来讲，它是后者在当代中国的表现样态。中国特色社会主义文化的民族性特质从原生性上来讲，指的就是其相对于中华优秀传统文化的承继性和超越性。从历时性的“古今”之别能够梳理出中国特色社会主义文化所赖以生存的文化基因源于何处。习近平总书记指出，“讲清楚中华文化积淀着中华民族最深沉的精神追求，是中华民族生生不息、发展壮大的丰厚滋养；讲清楚中华优秀传统文化是中华民族的突出优势，是我们最深厚的文化软实力”[①]。这种对传统文化的准确定位，为从古今对比彰显当代中国文化的民族性提供了基本遵循。

中华优秀传统文化作为中华儿女精神资源的传承和积淀，为整个民族的发展提供强大的精神支撑。中华优秀传统文化所内含的文化基因已经而且继续以新的实践形态融入当代中国人的文化生活之中，成为中华民族精神延续的内在基因。但显而易见的是，任何文化资源中都有腐朽甚至是与时代格格不入的部分，即使是那些曾经优秀的文化资源伴随国人实践活动的历史推进，也会显示出相对时代发展的滞后性。因此，对待传统文化全盘复兴的文化本位主义当然是不可取的，但那种主张抛弃中华传统文化中一切成果的文化拒斥主义同样不可取，没有哪一个民族能够隔断自我的文化基因。任何事物的存在都是对立性与统一性的有机体，对待传统文化的态度亦应该是如此。鉴于此，要坚持不懈地挖掘传统文化中彰显文化民族性特质的内在基因，使之成为中国特色社会主义文化得以奠基的深厚民族文化底蕴。

对于那种作为文化结果存在的中华优秀传统文化资源，其自身并不能自发地成为中国特色社会主义文化创新发展的元素，而必须不断开掘其形成和发展的实践形态从而实现创造性转化和创新性发展。我们所要走的既不是一条完全复归传统文化的文化复古主义之路，亦不是一条完全抛弃传统文化的文化虚无主义之路，而是一条不忘初心、综合创新的发展之路。在我国学界以及意识形态领域，一直把文化作为结果的文化资源来理解，把文化成果理解为文化产品的积累和传承，这在理论本质上是存在问题的。如果文化仅仅是静态的文化资源，那么它是如何发挥现实的软实力影响的呢？[②]

---

① 中共中央宣传部：《习近平总书记系列重要讲话读本》，北京，学习出版社、人民出版社 2014 年版，第 100 页。

② 参见郝立新、路向峰：《文化实践初探》，《哲学研究》2012 年第 6 期。

三、走向实践认同的新时代文化民族性

面对当代世界文化全球化、文化多元化的现实挑战，如何能够在文化多样化与文化全球化的对立统一中守卫当代中国文化发展的民族文化问题，实质上是如何在差异、共融的发展环境中确立文化身份的问题，亦是如何构建当代中国的文化话语权的问题。民族文化的多样性与文化全球化之间所固有的张力使得人类在文化层面上出现一种越来越有力的共同性和认同感。当然这也是破解西方发达资本主义国家“普世价值”谜团，打破文化霸权主义和文化殖民主义，树立当代中国文化话语权的现实选择。集“民族特色”与“世界典范”于一体的中华文化是中华民族对世界文明的重大贡献，是中国特色社会主义赖以传承的文化基因。处理好“民族特色”与“世界典范”之间的辩证统一关系，讲好中国故事、传播民族特色，构建中国话语体系、守卫民族特色，形成中国风格和中国气派、提升文化自觉与自信以增强民族文化身份认同，提升中国特色社会主义文化的民族特色是改革开放 40 多年来中国文化发展道路的实践阐释。

文化是历史凝结成的人的生存方式，而“人的本质不是单个人所固有的抽象物，在其现实性上，它是一切社会关系的总和”[①]。换言之，人的总体性抑或是总体性的人及其展开的现实逻辑，无不是与之生存的社会关系息息相关的。现实的人，只有在囊括人的所有实践活动的现实的社会关系中，才能够获得其总体性的存在。任何一种在人类历史上起过或者正在起着重大作用的文化形态，必然同时具有文化的类本质属性和历史属性。单个的人或者是人的个体性的偏执必然走向对理性完美型的迷狂。相反，人的总体性则将理性的局限性和实践的超越性有机地统一在一起。文化不仅源于人类实践的超越性特征而具有了超越性的本质，而且对于特定族群而言它还具有鲜明的群体性。文化把历史积淀下来的被群体共同遵守或认可的共同行为模式以观念形态积淀下来。同样，民族文化走向世界的历史进程，也就是在保有人的个体性和文化多样性的历史尺度同走向人的总体性的世界文化的统一性的张力中展开的。

从民族文化认同走向世界文化认同的中华文化。从传播学意义上讲，形式和内容具有高度统一性的文化形态更容易从“民族特色”走向“世界典范”。应该在守卫精神家园及其与世界其他文化的交融中不断由民族走

① 《马克思恩格斯文集》第 1 卷，北京，人民出版社 2009 年版，第 505 页。

向世界。一个固守成规、夜郎自大的民族，其文化无论具有多么丰厚的资源，都会湮没在历史的浩瀚长河中，更不用说成为世界文明的典范了。正如习近平总书记指出的："提高国家文化软实力，要努力展示中华文化独特魅力。"[①]讲好中国故事，就是把中华优秀传统文化中民族基因通过现实的载体得以转化，从而超越民族和国家的界限而融汇于异域文化的发展潮流之中。通过世界历史上文明的兴衰史不难发现，任何一个具有鲜明民族特色的文化形态要想在世界文化舞台上占有自己的地位，都必须通过文化话语权的构建，不断增强民族文化的本民族认同和世界认同。就像作为一种文化形态的马克思主义理论，当其超越了民族界限和地域界限从西方走向东方世界之时，它那坚持以实践为核心的哲学思维就能不断融汇于异域文化之中，进而成为民族化的马克思主义。中华传统文化"和而不同""天人合一""兼容并蓄"的伦理实践的文化基因，使得民族文化既能够不断改铸其他文化形态和文化资源为我所用，又能够实现文化实践载体跨越民族的、国家的界限走向世界。我们至今仍拥有令其他民族艳羡的文化资源，但这种能够彰显民族文化特色的文化资源并未转化成影响世界文明发展趋向的现实影响力。

毋庸讳言，对中国特色社会主义的认同与中国文化的世界影响同频共振，日益显现了中华文化的世界魅力。在实践层面，既不能忽略民族文化的本质特征而迷信文化精神的类本质，亦不能一味地强调民族文化精神的历史价值而否认一切异域文化的理论和意义。40 余年来，在文化全球化持续推进的滚滚洪流中，中华文化也通过形式多样的文化形态影响着世界精神文化演进的整体进程。孔子学院在各个大洲开花结果，中外文化年举办如火如荼，一个蕴含独特文化魅力的新时代中国正在通过中国故事、中国声音、中国实践影响世界发展的文化历程。通过总结中国特色社会主义文化 40 余年发展经验以及对红色革命文化生命力的深入挖掘，中国的确走出了一条让世界瞩目的文化创新之路。

在对中华优秀传统文化进行实践转换的基础上，还必须积极构建当代中国的文化话语体系，从而掌握文化发展和交流的主动权。从某种程度上讲，能否用建立在社会主义文化基础上的中华文化赢得当代中国的文化话语权以及世界文化体系中中华文化的话语主导权，是衡量中国文化发展软实力强弱以及民族文化主体性的重要标准之一。习近平总书记指出："提

① 《习近平谈治国理政》第 1 卷，北京，外文出版社 2018 年版，第 161 页。

高国家文化软实力，要努力提高国际话语权。”① 文化话语体系的构建和文化话语权的获得本质上来说是文化身份的认同问题。也就是中国民众如何以自觉、自信的方式认同中国特色社会主义文化，异域民族如何以可信、能信、愿信的方式认同中国特色社会主义文化。具体而言，话语权不是一种现实的客观存在，而是一种需要经过努力依靠话语体系的构建得以实现的过程，是一种由潜能向现实转化的过程。要构建当代中国的文化话语体系和文化话语权，在本质上就是如何构建契合当代中国文化发展的民族特质的中国话语体系的问题。当我们用形式多样的文化交流活动讲好中国故事时，文化话语权的构建就是确证当代中国文化发展的内驱力和现实需求。文化话语权的构建不仅是话语方式的转变抑或是话语理解方式的转变，更是要把中国成功的文化发展经验推向世界，影响世界文化发展进程的问题。建立在文化自信基础上的文化民族性不是模仿和复制以美国为首的西方发达资本主义国家的文化发展模式，亦不是强制把中华文化的经验和规律推介给整个世界，而是要在不断回应时代问题的基础上真正构建文化自觉、自信、自强的中国特色社会主义文化话语权。

就其本质而言，文化不是已经完成了的存在，而是不断生成变化的人类精神创造活动。鉴于此，亦应该把文化的民族性置于人类社会历史发展的长河中去审度。中国特色社会主义文化的民族性注重“东西”之别，在文化全球化与民族文化多样性的辩证统一中彰显着中华民族文化的活力基因。中国特色社会主义文化明辨“古今”之殊，在历史与现实的双重际遇中诉说着中华文化的亲和力与包容性。中国特色社会主义文化的民族性直面现实问题，通过构建当代中国文化话语权和话语体系增强民族文化的身份认同。

第四节　彰显创新性的文化思想

新的时代呼唤新的文化思想，新的文化思想引领伟大的时代。习近平总书记在新时代文化建设方面的新思想新观点新论断，内涵十分丰富、论述极为深刻，是新时代党领导文化建设实践经验的理论总结，丰富和发展了马克思主义文化理论，构成了习近平新时代中国特色社会主义思想的文

① 《习近平谈治国理政》第1卷，北京，外文出版社2018年版，第162页。

化篇，形成了习近平文化思想。[①] 习近平文化思想把文化建设置于中国特色社会主义建设的总体布局中，在坚持马克思主义历史唯物主义方法论原则基础上对新时代文化思想进行高远审视，展示了习近平总书记深邃的文化理念；习近平文化思想着眼于新时代人民对美好精神文化生活的期待，在坚持辩证唯物主义思维框架下对新时代文化建设的实践创新和理论创新规律进行了深刻总结，彰显了习近平总书记高远的文化情怀；习近平文化思想秉持胸怀天下的文化气度，在对人类命运共同体精神根基的科学把握中，描绘了习近平总书记宽广的文化视野。[②] 习近平文化思想植根于中华优秀传统文化的“根脉”之上，具有鲜明的科学性、人民性、实践性、发展性特征；承继着马克思主义文化理论的基本原则和基本方法的“魂脉”，提供的是对世界文明发展向何处去的“中国之匙”，充分体现出中华文明和中华民族的文化主体性，是中华民族为全人类贡献的文明新形态。

一、习近平文化思想的核心要义

在中国特色社会主义实践中展开的中国式现代化是一种历史性的存在，为新时代文化传统的接续和创新提供了现实的前提和发展的方向，为作为文化形态的马克思主义抑或是马克思主义文化理论的中国化时代化提供广阔的活动空间和意义领域。习近平文化思想铺陈的是中国式现代化所承担的文化使命，创新的是马克思主义文化理论在新时代中国的阐释，开启的则是新时代中国特色社会主义文化精神。这是考量习近平文化思想核心要义的历史逻辑、理论逻辑与现实逻辑，舍此，则会流俗地抽象出作为一般意义上观念形态文化的时代解答而与其核心要义相去甚远。

从哲学层面把握习近平文化思想的核心要义，需要在正本清源中举旗定向，正确看待作为文化形态的马克思主义以及作为意识形态的马克思主义文化理论；同样需要坚持运用唯物辩证法深刻把握马克思主义与中华优秀传统文化在形式与内容上的相互契合和相互成就；亦需要合理界定从“三个自信”到“四个自信”所彰显的源于文化自信而拓展的中国特色社会主义道路的历史纵深；当然也需要理解“‘结合’打开了创新空间，让我们掌握了思想和文化主动，并有力地作用于道路、理论和制度。更重要

① 参见《习近平对宣传思想文化工作作出重要指示强调　坚定文化自信秉持开放包容坚持守正创新　为全面建设社会主义现代化国家全面推进中华民族伟大复兴提供坚强思想保证强大精神力量有利文化条件》，《人民日报》2023 年 10 月 9 日。

② 参见王献福：《习近平文化观的哲学审思》，《学习论坛》2020 年第 12 期。

的是，‘第二个结合’是又一次的思想解放，让我们能够在更广阔的文化空间中，充分运用中华优秀传统文化的宝贵资源，探索面向未来的理论和制度创新”①。

文化兴则国兴，文化强则国强。习近平总书记在党的二十大报告中指出，“全面建设社会主义现代化国家，必须坚持中国特色社会主义文化发展道路，增强文化自信，围绕举旗帜、聚民心、育新人、兴文化、展形象建设社会主义文化强国”②。在文化传承发展座谈会上的讲话中进一步指出：“在新的起点上继续推动文化繁荣、建设文化强国、建设中华民族现代文明，是我们在新时代新的文化使命。”③作为习近平新时代中国特色社会主义思想文化篇的习近平文化思想，既具有深厚的中国历史文化底蕴而彰显出中华文明的时代特色，又丰富和发展了马克思主义文化理论的基本观点、基本方法和时代内涵，推进了马克思主义文化理论的中国化时代化，亦总结和提升了中国特色社会主义文化建设的基本规律，在对中华优秀传统文化的创新和发展中坚定了文化自信，巩固了文化主体性，更是在人类命运共同体的视域中推进中外文明交流融合，弘扬全人类共同价值，书写了人类文明新形态。

习近平文化思想是马克思主义文化理论中国化时代化的最新理论成果，这是审视习近平文化思想的核心和主线。文化是马克思主义创立之初批判资本主义和构建共产主义的重要维度，马克思主义的创始人不仅揭示了作为观念形态文化存在的意识形态在社会有机体中的地位和作用，也揭示了文化的本质以及文化发展的一般规律，并据此对资本主义文化进行了批判性的考察。④正如列宁在社会主义建设过程中高度重视文化建设及其发展规律一样，中国共产党人始终高度重视文化在社会有机体中的重要地位以及在实践中推动文化的理论创新和实践发展。党的十八大以来，以习近平同志为核心的党中央始终在中国特色社会主义建设的总体布局中把握文化及其建设、发展、创新的理论和实践主题，在对新时代中国特色社

① 《习近平在文化传承发展座谈会上强调 担负起新的文化使命 努力建设中华民族现代文明》，《人民日报》2023年6月3日。

② 习近平：《高举中国特色社会主义伟大旗帜 为全面建设社会主义现代化国家而团结奋斗——在中国共产党第二十次全国代表大会上的报告》，北京，人民出版社2022年版，第42~43页。

③ 《习近平在文化传承发展座谈会上强调 担负起新的文化使命 努力建设中华民族现代文明》，《人民日报》2023年6月3日。

④ 参见郝立新：《习近平文化思想对马克思主义文化理论的原创性贡献》，《学习时报》2023年10月27日。

会主义文化建设规律的探索中丰富和发展了马克思主义文化理论。

习近平文化思想内涵丰富、论述深刻、特征鲜明，“既有文化理论观点上的创新和突破，又有文化工作布局上的部署要求，明体达用、体用贯通”[①]。从一如既往地强调马克思主义在意识形态领域的指导地位到培育和践行社会主义核心价值观，从强调文化自信到建设社会主义文化强国，从提出推动中华优秀传统文化创造性转化、创新性发展到建设中华文明的现代形态，从马克思主义基本原理同中国具体实际相结合的“第一个结合”到马克思主义基本原理同中华优秀传统文化相结合的“第二个结合”，习近平总书记关于文化建设的一系列新思想新观点新论断构成了习近平文化思想博大精深而又与时俱进的科学体系。马克思主义是习近平文化思想的“魂脉”，中华优秀传统文化是习近平文化思想的“根脉”。[②]

习近平文化思想在党的理论创新进程中首次把文化自信作为文化发展、中国式现代化以及建设中华文明的现代形态的精神支撑。习近平总书记指出：“坚定文化自信，是事关国运兴衰、事关文化安全、事关民族精神独立性的大问题。”[③]并在党的二十大报告中提出，“推进文化自信自强，铸就社会主义文化新辉煌”[④]的目标。文化自信是主体在文化自觉的基础上对自身文化的认同、肯定和坚守[⑤]，是“生活在一定文化中的人对其文化有‘自知之明’，明白它的来历、形成的过程，所具有的特色和它的发展的趋向”[⑥]。文化自信是马克思主义基本原理同中国具体实际相结合、同中华优秀传统文化相结合的必然要求和重要结果，彰显了我们党在文化建设中的历史主动性，“‘第二个结合’是又一次思想解放，让我们能够在更广阔的文化空间中，充分运用中华优秀传统文化的宝贵资源，探索面向

① 《习近平对宣传思想文化工作作出重要指示强调　坚定文化自信秉持开放包容坚持守正创新　为全面建设社会主义现代化国家全面推进中华民族伟大复兴提供坚强思想保证强大精神力量有利文化条件》，《人民日报》2023 年 10 月 9 日。

② 参见郝立新：《坚守马克思主义中国化时代化的“魂脉”和“根脉”》，《中国社会科学报》2023 年 8 月 18 日。

③ 《习近平谈治国理政》第 2 卷，北京，外文出版社 2017 年版，第 349 页。

④ 习近平：《高举中国特色社会主义伟大旗帜　为全面建设社会主义现代化国家而团结奋斗——在中国共产党第二十次全国代表大会上的报告》，北京，人民出版社 2022 年版，第 42 页。

⑤ 参见曹萍：《把握文化主动的科学内涵、重大意义和实践伟力》，《中国高校社会科学》2023 年第 5 期。

⑥ 费孝通：《文化自觉的思想来源与现实意义》，《文史哲》2003 年第 3 期。

未来的理论和制度创新”①。习近平总书记在文化传承发展座谈会上以连续性、创新性、统一性、包容性、和平性 5 个关键词对中华文明的突出特性作出精准提炼和系统总结②，建立在中华文明鲜明特征基础上的深沉而持久的文化自信成为构建人类文明新形态的精神支撑。

二、彰显系统思维的文化使命观

德国古典哲学家康德指出，“在其中，像在一个有机体中那样，每一个环节都是为着所有其他环节，所有环节又都是为着一个环节而存在的”③。马克思在《哲学的贫困》中把这一思想引申为整个社会是一个“一切关系在其中同时存在而又互相依存的社会机体”④的社会有机体思想。在相互联系的社会有机体中，文化及其中观念上层建筑存在的政治、法律、思想、宗教、哲学等形式在社会有机体中发挥着至关重要的作用，反映着特定社会在经济上占统治地位的统治阶级意志和利益。同样，作为社会有机体组成部分的政治上层建筑为文化的传承和发展提供了必要的政治环境和社会条件，同时通过强制或潜移默化的方式影响着人们的思想观念和价值观念，抑或说，观念上层建筑和政治上层建筑的紧密关联让文化显示出了社会有机体中的意识形态功能。马克思把文化在社会有机体中发挥的重要作用上升到生产力层面称为精神生产力，指出：“要研究精神生产和物质生产之间的联系，首先必须把这种物质生产本身不是当作一般范畴来考察，而是从一定的历史的形式来考察。”⑤马克思、恩格斯在《德意志意识形态》中指出：“人们的想象、思维、精神交往在这里还是人们物质行动的直接产物。表现在某一民族的政治、法律、道德、宗教、形而上学等的语言中的精神生产也是这样。……意识［das Bewuβtsein］在任何时候都只能是被意识到了的存在［das bewuβte Sein］，而人们的存在就是他们的现实生活过程。”⑥毫无疑问，在马克思主义创立的唯物主义历史观视域中，文化在社会有机体中既是无可或缺的整体性存在，同时也只有在它

① 《习近平在文化传承发展座谈会上强调　担负起新的文化使命　努力建设中华民族现代文明》，《人民日报》2023 年 6 月 3 日。

② 参见《习近平在文化传承发展座谈会上强调　担负起新的文化使命　努力建设中华民族现代文明》，《人民日报》2023 年 6 月 3 日。

③ ［德］康德：《纯粹理性批判》，邓晓芒译，杨祖陶校，北京，人民出版社 2017 年版，第 14 页。

④ 《马克思恩格斯文集》第 1 卷，北京，人民出版社 2009 年版，第 604 页。

⑤ 《马克思恩格斯全集》第 26 卷（第一册），北京，人民出版社 1972 年版，第 296 页。

⑥ 《马克思恩格斯文集》第 1 卷，北京，人民出版社 2009 年版，第 524~525 页。

那个时代的社会有机体中才能彰显其地位和价值。用格奥尔格·卢卡奇的话来说，就是“把所有局部现象都看作是整体——被理解为思想和历史的统一的辩证过程的因素”[①]。

马克思在社会生产实践的总体中审视文化及其社会地位，他指出：“宗教、家庭、国家、法、道德、科学、艺术等等，都不过是生产的一些特殊的方式，并且受生产的普遍规律的支配。……正像社会本身生产作为人的人一样，社会也是由人生产的。”[②]毫无疑问，正像人类社会发展是基于物质生产力的不断积累而不断地走向文明和人的自由而全面发展那样，文化在人类社会发展的5个不同历史阶段亦发挥着不同的历史作用。“为经济和政治所决定的文化之所以具有悠久绵长的力量，乃是因其对经济和政治的反作用既是直接的现实性，又在一定程度上超越时空限制，从而发挥持久的作用。”[③]在人类社会发展的早期阶段，缘于人类面临的主要矛盾是处理与自然界之间的关系而引发的物质生存诉求，精神文化成果的积累相对匮乏，因此作为观念形态存在的文化和文明成果的社会作用相对较弱。伴随着物质生产力的总体规模不断扩大和物质财富积累的生产力的跃迁，在基于社会实践的社会生产方式中，人类精神生产的比重和角色日益显现，相应地，文化在任何民族的社会有机体中的作用也越发凸显。“物质生活的生产方式制约着整个社会生活、政治生活和精神生活的过程。不是人们的意识决定人们的存在，相反，是人们的存在决定人们的意识。”[④]“一定的文化是一定社会的政治和经济在观念形态上的反映。”[⑤]人类的精神文化生产归根结底植根于物质生产，“发展着自己的物质生产和物质交往的人们，在改变自己的这个现实的同时也改变着自己的思维和思维的产物。不是意识决定生活，而是生活决定意识”[⑥]。

习近平总书记指出：“文化的力量，或者我们称之为构成综合竞争力的文化软实力，总是‘润物细无声’地融入经济力量、政治力量、社会力量之中，成为经济发展的‘助推器’、政治文明的‘导航灯’、社会和谐

① ［匈］卢卡奇：《历史与阶级意识——关于马克思主义辩证法的研究》，杜章智等译，北京，商务印书馆1992年版，第76页。

② 《马克思恩格斯文集》第1卷，北京，人民出版社2009年版，第186~187页。

③ 臧峰宇：《“第二个结合”与中华民族的旧邦新命》，《中国社会科学》2023年第8期。

④ 《马克思恩格斯文集》第2卷，北京，人民出版社2009年版，第591页。

⑤ 《毛泽东选集》第2卷，北京，人民出版社1991年版，第694页。

⑥ 《马克思恩格斯文集》第1卷，北京，人民出版社2009年版，第525页。

的‘黏合剂’。”[①] 文化是现实的一种反映和表达，它反映了人类对于现实的理解和解读同时也反映了人们对于生活和社会的态度和行为，承载着历史和文化的精髓，代表着民族的精神和价值观。文化代表了人类社会发展的精神财富和社会有机体中的意识形态，是一个民族在长期的社会实践和历史演进中形成的，它包括了一个民族的价值观念、信仰、习惯、传统、艺术形式、行为规范等，是该民族社会生活的重要组成部分。秉持系统思维，在马克思主义的社会有机体思想指引下，坚持构建物质文明、政治文明、精神文明、社会文明、生态文明有机统一的中华文明的现代形态，是定位习近平文化思想及其历史贡献的总体论域和基本出发点。

在历史唯物主义的视域中，理解习近平文化思想必须置于中国式现代化的整体布局中加以审视，客观、具体、历史地分析习近平总书记在统筹推进“五位一体”总体布局和协调推进“四个全面”战略布局中对马克思主义文化理论的继承、发展和创新的理论和实践主题。如此一来，方能深刻理解习近平文化思想“既是一种文化的自觉与自豪，也是反对‘西方文化中心论’的有力武器，还是吹响推动中华民族复兴的精神号角”[②]。原因在于，“当历史性实践的转折点已经到达并且决定性地获得了它的自我主张（‘中国式现代化’）时，学术上或文化上的相应转折也就不可避免地发生，亦即积极地形成学术上或文化上的自我主张。”[③]

因此，习近平文化思想在对中国文化发展的理论和实践探索中所形成的对中国特色社会主义文化建设规律的把握、对推动文化繁荣发展、建设文化强国、建设中华文明的现代形态的文化使命的厘定，是以中国式现代化的实践展开为铺陈的历史场域的，因而这种思想本身必然是具有系统性和历史性的本质特征。正如习近平总书记在全国宣传思想文化工作会议上的讲话中所指出的，“坚定文化自信，秉持开放包容，坚持守正创新……不断提升国家文化软实力和中华文化影响力，为全面建设社会主义现代化国家、全面推进中华民族伟大复兴提供坚强思想保证、强大精神力量、有利文化条件”[④]。

---

① 习近平：《之江新语》，杭州，浙江人民出版社 2007 年版，第 149 页。

② 黄杰：《文化自信的三重功能》，《北京日报》2017 年 12 月 25 日。

③ 吴晓明：《中国式现代化与独立自主的文化精神》，《光明日报》2023 年 9 月 4 日。

④ 《习近平对宣传思想文化工作作出重要指示强调　坚定文化自信秉持开放包容坚持守正创新　为全面建设社会主义现代化国家全面推进中华民族伟大复兴提供坚强思想保证强大精神力量有利文化条件》，《人民日报》2023 年 10 月 9 日。

三、富含辩证思维的文化发展观

习近平文化思想是富含辩证思维的思想体系，主张在一元与多元、传承与创新、民族与世界等辩证统一中考量新时代中国特色社会主义文化发展。上升到形而上的层面考量习近平文化思想的辩证本质，就是要从推进社会主义文化强国的整体性与推进马克思主义文化理论的创新性的辩证统一中审视这一思想的深刻内涵与科学本质。缘此不难发现，习近平文化思想以文化自信凝聚民族精神的文化战略、以“第二个结合”推动理论创新与思想解放的文化视野、以中华优秀传统文化“双创”赓续中华文脉的文化情怀、以文明视野提升中华文化的国际传播力的文化广度无不富含着深刻的辩证思维。

习近平文化思想以深远的文化视野把握马克思主义基本原理同中华优秀传统文化的彼此契合与相互成就。“文化传统的生成总是反映经济社会发展进程，体现为在现代化途中受现实历史影响的文化传承发展过程，体现为一个民族和国家在不同历史阶段延展的文化精神，深层体现为塑造具有世界意义的哲学形态。”[①] 习近平总书记在文化传承发展座谈会上的重要讲话中指出：“在五千多年中华文明深厚基础上开辟和发展中国特色社会主义，把马克思主义基本原理同中国具体实际、同中华优秀传统文化相结合是必由之路。”“‘结合’的结果是互相成就，造就了一个有机统一的新的文化生命体，让马克思主义成为中国的，中华优秀传统文化成为现代的，让经由‘结合’而形成的新文化成为中国式现代化的文化形态。”[②] 不难看出，习近平文化思想秉持的是马克思主义和中华优秀传统文化彼此契合与相互成就的辩证法。这个被马克思称为“游荡在欧洲上空的共产主义的幽灵”，在中国得以与时俱进地发展，“生长出 20 世纪和 21 世纪人类历史上最为伟大的文明形态”。“中华优秀传统文化蕴含着深厚而丰富的文化传统基因和深远的历史底蕴，为马克思主义中国化提供了肥沃的文化土壤”[③]，根本原因在于中华优秀传统文化乃是马克思主义中国化的文化基因。“更重要的是，‘第二个结合’是又一次的思想解放，让我们能够在更广阔的文化空间中，充分运用中华优秀传统文化的宝贵资源，探索面向未

---

① 臧峰宇：《“第二个结合”与中华民族的旧邦新命》，《中国社会科学》2023 年第 8 期。

② 《习近平在文化传承发展座谈会上强调　担负起新的文化使命　努力建设中华民族现代文明》，《人民日报》2023 年 6 月 3 日。

③ 路向峰：《深刻理解“第二个结合”的文化内涵》，《中国社会科学报》2023 年 6 月 15 日。

来的理论和制度创新。”[①] “马克思主义基本原理同中华优秀传统文化的内在契合性历经中国共产党百年奋斗实践检验和证实，创造了实践基础上会通而成的新文化，彰显了中国式现代化中的文化自我。”[②]

习近平文化思想以深沉的文化情怀审视中华优秀传统文化创造性转化与创新性发展。马克思在《路易·波拿巴的雾月十八日》中指出：“人们自己创造自己的历史，但是他们并不是随心所欲地创造，并不是在他们自己选定的条件下创造，而是在直接碰到的、既定的、从过去承继下来的条件下创造。”[③] 毫无疑问，在新时代的今天构建中华文明的现代形态必定是要在中华优秀传统文化所彰显的中华文明和中华文化的基础上开展的。党的十八大以来，习近平总书记在推动中华文化发展的问题上创造性地提出了中华优秀传统文化创造性转化和创新性发展方法论，极大地丰富和发展了马克思主义文化理论。从地域角度来分析新时代中国文化的发展，可以看到地域辽阔的中国为中国文化的多样性提供了坚实的基础。这种地域文化的多样性不仅丰富了中国的文化宝库，也促进了不同地区之间的文化交流与融合；从历史角度来分析中国文化有着悠久的历史，是世界上唯一一个没有中断的文明。在新的时代，中国正致力于传承和弘扬优秀的传统文化，同时也在积极吸收和借鉴外来文化的精髓。这种开放与包容的态度使得中国文化在保持传统的同时，能够与时俱进不断创新和发展，反映了中国社会的进步和发展，也体现了中国文化在不断适应时代需求的过程中所展现的强大生命力。文化的多样性和包容性也正是中国文化能够在当今世界舞台上熠熠生辉的重要原因。始终坚持马克思主义对文化发展的指导地位，马克思主义哲学为中华优秀传统文化注入了新的思想内涵和时代精神，为中国社会的变革和发展提供了重要的理论指导，实现中华优秀传统文化在历史性上与时俱进，为从古今对比彰显当代中国文化的民族性提供了基本遵循。简言之，新时代文化发展的活力基因不是抛弃传统，而是在何种程度上吸收了传统、再造了传统，在何种程度上对文化传统进行了创造性转化和创新性发展。

习近平文化思想以广阔的文化视野审视提升中国文化国际传播力的现实命题。习近平总书记指出：“提高国家文化软实力，要努力提高国际话

---

① 《习近平在文化传承发展座谈会上强调　担负起新的文化使命　努力建设中华民族现代文明》，《人民日报》2023 年 6 月 3 日。

② 路向峰：《深刻理解“第二个结合”的文化内涵》，《中国社会科学报》2023 年 6 月 15 日。

③ 《马克思恩格斯文集》第 2 卷，北京，人民出版社 2009 年版，第 470~471 页。

语权。”[①] 并且要“深化文明交流互鉴，推动中华文化更好走向世界。”[②] 简言之，提升中华文化的国际影响力以及传播力，就是要把中华文明的现代形态所内含的文化基因密码即中华优秀传统文化讲清楚，用中国话语、中国故事、中国叙事把中国式现代化的精神基因、文化密码以契合世界文明接受的方式传播开来。马克思主义指出：“资产阶级，由于开拓了世界市场，使一切国家的生产和消费都成为世界性的了。”“物质的生产是如此，精神的生产也是如此。”[③] 在当今全球化的时代，应该尊重每一种文化的独特性，同时也要注重文化的交流和融合，以实现文化的多样性和共同发展。既要讲清楚中华文化的历史传统和文化积淀，亦要讲清楚中华文化的精神追求，还要讲清楚中华文化的突出特性，更要讲清楚中华文化的实践诉求。一个民族的文化被广泛认可和接受时，文化话语体系的建构有助于确立和强化民族文化的认同感，增强民族的凝聚力和向心力，激发民族自豪感，推动民族内部的团结和协作。民族文化是民族历史和智慧的结晶，是其核心价值观和精神寄托。民族文化和世界文化相互联系、相互影响，既具有独特性，也具有普遍性；既具有多样性，也具有统一性。文化话语权的获得不仅意味着对民族文化的传承，更包括对其进行创新和发展。获得文化话语权意味着能够在传承中保护和发扬民族文化，同时结合时代需求进行创新，使其适应现代社会的发展。在全球化背景下，拥有文化话语权意味着能够主动参与全球文化交流，讲述本民族的文化故事，从而加深世界各地对于该民族文化的认识和理解，为民族文化带来更广阔的发展空间和更多元化的交流平台。文化话语体系的建构和文化话语权的获得对民族主体文化具有非常重要的意义。它们是民族文化传承与创新的基石，是增强民族凝聚力和自豪感的关键，同时也是推动世界文化多元化和经济发展的重要力量。

四、凸显主体性的文化价值观

回望5000余年中华民族文明史，不难发现：我们之所以在实践的基础上能够掌握思想和文化主动的根本原因，在于我们能够充分激发人民作为文化创造主体的积极性和主动性。正如习近平总书记在文化传承发展座

---

① 《习近平谈治国理政》第1卷，北京，外文出版社2018年版，第162页。

② 习近平：《高举中国特色社会主义伟大旗帜　为全面建设社会主义现代化国家而团结奋斗——在中国共产党第二十次全国代表大会上的报告》，北京，人民出版社2022年版，第46页。

③ 《马克思恩格斯文集》第2卷，北京，人民出版社2009年版，第35页。

谈会上指出的那样，"'结合'巩固了文化主体性，创立新时代中国特色社会主义思想就是这一文化主体性的最有力体现"，"'第二个结合'是又一次的思想解放，让我们能够在更广阔的文化空间中，充分运用中华优秀传统文化的宝贵资源，探索面向未来的理论和制度创新"。彰显习近平文化思想主体性的"第二个结合"在改变中华民族历史命运的过程中巩固了文化主体性，亦使中国式现代化具有了中华文明的现代形态的深厚底蕴。中国式现代化作为中华文明的现代形态的实践形态，是具有历史连续性的中华文明的现代重塑，并通过马克思主义基本原理同中国具体实际相结合、同中华优秀传统文化相结合实现的。

中华文明的现代形态无论从工具层面、政治制度层面还是价值主体层面，都折射着中华民族全部文化的价值转换和中国人民的文化主体性，并伴随着中国式现代化的历史进程经历着一次彻底的文化整合和文化价值观的变迁。在马克思看来，"整个所谓世界历史不外是人通过人的劳动而诞生的过程"[①]，换言之，正是人类的文化实践创造着人类得以前行的精神成果。在最一般的意义上，文化就是一个由人类创造的并制约着人类世界的对象世界。[②]正如恩斯特·卡西尔所指出的那样："作为一个整体的人类文化，可以被称之为人类不断自我解放的历程。语言、艺术、宗教、科学，是这一历程中的不同阶段。在所有这些阶段中，人都发现并且证实了一种新的力量——建设一个人自己的世界、一个'理想'世界的力量。"梳理习近平文化思想形成与发展的逻辑理路和丰富内涵，不难发现，文化主体性所彰显的文化价值观、文化自觉、文化自信、文化自强得以在实践中不断生成，"是文化生命体更具主动性地继续成长壮大的动力"[③]。党的十八大以来的中国特色社会主义文化建设的一切成就都是为了惠及中国的全体民众，为其提供精神支撑、展开文化梦想。纵观中华文明的现代形态的发展进程，可以发现：只要坚持以人民为中心的文化发展的价值旨归，中国特色社会主义文化建设就会因此而焕发蓬勃生命力；只要激发出人民群众文化创造的主体性，广大人民就会在文化实践中迸发出蓬勃的文化创新力。简言之，习近平文化思想所充分体现和彰显的文化主体性是建设中华文明的现代形态"为了谁、依靠谁、我是谁"的根本问题，进而成为彰显中华文明新形态的鲜明价值旨归。

---

① 《马克思恩格斯文集》第1卷，北京，人民出版社2009年版，第196页。

② 参见郁建兴：《马克思主义文化理论与现时代》，《中国社会科学》2001年第6期。

③ 张志强：《深刻理解"第二个结合"的首创性意义》，《哲学研究》2023年第8期。

习近平文化思想的主体性体现在以文化引领人民对美好精神生活的追求。习近平总书记指出："人民对美好生活的向往，就是我们的奋斗目标。"[①] 文化的发展需要人民的文化实践，人民的精神生活丰富需要多彩而优秀的文化滋养，这就是习近平文化思想关于文化主体性的人民群众的辩证法。毫无疑问，人民对美好生活的向往当然是包括对于美好文化生活的向往于其中的。习近平文化思想坚持以人民至上的历史唯物主义世界观和方法论，强调"要在文化发展中坚持以人民为中心的价值取向、发展以人民为中心的文化事业和文化产业；文化繁荣发展要依靠人民，文化强国的美好蓝图由人民书写"[②]。马克思指出，"人的根本就是人本身"，"人是人的最高本质"。[③] 人民群众是社会历史的生产主体，对历史进程起着决定性的作用。毛泽东饱含热切的期望教导我们："我们的文化是人民的文化，文化工作者必须有为人民服务的高度的热忱，必须联系群众，而不要脱离群众。"[④] 简言之，习近平文化思想的核心价值取向在于，人民对美好生活的向往为新时代中国特色社会主义文化发展指引价值方向，而文化及其实践成果则为人民实现对美好生活的向往提供精神文化支撑。坚持马克思主义在意识形态领域的指导地位在为人民提供和谐稳定的政治文化环境的同时，发挥人民群众的文化主体性和主动性，确保党牢牢把握意识形态工作的领导权和主动权。其次通过培育和践行社会主义核心价值观，为人民对美好生活的向往和努力提供精神动力和价值导向。习近平总书记强调，"要把满足人民精神文化需求作为文艺和文艺工作的出发点和落脚点"，在中国特色社会主义文化实践中丰富人民的精神文化需求。离开了人民群众的实践和创造，文化就失去了生命力，只有深入人民群众的生活实践，才能获得真正的文化素材和灵感，才能创作出具有真实情感和文化内涵的作品。

立足社会发展实践，坚守文化发展为了人民、依靠人民的人民立场，这是马克思主义文化理论一直秉持的基本价值原则。习近平文化思想无疑是立足于中国特色社会主义文化发展的火热实践的，在文化自觉中确立文化自信，在文化主动中走向文化自强。新时代中国特色社会主义文化发展

---

① 《习近平谈治国理政》第 1 卷，北京，外文出版社 2018 年版，第 4 页。

② 郝立新：《习近平文化思想对马克思主义文化理论的原创性贡献》，《学习时报》2023 年 10 月 27 日。

③ 《马克思恩格斯文集》第 1 卷，北京，人民出版社 2009 年版，第 11 页。

④ 《毛泽东选集》第 3 卷，北京，人民出版社 1991 年版，第 1012 页。

的实践呼应人民对于美好文化生活需要的呼声、满足人民对美好文化生活的需要，充分发扬人民群众在文化建设和发展中的历史主动性，观测人民主体地位，锻造人民的文化主体性。如此一来，习近平文化思想在与时代和实践的交融中得以以不断展开的开放式思想体系伴随着新的实践而不断丰富发展。

第八章　文化发展的哲学自觉与实践超越

就人类社会发展的最终目标和实践旨向而言，都要在物质财富丰富的基础上着眼于人的精神境界的提高，并最终指向马克思主义中个体的自由与全面发展的价值目标。一如马克思所指出的那样，“每个人的自由发展是一切人的自由发展的条件”[①]。马克思主义文化理论具有广阔的实践视野，开放性的超越品质以及彰显时代特色的方法论特质，为在当代关注和思考个体存在的价值和意义问题提供了全方位方法论指导以及实践可能性。基于马克思主义哲学思维所确立的实践思维方式的方法论，合理地把文化理解为实践形态和观念形态的有机统一，树立起对文化发展的哲学自觉，在个体的需要以及相应的自由自觉的实践中实现马克思主义文化理论的实践超越与创新发展，为当代世界和中国人民的精神世界缔造文化的“丝绸之路”。

第一节　马克思主义文化理论自我批判与自我超越的理论空间

马克思主义文化理论并未标示着马克思主义对现实文化发展关注的完成，而是为其在新的时代面对和解决新的文化课题进而发展自身，奠定了前提和基础，指明了方法论原则和前进方向，给现在和未来留下无限的创造空间。需要以高度的方法论自觉正视当代科学实践对当代人类以及马克思主义文化理论提出的严峻挑战，以高度的方法论自觉推动马克思主

① 《马克思恩格斯文集》第2卷，北京，人民出版社2009年版，第53页。

义文化理论与当代西方文化哲学理论的对话、碰撞与交流，以高度的思维自觉承担起推进马克思主义文化理论当代发展的哲学使命。唯有秉承马克思主义文化理论开放性的思维本质和原则，不断以高度的思维自觉丰富和发展马克思主义文化理论，才能使马克思主义哲学的理论精髓不断同当代结合，进而推进马克思主义哲学思想焕发时代活力。如何进一步挖掘和阐释马克思主义文化理论中的价值维度，如何综合其他学科对文化理论研究的成果及资源进而拓展马克思主义文化理论研究的问题域，如何科学把握马克思主义文化理论与马克思主义作为“一块整钢”的辩证关系等论题，不仅是需要在后续研究中继续探索的论题，当然也是学界对马克思主义文化理论研究相对薄弱的几个基本论域。哲学是思想中的现实，以马克思主义文化理论推动哲学对当代社会现实、时代精神的揭示，以高度的文化自觉提炼属于我们时代精神的精华，以与时俱进的马克思主义哲学引领社会发展的方向，以不断发展的马克思主义文化理论引领当代中国走向世界的文化进程是当代哲学理论工作者义不容辞的责任。

马克思主义文化理论从文化最切近的基础——“实践”出发，以实践思维去揭示主体自我意识、人性自由的价值追求、现代人类文化的体认、文化思维与文化存在、人精神世界与客观物质世界、社会历史发展中的物质生产力与精神生产力等矛盾关系。它秉承的是马克思主义哲学所确立的实践思维的辩证法，坚持的是批判与自我批判的有机统一，它并没有以自己的文化理论范式终结文化思维范式的现实多样性，反而是以其特有的开放性本质孕育了人类文化思维把握社会实践的新的历史可能性，并为人类向前发展提供了现实可能性。马克思主义文化理论把人与世界对立的诸多矛盾关系扬弃为人类实践活动的内在环节，并揭示了人类最基本的社会实践活动——文化实践（精神生产）在人类总体社会实践中的基础性地位，并以之为基础说明科学、艺术、宗教和语言等各自的历史，说明由它们的交互作用而构成的人类历史存在的进步性、局限性和发展的现实可能性。[①]在真理维度上，马克思主义文化理论不是追求绝对终极之真，而是把真理理解为由相对真理不断走向绝对真理的过程，不断探索每个时代文化发展的实践特色；在价值维度上，马克思主义文化理论不是追求至上之善，而是把价值尺度理解为人类在现实精神生活实践中不断由自在世界向自为世

① 参见孙正聿：《思想中的时代：当代哲学的理论自觉》，北京，北京师范大学出版社 2004 年版，第 11~13 页。

界转化的现实过程，从而不断探寻文化发展所揭示的人的精神世界的相对之善；在自由维度上，马克思主义文化理论不是渴求最高之美，而是把审美寓于现实的人以及其历史性的社会精神实践活动之中，从而探索文化发展所展现的人的精神世界的相对之美。马克思主义文化理论在对亚里士多德对人类活动三分法、对德国古典哲学中黑格尔以及费尔巴哈文化思想的批判性继承、对 19 世纪资本主义现实世界的无情揭露和批判以及对历史唯物主义匠心独具的创造中树立了走向实践的文化这种马克思主义文化理论特有的典范，也为运用马克思主义文化理论不断进行自我批判和自我超越提供了广阔空间。

"人猿相揖别。只几个石头磨过，小儿时节。"[①] 人类社会发展演进至今，文化及其理论的发展进步无疑在人类进步中扮演了极为重要的角色。与现代文化实践相适应，基于人的现实需求和人的实践的超越性的客观需要构成了人类文化发展、创造的基本动力，而马克思主义文化理论则为人类新的文化超越和追求指明了方法论原则。在当代文化发展的实践中，只有当人真正成为自然、社会与人类自身的主人——自由而全面的人时，才进入"作为目的的本身的人类能力的发展"的社会，发展与创造才能最终成为文化发展的内驱动力，在自我超越与自我批判的对立统一中实现自身。恩格斯在谈及黑格尔辩证法的本质时曾把哲学理解为一种"建立在通晓思维历史及其成就的基础上的理论思维形式"[②]。"每一个时代的理论思维，包括我们这个时代的理论思维，都是一种历史的产物，它在不同的时代具有完全不同的形式，同时具有完全不同的内容。因此，关于思维的科学，也和其他各门科学一样，是一种历史的科学，是关于人的思维的历史发展的科学。"[③] 其实，任何哲学理论作为"思想中把握到的时代"离不开它最切近的基础——人的现实的社会实践以及对这个实践的理解。因此，把握一种理论最为切近的方法也就是把握这种理论的提问方式以及其解决现实问题的方法论，唯有如此才能够把握马克思主义文化理论在批判与自我批判中不断前行的实践智慧，因此必须有最基本的思维自觉。

必须深入细致地把握马克思主义文化理论的思想背景、内在维度、特质、问题域、变革意义、中国语境和当代境遇，才能够以高度的理论自觉

---

① 毛泽东：《贺新郎·读史》，见《毛泽东诗词鉴赏》，石家庄，河北人民出版社 1992 年版，第 258 页。

② 《马克思恩格斯文集》第 9 卷，北京，人民出版社 2009 年版，第 460 页。

③ 《马克思恩格斯文集》第 9 卷，北京，人民出版社 2009 年版，第 436 页。

继承和发展马克思主义文化思想的理论遗产和思想精华。以契合马克思主义发展路径的高度思维自觉澄明马克思主义文化理论的生成路径，科学地揭示马克思主义文化理论的内在逻辑以及动力机制，指出马克思主义文化理论研究的问题域以及中外学者研究中取得的理论成果和存在的理论偏差，将有利于马克思主义文化理论更好走进当代现实世界，通过回应属于我们这个时代的时代课题而不断确证其真理性、开放性和与时俱进的旺盛生命力，并最终推动马克思主义文化理论的当代发展。同时，以高度的方法论和理论自觉直面西方马克思主义、科学技术哲学以及当代西方文化哲学提出的疑问和挑战，才能够不断激发马克思主义文化理论及其实践特质的内在活力，使之在哲学的问题与问题的哲学的双向互动中真正面对当代现实，从而避免走入自我放逐和自我边缘化的困境。[①]

以高度的理论自觉正视当代科学实践对当代人类以及马克思主义文化理论提出的严峻挑战并与之展开思维层面的积极对话是推进马克思主义文化理论发展的第一个维度。正像丹尼尔·贝尔所预测的那样，后工业社会的来临不仅带来了社会结构的急剧变化和社会分层的复杂化，而且也使知识技术开始统治人类的现代生活，人类不得不慎重考虑当代科学技术及其实践对哲学产生的巨大影响。[②] 无法否认，现代科学技术的发展在促进人类社会取得巨大进步的同时，由于人类对科学理性主义的偏重，对自然资源的无度开发与掠夺等实践偏差，也在客观上使人类面临环境污染、能源危机、生态危机、人口爆炸、发展失衡以及核战争威胁、政治腐败现象蔓延、道德滑坡等全球性问题的挑战，由此，社会科学特别是哲学不得不回应这种挑战所带来的哲学问题（现代科学正在抑或是已经把哲学从传统的世袭领域驱逐出去）。美国科学哲学家瓦托夫斯基形象地指出了无视科学技术实践对哲学的影响以及忽略科学的人文主义意义的严重后果，他指出，我们“一方面知道科学是理性和人类文化的最高成就，另一方面又害怕科学业已变成一种发展得超出人类的控制的不道德和无人性的工具，一架吞噬着它面前的一切的没有灵魂的凶残的机器”[③]。显而易见，科学技术的发展是无止境的，但人类把科学技术限制在可控范围内的能力却是有限

① 参见陈先达：《马克思主义哲学关注现实的方式》，《中国社会科学》2008年第6期。

② 参见［美］丹尼尔·贝尔：《后工业社会的来临——对社会预测的一项探索》，高铦等译，北京，新华出版社1997年版，前言第9页。

③ ［美］M. W. 瓦托夫斯基：《科学思想的概念基础——科学哲学导论》，范岱年等译，北京，求实出版社1982年版，第9页。

的。毋庸置疑，当代很多哲学以及其他社会科学研究虽不无深刻之处，但大多沦落为一种闭门造车式的、没有后继性的、自我思考式的论述，这带给包括马克思主义哲学在内的社会科学以沉重的危机。[①] 哈金不无讽刺地说道，“哲学家们长久以来制作着科学的木乃伊”[②]。象牙塔内的安逸与舒适使学者们无视、忘记了甚至是刻意遗忘了科学技术实践对人类认识所造成的诸多影响和现实挑战，代之以规范的认识论框架把活生生的、丰富多彩的，甚至是充满斗争和冲突的、真实的科学实践加以整理和纯化，借以寻求确定性和终极基础。如此一来，伯恩斯坦所提出的“笛卡尔式的焦虑”[③] 就会降临到哲学家的头上。爱德华·萨义德清楚地指出了这种危机，“知识分子的形象有被繁杂的细节淹没的危险，甚至可能会在某次社会潮流中沦为一种职业人士或是一种摆设”[④]。沃勒斯坦也指出，“知识世界已经面临着基本的认识论挑战，即克服‘两种文化’的人为划分并且创造一种新的、重新统一的科学 / 哲学（scientia/philosophia）的认识论”[⑤]。

托马斯·库恩在《科学革命的结构》一书中提出的范式理论开启了20世纪科学哲学研究中科学实践研究的大门，库恩提示人们不能从理论的先在性上把科学知识理解为科学哲学的主题，而要研究科学家在实践中应对自然的解题能力，解题能力是通过范式的实践所把握的。他认为，科学不是理论的集合，不是僵化的知识信条的堆积，而是一项社会的、历史的实践活动。[⑥] 库恩把实践置于由于科学知识和规则的优先地位的科学思维的致思取向与马克思主义文化理论强调科学的实践观在文化发展中的地位的致思取向在本质上是一致的。但必须指出的是，库恩对科学实践的强调所设立的先决性条件——范式之间的不可通约性在思维原则上与马克思主义文化理论的开放性本质是相悖的。哈贝马斯吸收借鉴了库恩的范式理论，并把之发展为交往实践范式用以对马克思主义以及其文化理论加以批

① 参见［英］吉尔德·德兰逖：《社会科学——超越建构论和实在论》，张茂元译，长春，吉林人民出版社 2005 年版，引言第 2 页。

② Ian Hacking. *Representing and Intervening*, Cambridge University Press, 1983, p. 1.

③ ［美］查理德丁·伯恩斯坦：《超越客观主义与相对主义》，郭小平等译，北京，光明日报出版社 1992 年版，第 24 页。

④ E. Said, *Representations of the Intellectual: The 1993 Reith Lectures*, London: Vintage, 1994, p. 8.

⑤ ［美］伊曼纽尔·沃勒斯坦：《否思社会科学——19 世纪范式的局限》，刘琦岩等译，北京，生活·读书·新知三联书店 2008 年版，序言第 3 页。

⑥ 参见［美］托马斯·库恩：《科学革命的结构》，金吾伦等译，北京，北京大学出版社 2003 年版，第 171 页。

判，他认为，马克思主义的问题在于它不过于关注危机理论，“结果就是直到今天也没有建构模型”[①]。换言之，哈贝马斯认为马克思主义以及其文化哲学的问题在于这种认知体系来自对知识的非沟通性理解，而只有走向交往实践，在交往范式中才能够得以建构。总体而言，哈贝马斯以“交往范式”对马克思主义哲学以及对马克思主义文化理论的批判具有言过其实以及偏颇之处，马克思主义文化理论本身就是一种基于实践思维范式开放性的建构原则，这种方法论原则从不拒绝与科学、宗教、艺术等其他人类认知形式之间的沟通与融合，马克思主义文化理论以及科学哲学理论的产生就是这种沟通与融合的最好证明。正像吉尔德·德兰逊所指出的，马克思主义及其文化理论“正在作为商谈实践的社会科学走向现实社会”[②]。事实上，马克思主义文化理论自产生之初就丝毫没有忽视和否认科学实践对人类文化发展所造成的巨大影响。问题的另一方面在于，哈贝马斯对马克思主义及其文化理论的批判的积极意义在于他看到了当代马克思主义哲学对科学实践现实影响的某种拒斥，看到了文化思维活动与人类其他活动的连续性与间断性的对立统一于人类自身的历史发展。

可以看出，在当代，全球化的推进使得文化实践思维和科学实践思维都受到了社会实践的重大影响。科学领域由科学理论以及科学观念向大众实践的转化速度加快，科学领域中实践思维的影响正在逐渐加大；哲学领域内特别是马克思主义文化理论也受到当代社会实践方式变化的影响，人们在反思科学实践思维局限性的同时也在对文化理论的自我发展做出反思。这种在科学和哲学领域内的范式反思了人类可贵的思维自觉。在当代，要正视当代科学实践对当代人类以及马克思主义文化理论提出的严峻挑战并与之展开思维层面的积极对话需要在两个层面上展开：首先是要注重吸收科学实践思维对马克思主义文化实践理论的当代启示；其次是要避免科学实践思维和文化实践思维之间的不合理越界。

由于科学实践思维和马克思主义文化实践思维都是以实践为基本的解释原则和以对实践方式的改造为宗旨，这使得二者具有了契合的思想基础，而事实上，科学认知结构的现实基础恰恰就是马克思所一直强调的社会历

---

① Jurgen Habermas, *Between Facts and Norms: Contributions to a Discourse theory of Law and Democracy*, Cambridge: Polity Press, 1996, p. 7.

② ［英］吉尔德·德兰逊：《社会科学——超越建构论和实在论》，张茂元译，长春，吉林人民出版社 2005 年版，第 161 页。

史实践的格局。[①] 因此，人们只能够按照人类全部实践（物质生产实践、处理社会关系的实践、科学实验以及文化实践）活动方式的性质、水平、视角等去认知客体，从这种意义上讲，文化实践思维方式与科学实践思维走的是同一条道路，原因在于它们原本就基于共同的社会历史实践格局。当科学实践的结果所取得的每一次对自然界的胜利令人陶醉之时，自然界都对我们进行了报复，而这种报复正是对科学实践负面效应的确证。恩格斯在《自然辩证法》中警示道，“我们不要过分陶醉于我们人类对自然界的胜利。对于每一次这样的胜利，自然界都对我们进行报复”[②]。当代西方科学哲学家诸如汉森、库恩、皮克林、拉卡托斯、费耶阿本德、赖欣巴哈、弗兰克等展开了对科学实践自身的批判，力图通过“实践的冲撞”“实践场”消解科学实践的负熵效应。这种对科学实践自身的反思和深入研究不仅深化了科学哲学研究，而且为在当代发展马克思主义文化理论提供了有益启示。同样道理，如果把马克思主义文化思维方式推向极致而走向唯实践主义，不仅会背离马克思主义文化理论原本的革命性内涵，而且会使马克思主义及其文化理论在当代的发展遭受巨大的挑战。

理解了当代西方哲学家对科学实践思维方式局限性的论述并不代表着能够以马克思主义文化实践思维的本真精神进行哲学思考。伴随着人类社会实践的发展，两种思维范式融合的趋势不可逆转，但随之而来的问题是，人们往往用哲学的理性思辨代替具体的知性科学研究，把哲学世界观和科学研究的方法论混为一谈，或者哲学以自然科学的态度通过科学思维方式来解释世界存在的意义。如此一来，马克思主义文化实践思维的开放性本质所彰显的马克思主义发展的活力与可能性会窒息在科学发展所依赖的必然性思维当中。人类诞生之初就生存于一个可能性的世界之中，但社会发展的结果是不得不以必然性的世界作为自己的家园，解释这个物质家园所遵循的思路就是必然性的科学实践的思维方式，而要改变世界并真正获得自己的精神家园所依靠的则是文化本身所蕴含的可能性思维方式，这种思维方式指向的是人类的未来和精神世界，在马克思那里，这种哲学思维方式是文化实践思维方式。因此，必须避免科学实践思维和文化实践思维方式之间的不合理越界。

---

① 参见张一兵：《科学实践场与社会历史构境——兼评皮克林的〈实践的冲撞〉》，《哲学研究》2010 年第 6 期。

② 《马克思恩格斯文集》第 9 卷，北京，人民出版社 2009 年版，第 559~560 页。

第二节　思维自觉是推动马克思主义文化理论发展的核心线索

以高度的思维自觉推动马克思主义文化理论与当代西方文化哲学和文化理论的对话、碰撞与交流是推进马克思主义文化理论发展的第二个维度。20世纪逻辑实证主义的代表人物卡尔纳普通过对“语言职能”的分析，尖锐地向“形而上学”发问：如果作为“形而上学”的哲学既不是充当语言的表述的职能而像“科学”那样表述世界，又不是充当语言表达的职能而像“艺术”那样表达情感，更不是充当经由语言而通达自由的中介职能而像“宗教”那样复归于信仰，那么这样的“形而上学”不是应当“拒斥”的吗？[①]我们当然不同意卡尔纳普对“形而上学”一股脑式的拒斥，但不得不正视他对作为“形而上学”的哲学的分析，当然马克思主义以及文化理论更应该对这种“拒斥”做出应有的反思，原因在于，如果暂且搁置其理论前提的正确性与否不论的话，这些问题无疑是马克思主义文化理论及其当代实践所必须面对和回答的。自觉展开和当代西方文化哲学以及文化理论的对话、碰撞与交流，进而在高度的思维自觉中推进马克思主义文化理论创新发展原本就是契合文化实践思维的开放性本质的，当然也是沿着马克思开辟的哲学道路在当代复兴马克思主义的时代需求。

当代西方文化哲学的发展无疑对人类哲学史的整体进程和走向产生了难以磨灭的影响。同时，后现代主义的批判语境与马克思主义文化理论在现代语境所揭露的“后现代”端倪却不谋而合。用丹尼尔·贝尔的话来说，马克思虽然生活在工业社会，但他对“后工业社会”的某些重要特征做出了“准确”的预见，所以要阐明资本主义由工业社会向后工业社会的发展和转变，就不能回避马克思的预言。[②]詹姆逊认为，马克思主义哲学是当代哲学“不可超越的意义世界”。后现代主义的核心人物德里达、福柯、罗蒂、杰姆逊、哈贝马斯一方面着力批判马克思主义及其文化理论，另一方面又都不得不对马克思主义及其文化理论显示出足够的重视和给予

① 参见孙正聿：《思想中的时代：当代哲学的理论自觉》，北京，北京师范大学出版社2004年版，第44页。

② 参见［美］丹尼尔·贝尔：《后工业社会的来临——对社会预测的一项探索》，高铦等译，北京，新华出版社1997年版，第59页。

应有的尊重。在当代坚持和发展马克思主义文化理论，激发马克思主义文化实践的当代活力所要做的，除了把握现代西方文化哲学的思想精华，更为重要的是如何沿着马克思开辟的哲学道路、文化道路与之展开卓有成效的对话与碰撞，像后现代的西方哲学家重视马克思主义及其文化理论的态度那样自觉反思前者的理论贡献、思维原则和内在局限。马克思主义文化理论理应直面当代西方文化哲学特别是后现代主义哲学并与之展开行之有效的对话和碰撞，不仅符合马克思主义文化理论的开放性的独特品质，也是马克思主义、马克思主义文化理论走入当代的基本形式之一。而问题的关键就是在思维自觉的基础上通过进入当代西方文化哲学形态的问题、思维范式本身，在理论对话、碰撞的基础上，更为深刻地发现马克思主义文化理论发展创新的内在活力、当代价值并在此基础上通过解决新的时代课题激发和发展思想本身。必须指出的是，这种借鉴和比较的展开是以对马克思主义文化理论本真精神的坚持为前提的，是以对马克思开创的实践哲学道路的坚守为先决条件的，抛却这两个条件而对当代西方文化哲学特别是后现代主义的比附和迷恋只会把马克思主义及其文化理论引向自我消解和变形的歧路上去。

马克思曾经指出，“主要的困难不是答案，而是问题。因此，真正的批判要分析的不是答案，而是问题”，“问题是时代的格言，是表现时代自己内心状态的最实际的呼声”①。强烈的问题意识以及由此出发而倾听时代呼声的实践思维方式原则使得马克思主义及其文化理论能够不断在批判“旧世界”中发现“新世界”，因而，马克思把“现代”资本主义社会存在的诸种问题作为自己哲学关注和批判的焦点。而当代西方文化哲学特别是后现代主义哲学关注和批判的焦点正是资本主义所彰显的现代性中所存在的问题，后现代主义中“中心的消解”“基础的塌陷”“理性的陨落”“人性的终结”②的论断无不是与马克思走着不同道路的强烈问题意识的表达，后现代主义思想家对现代性的解构所指向的正是资本主义自身所现存的诸种问题。可见，在哲学反思和文化演进的问题意识上，马克思主义文化理论与当代西方文化哲学具有相近的理论旨趣。这种契合既是对马克思主义文化理论当代性的某种确证，又使得马克思主义文化理论中某些长期以来被忽视、被抑制甚至是被遗忘的成分得以凸显。其实，马克思主义文化理

① 《马克思恩格斯全集》第1卷，北京，人民出版社1995年版，第203页。

② 杨耕：《为马克思辩护：对马克思哲学的一种新解读》，北京，北京师范大学出版社2004年版，第54页。

论绝不可能对当代西方文化哲学以及思维范式的发展充耳不闻，马克思主义文化实践思维方式的开放性本质、辩证分析和批判功能只有在同各种哲学思潮的交锋和对话中才能够得到发挥和磨砺。

被人们称为“后现代主义”的哲学思潮总体上是以对本质主义、中心主义、总体性和确定性的反叛和消解而著称于世的。让－保罗·萨特以“权利意志”实现了对本质主义的反叛，第一次为身体中的活力和欲望正名，引发了异质性爆炸性释放的引信；雅克·德里达反对概念化的思维方式，主张以去中心化的非逻辑手段，在不断产生的“延异”中彻底摧毁传统哲学的逻各斯中心主义，并最终颠覆传统二元对立的思维模式；米歇尔·福柯通过他的知识考古学和权利谱系学反对真理的永恒性，主张从一种事件、一种社会网络的话语实践以及具体而微的权利工具维度理解知识与社会制度之间的关系；理查德·罗蒂则反对任何形式的二元论，主张行动至上的一元论和价值取向上的多元论，否认人类存在的内在本性并把政治置于哲学之上；吉尔·路易·勒内·德勒兹用“根状茎”的“游牧思维”反对以统一性为旨归的传统形而上学思维，主张以流动性的欲望冲垮一切既定的秩序；尤尔根·哈贝马斯不满意马克思以劳动实践观为核心的实践观，进而认为马克思并未以科学的实践观实现对传统哲学思维的根本变革，他提出应以“交往范式”取代马克思的那种“失去了活力”的“生产范式”，从而重建历史唯物主义①；汉娜·阿伦特基于亚里士多德关于人类活动三分法在高度赞扬马克思劳动概念之余，把马克思关于劳动概念的理解限定在“生理学角度”，指出，人“不是一种理性动物”，因此应当使“劳动”与“制作”相融合②。

毫无疑问，当代西方哲学特别是后现代主义哲学作为对人类社会实践方式的反思，对人类理性的自我反思与批判进行了种种的哲学探索，并在反省人类理性和对传统形而上学的批判和消解中以“碎片化”的方式高扬了人的独立性、行为的异质性、文化的多样性以及自我选择的合理性。这对于破除那种远离人类现实生活的思辨哲学体系的本质主义思维方式以及二元对立的思维方式具有极大的开创和启发意义，其对人类活动各个环节的深入性探讨亦为人类思维宝库积累了宝贵的思想资源。虽然这些哲学家

---

① 参见［德］尤尔根·哈贝马斯：《现代性的哲学话语》，曹卫东等译，南京，译林出版社2004年版，第87页。

② 参见［美］汉娜·阿伦特：《人的条件》，竺乾威等译，上海，上海人民出版社1999年版，第221页。

对于马克思主义哲学及其文化理论也多有非议和批判，但却无一例外显示了对马克思哲学提问方式、思维方式以及文化理论的重视。在这一方面，雅克·德里达的观点颇具代表性，他在对弗朗西斯·福山的“历史终结论”评论时强调，要理解目前世界上的种种冲突，“就必然要长期依靠来源于马克思主义传统的一种提问方式”，即源于马克思主义哲学的“一个开放的不断转型的提问方式”。①而这种开放性的不断转型的哲学提问方式就是实践思维方式。福柯也用自己的言语表达了类似的观点，他指出：“在现时，写历史而不使用一系列和马克思的思想直接或间接地相联系的思想，并把自己放在由马克思所定义和描写的思想地平线内，那是不可能的。”②

仅仅看到当代西方文化哲学以及文化流派对马克思主义哲学及其文化理论中某些特质的凸显显然是远远不够的，做到这一点仅仅能够使我们获得马克思主义反思属于这个时代的现实的思想资源抑或是某种思维借鉴。其实，包括后现代主义在内的现代西方哲学往往只是看到了体现在资本主义现代性之中的“病症”，却开错了“药方”。以反对抽象性、总体性，追求具体性为出发点的当代西方哲学最终无一例外地都走向了一种抽象的理论而不是具体的实践。他们都在有意无意间预设了自我理论的万能性，预设了自身理论能够全然把握现实实践总体，即都以在理论中将现实实践整体建构起来作为其理论目标，其最终的结果是使得自身也走向了消解。具体而言，当代西方文化哲学的各个流派无论其观点存在多大的差异，基本上都是从人的精神活动的某一环节、某一侧面、某种关系出发建构自己的理论，并把人类实践归之于这些侧面、环节和关系。③以哈贝马斯对马克思的批判和重构为例，从文化实践的视域出发，马克思的实践活动不但不排斥交往实践，反而是以之为基本内涵的，因此根本不存在哈贝马斯那种用什么“交往范式”取代“生产范式”的问题。马克思在其哲学活动的早期就指出了交往实践给人类社会带来的不可忽略的影响，马克思、恩格斯在《德意志意识形态》中指出：“各个相互影响的活动范围在这个

---

① 参见［法］雅克·德里达：《评福山的〈历史的终结和最后的人〉》，李朝晖编译，《马克思主义与现实》1997年第3期。

② M. Foucoult, *The Order of Things, An Archaelogy of the Human Sciences*, New York: Pantheon Books, 1970, p. 21.

③ 参见杨耕：《为马克思辩护：对马克思哲学的一种新解读》，北京，北京师范大学出版社2004年版，第40页。

发展进程中越是扩大，各民族的原始封闭状态由于日益完善的生产方式、交往以及因交往而自然形成的不同民族之间的分工消灭得越是彻底，历史也就越是成为世界历史。”[①] 因此，哈贝马斯对交往范式的论述深刻有余，但对马克思主义及其文化理论的批判却失之偏颇。

问题，无论是在自然科学还是在哲学社会科学中都是发展的推动力量，是思想创新的推动力量，而科学的实践观和历久弥新的马克思主义文化理论即是马克思主义哲学提出和解决问题的方式。[②] 哲学问题是哲学的生命线，在当代关注、研究以及推进马克思主义及其文化理论，就是要以高度的思维自觉和理论自觉把握马克思主义发展中的问题，捕捉当代现实问题中的哲学意蕴并使之变为马克思主义哲学中的问题。具体而言，马克思主义及其文化理论所具有的开放性本质使得我们能够不断地以开放的姿态和思维的自觉把握马克思主义哲学中的问题，树立自觉的问题意识，促进马克思主义哲学与当代科学哲学以及当代西方文化哲学的对话、交流与碰撞，在对话中与时俱进地发展马克思主义哲学及其文化理论；同时还应坚持马克思主义的世界观、方法论以及实践思维的基本原则，探寻和把握当代中国文化发展所面临的重大现实问题以及解决途径，反思中华民族的思维方式、生存方式、活动方式，把现实问题中的哲学内涵提升为马克思主义哲学中的时代问题从而彰显其现实性与生命力。既要树立高度的思维自觉以呈现马克思主义、马克思主义文化理论以及其哲学变革的本真内涵，又要以高度的思维自觉展开对马克思主义文化理论的批判以及自我批判，以吸取和借鉴当代科学和西方文化哲学研究的最新思维成果，更要以高度的思维自觉把握当代中国现实问题的哲学意蕴，使马克思主义文化理论在面向当代中国现实中不断展现其开放性并不断与时俱进，在问题的哲学与哲学的问题的双向统一中推进马克思主义及其文化理论的当代发展。

---

① 《马克思恩格斯文集》第1卷，北京，人民出版社2009年版，第540~541页。

② 参见陈先达：《哲学中的问题与问题中的哲学》，《中国社会科学》2006年第2期。

结语　重拾文化的实践信念

问题是一个时代最为强烈的回音，而文化理论的问题只有在与社会发展实践的交融和互动中才能得以延展和深化。如果理性地思考我们所处的时代，我们就会发现文化以及其理论和实践问题正在成为新时代的大问题。任何时代，如若我们依然关注着自我的精神世界，还在追求着头顶之上星空无限的奥妙，文化问题就会成为而且理应成为那个时代精神的实践观照。[①] 理应在马克思主义所确立的科学实践方法论的导引下，对当代马克思主义研究的文化转向以及文化研究的实践转向作出合理的澄明，这既是对马克思主义当代发展和创新的文化关注，亦是对中国人民美好精神生活需求的文化实践方程式的马克思主义理论阐明。重拾文化的实践信念，关注和深化对马克思主义文化理论研究中实践信念和实践向度，使马克思主义文化理论能够在其所确立的开放性的理论空间中为中国和世界文化发展提供精神支撑。一如伊格尔顿所言，“文化在已为大家所知的西方马克思主义的传统里位置显赫……文化理论成为通过其他手段对政治的延续。在街道、工厂里无法实现的解放，相反地，在不同的热情似火和漂浮游荡的‘能指’中表现出来”。[②]

在西方传统实践哲学话语体系中，无论是亚里士多德，还是德国古典哲学的标志性人物康德，抑或是恢复了唯物主义权威的费尔巴哈，尽管理论成果千差万别，但他们无一例外地具有一个共同特征：都在用不同的方式诠释着人类实践活动的文化维度抑或是文化与实践的内在关联。这一重视实践对于文化的重要作用的西方哲学传统在马克思主义科学理论中得以承继和发展。马克思主义强调从人类的总体实践的有机体中把握文化及其发展演进，主张在作为观念形态的文化结果和作为实践形态的文化发生过

① 参见路向峰、王嘉莹：《走向实践的文化：唯物史观视野中的马克思主义文化理论》，《社会科学研究》2022 年第 5 期。

② Terry Eagleton, *After Theory*, London: Penguin Books, 2003, p. 30.

程的辩证统一中把握文化发展演进的内在规律，进而把文化的实践形态纳入社会总体实践的基本类型，这是马克思所创立的唯物史观的题中应有之义。在唯物主义历史观的视域中，通过对马克思主义实现哲学变革的实践思维方式及其哲学方法论的澄明，不难窥见马克思主义文化理论的实践本质和价值旨向。换言之，正是循着马克思主义的科学实践观，文化作为人类社会实践总体的一部分所彰显出的人类精神实践的基本内容才得以渐次显现。重拾文化的实践信念，对现实的人及其文化实践作出合理阐发，正是时代赋予马克思主义文化理论的实践使命，走向实践的文化可以称为马克思主义唯物史观的当代文化表达。当代语境中，走向实践的文化是马克思主义文化理论得以前行的内驱动力，文化实践则是马克思主义在当代文化转向的基本向度，走向实践的文化则是破解国人对于美好精神文化生活需求的钥匙。

人类在对文化的创造活动中实现了自我的两大提升，最终使人成之为人，文化成为人类种族延续和发展的精神基因和文化密码。新时代的今天，对马克思主义文化理论及其当代发展作出应有阐释，既是对马克思主义文化理论应有的尊重，亦是对我们这个时代文化最大的尊重。一切缘于我们正在进行的文化叙事没有脱离马克思主义所创立的唯物史观为基础的马克思主义文化理论的基本原则及其思想内核。事实上，马克思和恩格斯立足于哲学与文化的相互诠释，既给出了哲学观的文化视野，又深刻地阐释了文化的形而上学基础，从而为研究马克思主义文化理论提供了奠基性的工作。[①] 不应忘记雅克・德里达的警示："不能没有马克思，没有马克思，没有对马克思的记忆，没有马克思的遗产，也就没有将来。"[②]

时至今日，虽然马克思主义文化理论的时代表征和话语方式都发生了深刻变化，但马克思主义文化理论所开启的文化理解方式以及文化发展演进的实践原则正如詹姆逊所言，是"我们当今用以恢复自身与存在之间关系的认知方式"，它提供了一种"不可超越的意义视界"[③]。毫无疑问，深入挖掘和阐释马克思主义文化理论无疑是新时代的大问题。我们在今天重新考量马克思主义文化理论的本质内涵、形成理路、发展演进、中西方语境、时代创新等诸多问题，所要做的就是通过对新时代中国特色社会主义

---

① 参见何中华：《马克思主义文化理论的历史演进》，《新时代马克思主义论丛》2021 年第 1 期。

② ［法］雅克・德里达：《马克思的幽灵：债务国家、哀悼活动和新国际》，何一译，北京，中国人民大学出版社 1999 年版，第 21 页。

③ Fredric Jameson, *Marxism and Historicism*, New Literary History, Vol. I, Autumn, 1979.

文化发展实践中所关涉的文化对象、文化观念、文化问题、文化矛盾和文化实践结果的形而上反思，以期对时代精神做出文化上的实践观照。重释文化的实践信念，在当代对马克思主义文化理论进行深入研究和阐发，在历史唯物主义的视域中把文化合理理解为作为观念形态的结果和作为实践形态的过程的辩证矛盾统一过程，不仅能够以实践整合文化资源，还原文化发展的真相；而且在理论逻辑上能够以实践消弭文化理论偏差，揭示文化发展的内在规律；更能够用实践创新文化的理论原则，重释文化的实践意蕴。[①]

透过现代、后现代纷繁芜杂的话语，可以观察到马克思主义文化理论以及走向实践的文化在当代的理论魅力与实践特色。那种在承认理论的相对超越性和强调实践的绝对优先性辩证统一基础上所形成的具有开放性品质的文化实践理论，使得马克思主义及其文化理论仍然能够成为这个时代的核心。一个民族最可怕的事情莫过于没有信仰，长此以往会陷入物欲的沉沦和精神上的娱乐至上。在当代中国，要把马克思主义及其文化理论转化为民众的内心信仰，把握不了其哲学方法论只能是隔靴搔痒，阐明不了马克思主义与中华优秀传统文化融合、超越的内在机制只能是“浮云遮望眼”。如何纠正来自马克思主义内部的偏颇与误读，如何回应来自非马克思主义的诘难与攻击，如何理解马克思主义中国化进程中马克思主义文化理论的发展和创新，如何理解马克思主义文化理论的当代境遇，如何在理论思维、实践思维、哲学思维的高度与马克思主义文化理论所确立的方法论原则保持一致等相关问题组成的问题域，是本书展开的出发点和主要论域。

在当代中国，马克思主义文化理论缘于时代之需、实践之需、人民之需被赋予了新的理论内涵、新的时代价值和新的文化使命。作为马克思主义文化理论最新发展成果的习近平文化思想，以其确立的科学世界观和方法论指引着当代中国特色社会主义文化的发展与建设。习近平文化思想把文化建设置于中国特色社会主义建设的总体布局中，在坚持马克思主义的历史唯物主义方法论原则基础上对新时代文化思想进行的高远审视，展示了习近平总书记深邃的文化理念；习近平文化思想着眼于新时代人民对美好精神文化生活的需求，在坚持辩证唯物主义思维框架下对新时代文化建

---

① 参见路向峰、王嘉莹：《走向实践的文化：唯物史观视野中的马克思主义文化理论》，《社会科学研究》2022 年第 5 期。

设的实践创新和理论创新规律进行了深刻总结，彰显了习近平总书记高远的文化情怀；习近平文化思想秉持胸怀天下的文化气度，在对人类命运共同体精神根基的科学把握中，描绘了习近平总书记宽广的文化视野。习近平文化思想植根于中华优秀传统文化的“根脉”之上，具有鲜明的科学性、人民性、实践性、发展性特征；承继着马克思主义文化理论的基本原则和基本方法的“魂脉”，提供的是对世界文明发展向何处去的“中国之匙”，充分体现出中华文明和中华民族的文化主体性，是中华民族为全人类贡献的文明新形态。马克思主义的创始人正是以实践切入他们那个时代的文化问题，立足于人在现存世界中的生存方式和实践活动，对以物质生活为基础的精神生活领域进行了批判性和创新性的研究，马克思主义文化理论的科学原则和实践本质得以确立。毫无疑问，重拾文化的实践信念，是否定和超越既存的精神生活状况和重建新的精神生活方式的重要方式，亦是实践性地改变世界创造人类文明新形态的不二选择。

参考文献

一、著作

[1]《马克思恩格斯文集》第1卷，北京，人民出版社2009年版。
[2]《马克思恩格斯文集》第2卷，北京，人民出版社2009年版。
[3]《马克思恩格斯文集》第3卷，北京，人民出版社2009年版。
[4]《马克思恩格斯文集》第4卷，北京，人民出版社2009年版。
[5]《马克思恩格斯文集》第5卷，北京，人民出版社2009年版。
[6]《马克思恩格斯文集》第6卷，北京，人民出版社2009年版。
[7]《马克思恩格斯文集》第7卷，北京，人民出版社2009年版。
[8]《马克思恩格斯文集》第8卷，北京，人民出版社2009年版。
[9]《马克思恩格斯文集》第9卷，北京，人民出版社2009年版。
[10]《马克思恩格斯文集》第10卷，北京，人民出版社2009年版。
[11]《马克思恩格斯全集》第1卷，北京，人民出版社1995年版。
[12]《马克思恩格斯全集》第3卷，北京，人民出版社2002年版。
[13]《马克思恩格斯全集》第25卷，北京，人民出版社2001年版。
[14]《马克思恩格斯全集》第32卷，北京，人民出版社1998年版。
[15]《马克思恩格斯全集》第45卷，北京，人民出版社2003年版。
[16]《马克思恩格斯全集》第46卷（下册），北京，人民出版社1980年版。
[17]［德］马克思:《资本论》第1卷，北京，人民出版社2004年版。
[18]［德］马克思:《马克思古代社会史笔记》，北京，人民出版社1996年版。
[19]［德］马克思:《1844年经济学哲学手稿》，北京，人民出版社2000年版。
[20]《列宁专题文集·论社会主义》，北京，人民出版社2009年版。
[21]《列宁全集》第39卷，北京，人民出版社1986年版。
[22]《列宁全集》第55卷，北京，人民出版社1990年版。
[23]《列宁选集》第2卷，北京，人民出版社1995年版。
[24]《列宁选集》第3卷，北京，人民出版社2012年版。
[25]《列宁选集》第4卷，北京，人民出版社2012年版。
[26]《列宁专题文集·论无产阶级政党》，北京，人民出版社2009年版。

[27]《毛泽东选集》第 1 卷，北京，人民出版社 1991 年版。
[28]《毛泽东选集》第 2 卷，北京，人民出版社 1991 年版。
[29]《毛泽东选集》第 3 卷，北京，人民出版社 1991 年版。
[30]《毛泽东文集》第 7 卷，北京，人民出版社 1999 年版。
[31]《毛泽东诗词鉴赏》，石家庄，河北人民出版社 1992 年版。
[32]《邓小平文选》第 2 卷，北京，人民出版社 1994 年版。
[33]《邓小平文选》第 3 卷，北京，人民出版社 1993 年版。
[34] 中共中央宣传部、中共中央文献研究室编:《论文化建设——重要论述摘编》，北京，学习出版社、中央文献出版社 2012 年版。
[35] 中共中央文献研究室编:《习近平关于社会主义文化建设论述摘编》，北京，中央文献出版社 2017 年版。
[36]《习近平谈治国理政》，北京，外文出版社 2014 年版。
[37]《习近平谈治国理政》第 1 卷，北京，外文出版社 2018 年版。
[38]《习近平谈治国理政》第 2 卷，北京，外文出版社 2017 年版。
[39]《习近平谈治国理政》第 3 卷，北京，外文出版社 2020 年版。
[40]《习近平谈治国理政》第 4 卷，北京，外文出版社 2022 年版。
[41] 习近平:《高举中国特色社会主义伟大旗帜　为全面建设社会主义现代化国家而团结奋斗——在中国共产党第二十次全国代表大会上的报告》，北京，人民出版社 2022 年版。
[42] 习近平:《决胜全面建成小康社会　夺取新时代中国特色社会主义伟大胜利——在中国共产党第十九次全国代表大会上的报告》，北京，人民出版社 2017 年版。
[43] 习近平:《在庆祝中国共产党成立 95 周年大会上的讲话》，北京，人民出版社 2016 年版。
[44] 习近平:《在纪念孔子诞辰 2565 周年国际学术研讨会暨国际儒学联合会第五届会员大会开幕会上的讲话》，北京，人民出版社 2014 年版。
[45] 习近平:《论党的宣传思想工作》，北京，中央文献出版社 2020 年版。
[46] 习近平:《在纪念五四运动 100 周年大会上的讲话》，北京，人民出版社 2019 年版。
[47] 习近平:《之江新语》，杭州，浙江人民出版社 2007 年版。
[48] 中共中央文献研究室编:《社会主义精神文明建设文献选编》，北京，中央文献出版社 1996 年版。
[49] 中共中央文献研究室编:《邓小平年谱（1975—1997）》（上），北京，中央文献出版社 2004 年版。

[50] 杨伯峻译注:《孟子译注》, 北京, 中华书局 1960 年版。
[51] 朱谦之撰:《老子校译》, 北京, 中华书局 1984 年版。
[52] 张燕婴译注:《论语 》, 北京, 中华书局 2006 年版。
[53] 熊公哲译注:《荀子》, 重庆, 重庆出版社 2008 年版。
[54] 王国轩译注:《中庸》, 北京, 中华书局 2006 年版。
[55] (明) 王守仁:《王阳明全集》, 吴光等编校, 上海, 上海古籍出版社 2011 年版。
[56] 梁启超:《饮冰室合集》第 4 集, 北京, 中华书局 1989 年版。
[57] 梁启超:《梁启超选集》(下卷), 易鑫鼎编, 北京, 中国文联出版社 2006 年版。
[58] 严复:《〈教源〉按语》,《天演论》, 北京, 商务印书馆 1981 年版。
[59] 费孝通:《费孝通论文化与文化自觉》, 北京, 群言出版社 2005 年版。
[60] 陈登原:《中国文化史》(上), 北京, 商务印书馆 2014 年版。
[61] 中国大百科全书出版社编辑部编:《中国大百科全书》(社会学), 北京, 中国大百科全书出版社 1991 年版。
[62] 陆扬等:《马克思主义文化理论发展史》, 南昌, 百花洲文艺出版社 2018 年版。
[63] 黄力之、张春美主编:《马克思主义文化哲学与现代性》, 上海, 上海三联书店 2006 年版。
[64] 刘祖云:《从传统到现代: 当代中国社会转型研究》, 武汉, 湖北人民出版社 2000 年版。
[65] 郑晓云:《文化认同与文化变迁》, 北京, 中国社会科学出版社 1992 年版。
[66] 欧阳谦:《文化与政治》, 北京, 中国人民大学出版社 2012 年版。
[67] 邵汉明:《中国文化研究二十年》, 北京, 人民出版社 2003 年版。
[68] 张岱年:《中国哲学大纲》, 北京, 中国社会科学出版社 1982 年版。
[69] 冯友兰:《中国哲学简史》, 北京, 北京大学出版社 2010 年版。
[70] 苗力田主编:《古希腊哲学》, 北京, 中国人民大学出版社 1989 年版。
[71] 北京大学哲学系外国哲学史教研室编译:《西方哲学原著选读》上卷, 北京, 商务印书馆 1981 年版。
[72] "从五四运动到人民共和国成立"课题组:《胡绳论"从五四运动到人民共和国成立"》, 北京, 社会科学文献出版社 2001 年版。
[73] 陈先达:《走向历史深处: 马克思历史观研究》, 北京, 中国人民大学出版社 2006 年版。
[74] 陈先达:《马克思主义和中国传统文化》, 北京, 人民出版社 2015 年版。
[75] 陈先达:《史论拾零》, 北京, 北京师范大学出版社 2013 年版。
[76] 陈先达:《哲学与文化》, 北京, 中国人民大学出版社 2006 年版。
[77] 陈先达:《文化自信中的传统与当代》, 北京, 北京师范大学出版社 2017 年版。

[78] 郝立新等:《当代中国文化阐释：中国特色社会主义文化发展道路研究》，北京，人民出版社 2020 年版。
[79] 路向峰:《马克思实践思维方式的理论逻辑与实践逻辑》，北京，人民出版社 2021 年版。
[80] 沈壮海:《论文化自信》，武汉，湖北人民出版社 2021 年版。
[81] 沈壮海等:《文化何以自信》，北京，中国人民大学出版社 2020 年版。
[82] 沈壮海:《文化软实力及其价值之轴》，北京，中华书局 2013 年版。
[83] 沈壮海等主编:《吸引力 影响力 文化软实力：中国特色社会主义文化建设》，武汉，武汉大学出版社 2014 年版。
[84] 沈壮海等:《文化强国之路》，长沙，湖南教育出版社 2014 年版。
[85] 邹广文等:《当代中国文化自信研究论纲》，北京，中国青年出版社 2020 年版。
[86] 邹广文:《文化理想与文化批判：邹广文学术自选集》，北京，中国社会科学出版社 2020 年版。
[87] 邹广文等:《中国当代语境下的文化矛盾与文化走向》，北京，首都师范大学出版社 2019 年版。
[88] 邹广文:《当代文化哲学》，北京，人民出版社 2007 年版。
[89] 邹广文:《社会发展的文化诉求》，保定，河北大学出版社 2004 年版。
[90] 邹广文:《乡愁的文化表达》，哈尔滨，黑龙江教育出版社 2016 年版。
[91] 洪晓楠、蔡后奇等:《社会主义文化强国建设研究——基于从文化自觉、文化自信到文化强国的理路》，北京，科学出版社 2021 年版。
[92] 洪晓楠:《哲学的文化转向》，北京，人民出版社 2009 年版。
[93] 洪晓楠:《提高国家文化软实力的哲学研究》，北京，人民出版社 2013 年版。
[94] 洪晓楠:《文化哲学思潮简论》，上海，上海三联书店 2000 年版。
[95] 孟宪平:《马克思主义文化动力思想及其实践研究》，北京，北京师范大学出版社 2018 年版。
[96] 郑异凡编译:《苏联“无产阶级文化派”论争资料》，北京，人民出版社 1980 年版。
[97] 陈越编:《哲学与政治：阿尔都塞读本》，长春，吉林人民出版社 2003 年版。
[98] 郑永廷等:《社会主义意识形态发展研究》，北京，人民出版社 2002 年版。
[99] 卢文忠:《马克思主义文化理论：一种批判性的研究》，重庆，重庆大学出版社 2020 年版。
[100] 段联合等:《当代中国马克思主义文化观》，北京，中国社会科学出版社 2011 年版。
[101] 邴正:《马克思主义文化哲学》，长春，吉林人民出版社 2007 年版。

[102] 周熙明等:《马克思主义文化观》，北京，中国藏学出版社 2004 年版。
[103] 何兆武、柳卸林主编:《中国印象：外国名人论中国文化》，北京，中国人民大学出版社 2011 年版。
[104] 李宗桂:《传统与现代之间 : 中国文化现代化的哲学省思》，北京，北京师范大学出版社 2011 年版。
[105] 邵汉明:《中国文化研究二十年》，北京，人民出版社 2003 年版。
[106] 李江涛等:《当代文化发展新趋势研究》，北京，中央编译出版社 2009 年版。
[107] 李晓东:《全球化与文化整合》，长沙，湖南人民出版社 2003 年版。
[108] 陈华文:《文化学概论》，上海，上海文艺出版社 2001 年版。
[109] 陈胜云:《文化哲学的当代发展》，南昌，江西人民出版社 2007 年版。
[110] 韩民青:《文化论》，南宁，广西人民出版社 1989 年版。
[111] 何萍:《马克思主义哲学与文化哲学》，武汉，武汉大学出版社 2002 年版。
[112] 胡海波、郭凤志:《马克思恩格斯文化观研究》，北京，中国书籍出版社 2013 年版。
[113] 胡潇:《文化的形上之思》，长沙，湖南美术出版社 2002 年版。
[114] 霍桂桓:《文化哲学论稿》，北京，中国社会科学出版社 2007 年版。
[115] 李庆霞:《社会转型中的文化冲突》，哈尔滨，黑龙江人民出版社 2004 年版。
[116] 刘勇、高秀昌主编:《哲学与文化新论》，郑州，中州古籍出版社 2006 年版。
[117] 王岳川:《后现代主义文化研究》，北京，北京大学出版社 1992 年版。
[118] 奚洁人译:《马克思主义文化范畴论》，上海，上海人民出版社 1999 年版。
[119] 萧俊明:《文化转向的由来》，北京，社会科学文献出版社 2004 年版。
[120] 干春松:《现代化与文化选择——国门开放后的文化冲突》，南昌，江西人民出版社 1998 年版。
[121] 陈力丹:《精神交往论：马克思恩格斯的传播观》，北京，中国人民大学出版社 2016 年版。
[122] 郑慧子:《批判与建构：一个关于文化的未来发展的构想》，开封，河南大学出版社 2000 年版。
[123] 朱希祥:《当代文化的哲学阐释》，上海，华东师范大学出版社 2006 年版。
[124] 李厚羿:《文化的实践与实践的文化：马克思文化理论的现代阐释》，北京，中国社会科学出版社 2019 年版。
[125] 夏甄陶:《中国认识论思想史稿》，北京，中国人民大学出版社 1996 年版。
[126] 郭湛:《面向实践的反思》，武汉，武汉大学出版社 2010 年版。
[127] 张志伟主编:《西方哲学史》，北京，中国人民大学出版社 2002 年版。
[128] 杨耕:《为马克思辩护：对马克思哲学的一种新解读》，北京，北京师范大学出

版社 2004 年版。
[129] 欧阳康:《哲学研究方法论》，武汉，武汉大学出版社 1998 年版。
[130] 孙正聿:《思想中的时代：当代哲学的理论自觉》，北京，北京师范大学出版社 2004 年版。
[131] 孙正聿:《理论思维的前提批判：论辩证法的批判本性》，北京，中国人民大学出版社 2010 年版。
[132] 孙利天:《论辩证法的思维方式》，长春，吉林大学出版社 1994 年版。
[133] 王南湜:《追寻哲学的精神：走向实践哲学之路》，北京，北京师范大学出版社 2006 年版。
[134] 王南湜:《辩证法：从理论逻辑到实践智慧》，武汉，武汉大学出版社 2011 年版。
[135] 吴晓明:《哲学之思与社会现实：马克思主义哲学的当代意义》，武汉，武汉大学出版社 2010 年版。
[136] 俞吾金:《问题域的转换》，北京，人民出版社 2007 年版。
[137] 陈中立等:《思维方式与社会发展》，北京，社会科学文献出版社 2001 年版。
[138] 杨学功:《传统本体论哲学批判——对马克思哲学变革实质的一种理解》，北京，人民出版社 2011 年版。
[139] 黄见德:《西方哲学东渐史》(上卷)，北京，人民出版社 2006 年版。
[140] 董晋骞:《实践之后——对马克思实践思想的一种理解》，北京，人民出版社 2007 年版。
[141] 崔永和:《思维差异与社会和谐》，长沙，湖南师范大学出版社 2009 年版。
[142] 翟俊刚:《马克思哲学思维范式的当代阐释》，北京，中央编译出版社 2011 年版。
[143] 倪志安等:《马克思主义哲学中国化的方法论问题研究》，北京，人民出版社 2015 年版。
[144] 赵林:《协调与超越——中国思维方式探讨》，武汉，武汉大学出版社 2005 年版。
[145] 皮家胜:《马克思主义中国化方法论研究》，北京，社会科学文献出版社 2012 年版。
[146] 仇小敏:《马克思主义中国化方法论研究》，北京，中国矿业大学出版社 2012 年版。
[147] 石书臣等:《马克思主义中国化方法论探研》，上海，上海三联书店 2013 年版。
[148] 金炳华主编:《马克思主义哲学大辞典》，上海，上海辞书出版社 2003 年版。
[149] [古希腊] 亚里士多德:《尼各马可伦理学》，廖申白译注，北京，商务印书馆

2003年版。
[150] [德] 伊曼努尔·康德:《纯粹理性批判》,李秋零译,北京,中国人民大学出版社2004年版。
[151] [德] 伊曼努尔·康德:《实践理性批判》,李秋零译,北京,中国人民大学出版社2006年版。
[152] [德] 伊曼努尔·康德:《判断力批判》,李秋零译,北京,中国人民大学出版社2006年版。
[153] [德] 黑格尔:《哲学史讲演录》,贺麟、王太庆译,北京,商务印书馆1981年版。
[154] [英] 罗素:《西方哲学史》,何兆武、李约瑟译,北京,商务印书馆2005年版。
[155] [美] 苏珊·哈克主编:《意义、真理与行动——实用主义经典文选》,陈波、尚新建副主编,北京,东方出版社2007年版。
[156] [德] 海德格尔:《面向思的事情》,陈小文、孙周兴译,北京,商务印书馆1996年版。
[157] [英] 爱德华·泰勒:《原始文化:神话、哲学、宗教、语言、艺术和习俗发展之研究》,连树声译,桂林,广西师范大学出版社2005年版。
[158] [苏] 福明娜:《普列汉诺夫的文学和艺术观》,张祺译,云兰校,上海,新文艺出版社1958年版。
[159] [俄] 普列汉诺夫:《普列汉诺夫哲学著作选集》第2卷,上海,上海三联书店1961年版。
[160] [俄] 谢·卡拉-穆尔扎:《论意识操纵》,徐昌翰等译,北京,社会科学文献出版社2004年版。
[161] [匈] 卢卡奇:《历史与阶级意识——关于马克思主义辩证法的研究》,杜章智等译,北京,商务印书馆2009年版。
[162] [意] 安·拉布里奥拉:《关于历史唯物主义》,杨启麟等译,北京,人民出版社1984年版。
[163] [西德] 汉斯·海因茨·霍尔茨:《欧洲马克思主义的若干倾向》,施辉业等译,北京,人民出版社1983年版。
[164] [匈] 卢卡奇:《关于社会存在的本体论·上卷——社会存在本体论引论》,白锡堃等译,重庆,重庆出版社1993年版。
[165] [意] 安东尼奥·葛兰西:《葛兰西文选》,李鹏程编,北京,人民出版社2008年版。
[166] [意] 朱塞佩·费奥里:《葛兰西传》,吴高译,北京,人民出版社1983年版。

[167] [英] 恩斯特·拉克劳、查特尔·墨菲:《领导权与社会主义的策略》，尹树广等译，哈尔滨，黑龙江人民出版社 2003 年版。

[168] [英] 丹尼·卡瓦拉罗:《文化理论关键词》，张卫东等译，南京，江苏人民出版社 2006 年版。

[169] [美] C. 恩伯、M. 恩伯:《文化的变异——现代文化人类学通论》，杜杉杉译，沈阳，辽宁人民出版社 1988 年版。

[170] [法] 帕斯卡尔:《思想录》，何兆武译，北京，商务印书馆 1985 年版。

[171] 曹卫东编:《霍克海默集》，上海，上海远东出版社 1997 年版。

[172] [英] 雷蒙德·威廉斯:《马克思主义与文学》，王尔勃等译，开封，河南大学出版社 2008 年版。

[173] [德] 奥斯瓦尔德·斯宾格勒:《西方的没落：世界历史的透视》，齐世荣等译，北京，商务印书馆 1963 年版。

[174] [英] 亚当·斯密:《国民财富的性质和原因的研究》，郭大力等译，北京，商务印书馆 1974 年版。

[175] [匈] 卢卡奇:《历史与阶级意识——关于马克思主义辩证法的研究》，杜章智等译，北京，商务印书馆 1992 年版。

[176] [意] 安东尼奥·葛兰西:《狱中札记》，葆煦译，北京，人民出版社 1983 年版。

[177] [意] 葛兰西:《实践哲学》，徐崇温译，重庆，重庆出版社 1990 年版。

[178] [德] 哈拉尔德·米勒:《文明的共存——对塞缪尔·亨廷顿“文明冲突论”的批判》，郦红等译，北京，新华出版社 2002 年版。

[179] [英] 约翰·B. 汤普森:《意识形态与现代文化》，高铦等译，南京，译林出版社 2005 年版。

[180] [美] 赫伯特·马尔库塞:《爱欲与文明》，黄勇、薛民译，上海，上海译文出版社 2008 年版。

[181] [英] 斯图尔特·霍尔:《表征：文化表象与意指实践》，徐亮译，北京，商务印书馆 2003 年版。

[182] [美] 弗雷德里克·杰姆逊:《后现代主义与文化理论》，唐小兵译，西安，陕西师范大学出版社 1987 年版。

[183] [英] 雷蒙·威廉斯:《关键词：文化与社会的词汇》，刘建基译，北京，生活·读书·新知三联书店 2005 年版。

[184] [美] 克利福德·格尔茨:《文化的解释》，韩莉译，南京，译林出版社 1999 年版。

[185] [加] 查尔斯·泰勒:《现代性之隐忧》，程炼译，北京，中央编译出版社 2001

年版。
[186] [美] 丹尼尔·贝尔:《意识形态的终结》,张国清译,南京,江苏人民出版社 2001 年版。
[187] [美] 丹尼尔·贝尔:《资本主义文化矛盾》,赵一凡等译,北京,生活·读书·新知三联书店 1989 年版。
[188] [苏] A.H. 阿尔诺利多夫等:《文化概论:文化的实质及其运动发展的一般规律》,邱守娟译,北京,中国人民大学出版社 1989 年版。
[189] [英] 菲利普·史密斯:《文化理论——导论》,张鲲译,北京,商务印书馆 2008 年版。
[190] [美] 塞缪尔·亨廷顿、劳伦斯·哈里森:《文化的重要作用:价值观如何影响人类进步》,程克雄译,北京,新华出版社 2002 年版。
[191] [法] 列维-斯特劳斯:《野性的思维》,李幼蒸译,北京,商务印书馆 1987 年版。
[192] [美] 托马斯·库恩:《科学革命的结构》,金吾伦等译,北京,北京大学出版社 2003 年版。
[193] [美] 理查德·罗蒂:《后哲学文化》,黄勇编译,上海,上海译文出版社 2004 年版。
[194] [美] 约翰·杜威:《确定性的寻求:关于知行关系的研究》,傅统先译,上海,上海人民出版社 2004 年版。
[195] [美] 费正清、刘广京编:《剑桥中国晚清史》上卷,北京,中国社会科学出版社 1994 年版。
[196] [美] 马斯洛等著,林方主编:《人的潜能和价值》,北京,华夏出版社 1987 年版。
[197] [德] 恩斯特·卡西尔:《语言与神话》,于晓等译,北京,生活·读书·新知三联书店 1988 年版。
[198] [法] 让-保罗·萨特:《辩证理性批判》上卷,林骧华等译,合肥,安徽文艺出版社 1998 年版。
[199] [法] 路易·阿尔都塞:《保卫马克思》,顾良译,北京,商务印书馆 2006 年版。
[200] [法] 雅克·德里达:《马克思的幽灵:债务国家、哀悼活动和新国际》,何一译,北京,中国人民大学出版社 1999 年版。
[201] [英] 安东尼·吉登斯:《现代性的后果》,田禾译,南京,译林出版社 2000 年版。
[202] [英] 齐格蒙特·鲍曼:《现代性与矛盾性》,邵迎生译,北京,商务印书馆

2003 年版。

[203] [美] 大卫·格里芬编:《后现代科学——科学魅力的再现》，马季方译，北京，中央编译出版社 1995 年版。

[204] [美] 丹尼尔·贝尔:《后工业社会的来临——对社会预测的一项探索》，高铦等译，北京，新华出版社 1997 年版。

[205] [美] 伊曼纽尔·沃勒斯坦:《否思社会科学——19 世纪范式的局限》，刘琦岩等译，北京，生活·读书·新知三联书店 2008 年版。

[206] [德] 尤尔根·哈贝马斯:《现代性的哲学话语》，曹卫东等译，南京，译林出版社 2004 年版。

[207] [美] 汉娜·阿伦特:《人的条件》，竺乾威等译，上海，上海人民出版社 1999 年版。

[208] [德] H.R. 姚斯、[美] R.C. 霍拉勃:《接受美学与接受理论》，周宁、金元浦译，沈阳，辽宁人民出版社 1987 年版。

[209] [英] 齐格蒙特·鲍曼:《作为实践的文化》，郑莉译，北京，北京大学出版社 2009 年版。

[210] [英] 安东尼·吉登斯:《失控的世界》，周红云译，南昌，江西人民出版社 2001 年版。

[211] [英] 齐格蒙特·鲍曼:《全球化——人类的后果》，郭国良、徐建华译，北京，商务印书馆 2001 年版。

[212] [英] 迈克·费瑟斯通:《消解文化——全球化、后现代主义与认同》，杨渝东译，北京，北京大学出版社 2009 年版。

[213] [美] 约瑟夫·奈:《软力量——世界政坛成功之道》，吴晓辉、钱程译，北京，东方出版社 2005 年版。

[214] [美] 约瑟夫·S. 奈:《硬权力与软权力》，门洪华编译，北京，北京大学出版社 2005 年版。

[215] [美] 理查德·尼克松:《1999：不战而胜》，杨鲁军等译，上海，上海三联书店 1989 年版。

[216] [奥] 西·弗洛伊德:《文明及其缺憾》，傅雅芳、郝冬瑾译，合肥，安徽文艺出版社 1987 年版。

[217] [苏] E. A. 瓦维林，B. П. 弗法诺夫:《历史唯物主义与文化范畴》，雷永生、邱守娟译，石家庄，河北人民出版社 1987 年版。

[218] G.Simmel, “*On the Concept of the Tragedy of Culture*” *in the Conflict in Modern Culture and Other Essays*, New York: Teachers College Press, 1968.

[219] Isaiah Berlin, *Four Essays on Liberty*, Oxford University Press, 1984.

[220] Ali A.Mazrui, *Culture Forces in World Politics*, London Currey, 1990.

[221] Peter Brooker, *The Sage Dictionary Cultural Theory*, London: London Edward Arnold Ltd., 2002.

[222] F.Jameson, *The Political Unconscious*, Conell University Press, 1981.

[223] Ian Hacking, *Representing and Intervening*, Cambridge University Press, 1983.

[224] Edward W. Said, *Representations of the Intellectual: The 1993 Reith Lectures*, London: Vintage, 1994.

[225] Jurgen Habermas, *Between Facts and Norms: Contributions to a Discourse Theory of Law and Democracy*, Cambridge: Polity Press, 1996.

[226] M.Foucoult, *The Order of Things, An Archaelogy of the Human Sciences*, New York: Pantheon Books, 1970.

[227] Jurgen Habermas, *On the Pragmatics of Communication*, London: Cambridge University Press, 1998.

[228] Michel Foucault, *Security, Territory, Population: Lectures at the College de France 1977–1978*, Basingstoke and New York: Palgrave Macmillan Press, 2009.

[229] Zygmunt Bauman, *Culture as Praxis*, London: Sage Publication, 1999.

[230] Antonio Gramsci, *Selections from the Prison Notebooks*, London: Lawrence and Wishart, 1971.

[231] Edward W. Soja, *Postmodern Geographies: The Reassertion of Space in Critical Theory*, London: Verso, 1989.

[232] Fukayama, *The End of History and Last Man*, New York: The Free Press, 1992.

[233] Alan Swingewood, *Culture Theory and the Problem of Modernity*, London : Macmillan Press Ltd., 1998.

[234] Terry Eagleton, *After Theory*, London: Penguin Books, 2003.

[235] Raymond Williams, *Culture and Society: Coleridge to Orwell*, London : Hogarth Press, 1987.

[236] J.M.Bernstein, *Introduction, Adorno, The Culture Industry*, London : Routledge, 1991.

[237] Terry Eagleton, *The Illusions of Postmodernism*, London: Blackwell Publishers,1996.

[238] Theodor W. Adorno, *Culture Industry Reconsidered, The Cultural Industry*,

London : Routledge, 1991.

[239] Max Horkheimer, *Gesammelte Schriften, Band 4,* Herausgegeben von Alfred Schmidt, Frankrurt am Main: S. Fischer, 1988.

[240] Max Horkheimer, *Gesammelte Schriften, Band 6, Zur Kritik der instrumentellen Vernunft und Notizen 1949–1969,* Herausgegeben von Alfred Schmidt, Frankurt am Main: S. Fischer, 1991.

二、报刊类文章

[1]《习近平对宣传思想文化工作作出重要指示强调　坚定文化自信秉持开放包容坚持守正创新　为全面建设社会主义现代化国家全面推进中华民族伟大复兴提供坚强思想保证强大精神力量有利文化条件》,《人民日报》2023年10月9日。

[2]《习近平在文化传承发展座谈会上强调　担负起新的文化使命　努力建设中华民族现代文明》,《人民日报》2023年6月3日。

[3]《习近平在中央党校（国家行政学院）中青年干部培训班开班式上发表重要讲话强调　发扬斗争精神增强斗争本领　为实现“两个一百年”奋斗目标而顽强奋斗》,《人民日报》2019年9月4日。

[4] 习近平:《坚持军报姓党坚持强军为本坚持创新为要　为实现中国梦强军梦提供思想舆论支持》,《人民日报》2015年12月27日。

[5] 习近平:《加快推动媒体融合发展　构建全媒体传播格局》,《求是》2019年第6期。

[6]《国家主席习近平发表二〇一六年新年贺词》,《人民日报》2016年1月1日。

[7] 习近平:《结合中国特色社会主义伟大实践　加快构建中国特色哲学社会科学》,《光明日报》2016年5月17日。

[8] 习近平:《在庆祝中国共产党成立100周年大会上的讲话》,《求是》2021年第14期。

[9] 胡锦涛:《坚定不移沿着中国特色社会主义道路前进　为全面建成小康社会而奋斗——在中国共产党第十八次全国代表大会上的报告》,《人民日报》2012年11月9日。

[10] 郝立新:《习近平文化思想对马克思主义文化理论的原创性贡献》,《学习时报》2023年10月27日。

[11] 郝立新:《坚守马克思主义中国化时代化的“魂脉”和“根脉”》,《中国社会科学报》2023年8月18日。

[12] 郝立新等:《论唯物史观的实践精神》,《马克思主义研究》2004年第1期。

[13] 郝立新、路向峰:《文化实践初探》,《哲学研究》2012年第6期。

[14] 郝立新:《中国特色社会主义文化发展道路的制度特征论析》,《社会科学家》2015 年第 8 期。
[15] 郝立新:《文化建设过程的辩证矛盾》,《光明日报》2011 年 12 月 16 日。
[16] 陈先达:《关于坚持马克思主义在社会主义先进文化中指导地位的若干思考》,《党建》2011 年第 10 期。
[17] 陈先达:《哲学中的问题与问题中的哲学》,《中国社会科学》2006 年第 2 期。
[18] 陈先达:《马克思主义哲学关注现实的方式》,《中国社会科学》2008 年第 6 期。
[19] 吴晓明:《中国式现代化与独立自主的文化精神》,《光明日报》2023 年 9 月 4 日。
[20] 臧峰宇:《“第二个结合”与中华民族的旧邦新命》,《中国社会科学》2023 年第 8 期。
[21] 郁建兴:《马克思主义文化理论与现时代》,《中国社会科学》2001 年第 6 期。
[22] 张志强:《深刻理解“第二个结合”的首创性意义》,《哲学研究》2023 年第 8 期。
[23] 赵剑英、干春松:《现代性与近代以来中国人的文化认同危机及重构》,《学术月刊》2005 年第 1 期。
[24] 韩震:《中国化时代化马克思主义的文化根基》,《江苏社会科学》2023 年第 1 期。
[25] 沈湘平:《中国式现代化道路的传统文化根基》,《中国社会科学》2022 年第 8 期。
[26] 靳凤林:《在超越西方文明等级论中再造中华文明新形态》,《马克思主义与现实》2022 年第 5 期。
[27] 丁立群:《“文化实践”: 在实践哲学的谱系内——早期文化研究思潮的“文化实践”理论》,《哲学研究》2022 年第 1 期。
[28] 丁立群:《文化自信的哲学省思》,《天津社会科学》2018 年第 5 期。
[29] 丁立群、陆鹏飞:《全球化视域下我国文化自信的生成逻辑和当代价值》,《马克思主义哲学》2021 年第 4 期。
[30] 邹广文:《以文化自信自强铸就中国文化新辉煌》,《求索》2023 年第 2 期。
[31] 张九童、邹广文:《中国现代性建构的矛盾语境与文化选择》,《理论探讨》2022 年第 3 期。
[32] 邹广文、孙维聪:《文化守望: 马克思主义与中华优秀传统文化的结合路径》,《中国文艺评论》2022 年第 4 期。
[33] 邹广文:《中国式现代化道路的文化解析》,《求索》2022 年第 1 期。
[34] 邹广文:《论中华民族共同体的文化叙事结构》,《哲学研究》2021 年第 11 期。

[35] 邹广文:《中国共产党推动文化发展繁荣所形成的规律性认识》,《北京理工大学学报(社会科学版)》2021年第4期。
[36] 邹广文、沈丹丹:《中华民族共同体文化认同的历史生成逻辑》,《天津社会科学》2021年第3期。
[37] 曹萍:《把握文化主动的科学内涵、重大意义和实践伟力》,《中国高校社会科学》2023年第5期。
[38] 张廷干、张瑾:《文化自信的逻辑与中国特色社会主义文化实践》,《南通大学学报(社会科学版)》2018年第6期。
[39] 杨耕、陈志良:《关于思维的内在矛盾的再思考——兼论哲学思维的特点和功能》,《天津社会科学》2001年第4期。
[40] 孙正聿:《怎样理解作为世界观理论的哲学?》,《哲学研究》2001年第1期。
[41] 王南湜:《启蒙及其超越——高清海哲学思考的轨迹与意义》,《天津社会科学》1999年第3期。
[42] 王南湜:《马克思哲学在何种意义上是一种实践哲学》,《马克思主义与现实》2007年第1期。
[43] 欧阳康、张明仓:《马克思本体论批判的价值取向及其当代意义》,《中国社会科学》2002年第6期。
[44] 韩庆祥、王海滨:《我们的哲学:"首要在于解释世界"》,《社会科学战线》2010年第7期。
[45] 张一兵:《科学实践场与社会历史构境——兼评皮克林的〈实践的冲撞〉》,《哲学研究》2010年第6期。
[46] 孙麾:《本体论的限度与改变世界的哲学》,《哲学研究》2003年第7期。
[47] 阎孟伟:《马克思的实践哲学及其理论形态》,《哲学研究》2012年第3期。
[48] 路向峰、王嘉莹:《走向实践的文化:唯物史观视野中的马克思主义文化理论》,《社会科学研究》2022年第5期。
[49] 路向峰:《人类命运共同体的文化向度》,《学习论坛》2020年第6期。
[50] 路向峰:《哲学思维方式与哲学变革——兼论马克思对康德哲学的继承与超越》,《教学与研究》2012年第11期。
[51] 路向峰:《历史唯物主义视阈中的女性思维方式探析》,《中华女子学院学报》2012年第6期。
[52] 路向峰:《文化全球化背景下中国文化道路的实践选择——兼论中国特色社会主义文化发展道路的民族性特质》,《社会科学家》2015年第8期。
[53] 路向峰:《论葛兰西文化领导权理论的出场语境与价值向度》,《教学与研究》2016年第8期。

[54] 路向峰:《深刻理解“第二个结合”的文化内涵》,《中国社会科学报》2023年6月15日。

[55] 高宏利、路向峰:《试论文化与意识形态的当代关系》,《党政干部学刊》2013年第4期。

[56] 费孝通:《文化自觉的思想来源与现实意义》,《文史哲》2003年第3期。

[57] 陈翠芳:《葛兰西“文化领导权”的中国解读》,《马克思主义研究》2011年第10期。

[58] 欧阳谦:《大众文化与政治实践:法兰克福学派与伯明翰学派之间的比较》,《马克思主义与现实》2010年第4期。

[59] 葛晨虹:《马克思主义视野中的人性理论》,《齐鲁学刊》2018年第4期。

[60] 何中华:《马克思主义文化理论的历史演进》,《新时代马克思主义论丛》2021年第1期。

[61] 唐爱军:《意识形态转型的理论阐释——基于当代中国语境的考察》,《教学与研究》2015年第7期。

[62] 颜晓峰:《文化与创新》,《淮阴师范学院学报》2002年第1期。

[63] 黄杰:《文化自信的三重功能》,《北京日报》2017年12月25日。

[64] 张志伟:《哲学的未来·人类的未来》,《学术月刊》2012年第4期。

[65] 任平:《今日马克思主义:如何超越后现代主义的地平线——与雅克·德里达〈马克思的幽灵〉的对话》,《江苏社会科学》2001年第2期。

[66] 张立波:《学术性与现实性的游离与耦合——关于马克思主义哲学研究的三种叙事》,《湖南社会科学》2004年第3期。

[67] 贺祥林:《实践思维方式与制度文明研究》,《湖北大学学报(哲学社会科学版)》2011年第5期。

[68] 贺祥林:《马克思开创的实践思维方式论纲》,《马克思主义研究》2009年第8期。

[69] 闫顺利等:《“实践思维方式”与马克思哲学本体论》,《东疆学刊》2010年第4期。

[70] 倪志安:《论马克思主义哲学与实践思维方式》,《西南师范大学学报(人文社会科学版)》2002年第2期。

[71] 解丽霞:《中国文化·民族精神·文化变迁——中华民族凝聚力的文化学寻源》,《广西民族研究》2007年第2期。

[72] 胡惠林:《国家需要文化治理》,《学习时报》2012年6月18日。

[73] 王君超:《广场舞需要“文化自觉”》,《光明日报》2013年11月2日。

[74] [法]雅克·德里达:《评福山的〈历史的终结和最后的人〉》,李朝晖编译,

《马克思主义与现实》1997 年第 3 期。

[75] Fredric Jameson, *Marxism and Historicism*, New Literary History, Vol. I, Autumn, 1979.

[76] Stuart Hall, *The Emergence of Cultural Studies and the Crisis of the Humanities*, October, 53(1990).

索 引

后 记

当农历辛丑年立冬的冷风将2021年郑州东隅秋实街的银杏树吹落一地金黄，我中标的第二个国家社科基金课题“马克思主义文化理论及其当代阐释”也如约翩翩而至。相比2016年以博士学位论文为基础申请中标国家社科基金课题“马克思实践思维方式研究”时的欣喜若狂，5年后的今天更多的则是历尽千帆后的释然。把手头发表过的学术论文依次翻来梳理，我惊喜地发现：自2012年在《哲学研究》发表第一篇与文化相关的学术论文《文化实践初探》始，迄今已有20篇论文关切马克思主义文化发展的理论和现实问题。

文化绝非仅仅作为观念形态的结果而独立存在，而是与作为实践形态的过程彼此统一、交相辉映成为人类社会生生不息的文化动因。对马克思主义文化理论的研究往往由于缺少对资本主义总体文化语境的把握而失之偏颇，由此消解了传统对文化发展和传承的宏大叙事和坚定信念。由是观之，在马克思确立的实践思维方式的哲学方法论视域中重释马克思主义文化理论，开掘被林林总总文化现象遮蔽的唯物史观视域中应有的文化实践维度，澄清对马克思主义文化理论理解和研究的种种偏差就显得尤为迫切和必要。尽管马克思主义的创始人仙逝后，文化理论的问题界域和话语体系都发生了显著变化，但马克思主义所开启的文化理解方式和文化理论原则却始终提供了一种“不可超越的意义视界”。西方马克思主义从文化工业批判、文化唯物主义到后马克思主义的文化思想，不但与马克思的“幽灵”始终同行，而且彰显了现代文化理论与马克思主义文化理论的天生因缘。简言之，虽然马克思和恩格斯没有留下系统完整的文化理论，但是迄至今日，无论是东方还是西方，构建任何一种文化理论，马克思主义文化理论永远是一个里程碑式的基石。

从元哲学的视域开掘马克思主义思想中的实践思维方式所确立的方法论，以期厘定马克思哲学现代性批判的实践之“匙”，《马克思实践思维方式的理论逻辑与实践逻辑》在人民出版社的付梓问世即是这一探索的初步呈现。如果说马克思实践思维方式所确定的哲学方法论之美是一种开端，把马克思所确立的具有开放性和超越性的实践思维方式应用于文化领域，我们对现代性哲学的批判又不能不走向对文化的实践批判与重构。如果说对马克思实践思维方式的研究是从哲学方法论层面回到马克思思想的境遇，从实践入手重释马克思主义的文化理论，则是进入历史唯物主义的场域中进行的一场关于马克思主义的文化思想对话。

马克思以实践思维方式超越了传统形而上学，开启了一种后形而上学的思想征程，但马克思并没有把这种对形而上学的批判停留在批判本身，而是立足于其所开掘的具有开放性和超越性的哲学方法论对现代人类的生存状况和发展趋势展开的批判和建构。我的相关研究成果表明，以实践思维方式作为特质的马克思主义方法论不仅在形式上超越了那种非此即彼的极性思维，而且以内在超越的批判性从根本上拓展了对哲学批判的开放性的总体视域。在这种开放性的视域中，思想和现实相互关联，铺陈为历史和逻辑的辩证统一。实践思维视域中的文化存在，是在实践中实然和应然辩证统一的生成过程。实践不仅是文化的存在性基础，而且成为文化本身的对象。如此一来，走向实践的文化成为马克思主义文化理论在实践中被理解为一个可能性的视域，在当代世界重新检视马克思主义文化理论的目的，也是要将一定程度上被极性思维左右的对文化抽象的理解从形而上学的重负中解放出来，呼吸时代的新鲜空气，从实践中获得新的生命与活力。

天津医科大学高宏利博士和天津模范小学宁宁女士在项目研究过程中发挥了重要作用。高宏利博士撰写了第三章和第七章，对“第二个结合”的文化内涵以及时代表现等问题进行了深入阐释。宁宁女士协助处理了相关文字工作并撰写了第六章，探讨了马克思主义文化理论的当代境遇和发展旨向。

附自题诗一首以为结尾：

哲思物语

叁拾载前出乡关，少时门庭今相谙。
物是人非徒思念，斗转星移几度艰。
乾坤动易四时转，犹忆莲蓬戏水间。

神州如画尽展颜，踔谱诗书一百年。
拾载豫津两相看，龙湖气象财医延。
方法论里天地宽，文化哲思探已惯。
实践创设天人地，理想现实两界磐。
龙生九子湖矾泛，孔方有史市集砚。
道亦有道天机现，德遵万物合一兼。
魑魅魍魉登台演，苍天有眼法自然。